普通高等教育"十二五"规划教材

21世纪教师教育系列教材

新理念小学数学教学论

刘京莉 编著

北京大学出版社
PEKING UNIVERSITY PRESS

图书在版编目(CIP)数据

新理念小学数学教学论/刘京莉编著.—北京：北京大学出版社，2015.11
（21世纪教师教育系列教材）
ISBN 978-7-301-26342-6

Ⅰ.①新… Ⅱ.①刘… Ⅲ.①小学数学课—教学理论—师范大学—教材 Ⅳ.①G623.502

中国版本图书馆CIP数据核字(2015)第237219号

书　　　名	新理念小学数学教学论 Xin Linian Xiaoxue Shuxue Jiaoxuelun
著作责任者	刘京莉　编著
丛 书 主 持	李淑方
责 任 编 辑	李淑方　吴卫华
标 准 书 号	ISBN 978-7-301-26342-6
出 版 发 行	北京大学出版社
地　　　址	北京市海淀区成府路205号　100871
网　　　址	http://www.pup.cn　　新浪微博：@北京大学出版社
电 子 信 箱	zyl@pup.pku.edu.cn
电　　　话	邮购部62752015　发行部62750672　编辑部62767857
印 刷 者	三河市博文印刷有限公司
经 销 者	新华书店
	787毫米×1092毫米　16开本　15.25印张　370千字 2015年11月第1版　2015年11月第1次印刷
定　　　价	38.00元

未经许可，不得以任何方式复制或抄袭本书之部分或全部内容。
版权所有，侵权必究
举报电话：010-62752024　电子信箱：fd@pup.pku.edu.cn
图书如有印装质量问题，请与出版部联系，电话：010-62756370

前　言

"小学数学教学论"解决数学教育教学过程的形式和方法问题,它依据一定的价值取向选择数学知识和技能、数学思考、问题解决,按照一定的计划,将选择的内容传授给小学生,并使小学生形成积极、健康的情感态度。在我国,数学课程标准是由中华人民共和国教育部制定的。它具体规定数学课程的性质与地位、基本理念、课程目标、内容标准、课程实施建议等。它是编写教科书的直接依据,是检查教学质量、评估学生的学习情况和进行教学评价的直接准则。

"小学数学教学论"是将教育中的宏观研究和微观研究结合起来的中介。从内容层面上看,在"小学数学教学论"中,价值观念、基本原理和小学数学教学研究三个不同层面是平衡关系。本书旨在引导读者对小学数学教学领域的问题进行全方位的思考和探索。小学数学教学理念和价值取向影响着人们看待问题的方式,支配着教师的教学行为。对小学生学习主动性的创造性价值的认同,促使我们在教学论研究中关注小学生数学学习的特点和他们的已有经验,看重学习过程中小学生"认知冲突"的意义。本书在内容结构上,呈现了实用性较强的小学数学教学内容、教学过程,目的在于让读者全面了解小学数学具体的教学实施过程,使"小学数学教学论"成为教学实践中的理论。

本书在编写过程中,尽量做到以下要求。

1. 构建一个比较系统的小学数学教学学科体系。本书探讨教学理论与小学数学知识之间的内在关联性,突出二者之间的互相嵌入关系,力图实现教学论的研究范式与小学数学教学科学内涵的统一。

2. 突出小学数学教学的操作性。本书的教学设计、教学评价以及小学数与代数教学研究、小学图形与几何教学研究、小学统计与概率教学研究、小学综合与实践教学研究等章节,包含大量实用性的材料。

3. 注意内容呈现的直观性。为了增强教材的可读性,本书概括了许多理论研究要素之间的关系,归纳了小学数学各部分知识结构,总结了各章节的焦点问题,用图片、图表等直观性较强的方式表达,以期用最简洁的方式给读者留下印象。

4. 用电子资源平台连接广阔的教学资源。在阅读学习本课程的同时,我们希望读者能够拓展学习内容,进一步观察、分析、研究现实中的教学问题,这是理解一般理论的关键,而互联网给我们提供了大量的教学视频、教学案例分析、教学设计等丰富的资源。本书在每章的后面都提供了电子资源平台,抛砖引玉,使读者能在更宽阔的领域内进行教学研究和实践。

5. 理论与实践的统一。本书不仅呈现知识,而且指导学习方法,安排思考与练习,希望能推动读者的研究和实践。

在本书的编写过程中,北京师范大学课程与教学研究专业的硕士研究生袁艺航、张亚婷、朱媚、王倩帮助收集研究资料,提出了许多宝贵的意见,在此表示深深的感谢。

本书参考了国内外学者的大量研究成果,并尽可能做了具体注明,在此一并表示衷心的感谢。如有疏漏,敬请原谅!

最后,要特别感谢北京大学出版社的责任编辑李淑方女士和吴卫华先生,他们为本书的出版做了大量精细的工作。尤其是他们在工作中表现出的敬业精神、创造智慧和高超水准,让我们非常钦佩!

刘京莉

2015 年 8 月 5 日

目 录

前 言 ··· 1

第一章 小学数学课程目标 ··· 1
第一节 小学数学课程目标概述 ··· 1
第二节 制定小学数学课程目标的依据 ································ 4
第三节 新中国成立以后小学数学课程标准的演变 ················ 6
第四节 小结 ··· 11

第二章 小学数学课程内容 ··· 14
第一节 小学数学课程内容的选择 ······································ 14
第二节 小学数学课程内容的核心概念 ································ 18
第三节 小学数学教材分析 ··· 19
第四节 小结 ··· 26

第三章 小学数学学习理论 ··· 28
第一节 小学数学知识与技能的学习 ··································· 28
第二节 数学思考 ·· 38
第三节 数学解决问题 ·· 47
第四节 小学生数学学习中的情感态度 ································ 56
第五节 小结 ··· 60

第四章 小学数学教学理论 ··· 63
第一节 小学数学教学基本要素及其关系 ···························· 63
第二节 布卢姆的教学目标分类 ··· 66
第三节 SOLO学习结果分类 ·· 69

第四节　小学数学教学方法 ·· 72
　　第五节　小学数学教学手段 ·· 78
　　第六节　小结 ·· 85

第五章　小学数学教学设计与实施 ······································ 87
　　第一节　小学数学教学设计概述 ···································· 87
　　第二节　小学数学教学实施 ·· 93
　　第三节　小结 ·· 96

第六章　小学数与代数的教学研究 ······································ 98
　　第一节　小学数与代数的教育价值 ································ 98
　　第二节　小学数与代数的内容 ······································ 99
　　第三节　小学数与代数的教学 ······································ 109
　　第四节　小结 ·· 129

第七章　小学图形与几何的教学研究 ··································· 132
　　第一节　小学图形与几何的教育价值 ····························· 132
　　第二节　小学图形与几何的内容 ···································· 133
　　第三节　小学图形与几何的教学 ···································· 143
　　第四节　小结 ·· 158

第八章　小学统计与概率教学研究 ······································ 160
　　第一节　小学统计与概率的教育价值 ····························· 160
　　第二节　小学统计与概率的内容 ···································· 161
　　第三节　小学统计与概率的教学 ···································· 165
　　第四节　小结 ·· 179

第九章　小学综合与实践的教学研究 ··································· 181
　　第一节　小学综合与实践的教育价值 ····························· 181
　　第二节　小学综合与实践的内容和特征 ·························· 183
　　第三节　小学综合与实践的活动教学 ····························· 185
　　第四节　小结 ·· 198

第十章　小学数学教学评价 ………………………………………………………… 200
第一节　教学评价概述 ……………………………………………………………… 200
第二节　小学数学课堂教学评价 …………………………………………………… 205
第三节　小学数学学习评价 ………………………………………………………… 212
第四节　小结 ………………………………………………………………………… 218

第十一章　小学数学教师专业发展 ……………………………………………… 220
第一节　小学数学教师专业知识 …………………………………………………… 220
第二节　小学数学教师专业能力 …………………………………………………… 222
第三节　小学数学教师专业情意的发展 …………………………………………… 226
第四节　促进小学数学教师专业发展的途径 ……………………………………… 228
第五节　小结 ………………………………………………………………………… 230

参考文献 …………………………………………………………………………………… 232

第一章 小学数学课程目标

教学目标

1. 理解小学数学课程目标的价值取向和形式取向
2. 理解小学数学课程目标的总目标和学段目标
3. 掌握制定小学数学课程目标的依据
4. 了解新中国成立以来小学数学课程目标(教学大纲)的演变

小学数学课程目标是一定教育价值观在数学课程中的具体化,它可以解决什么知识最有价值的问题。制定小学数学课程目标的依据是社会发展的需求、学生身心发展特点与需要和数学知识与数学能力。每个时代的小学数学课程目标都渗透了当时的价值取向和教育信念。

第一节 小学数学课程目标概述

一、小学数学课程目标的价值取向

小学数学课程目标是根据教育目的和教育规律而提出的课程具体价值和任务指标。课程目标的价值取向主要有以下三种:(1)知识本位的价值取向:重视传授学科结构,要求对学科领域有较深刻的理解;(2)学生本位的价值取向:以学生的兴趣和爱好、动机和需要、能力和态度等为基础来编制课程,认为课程的核心是学生的发展;(3)社会本位的价值取向:围绕当代重大社会问题来组织课程,帮助学生学会如何参与制订社会规划并把它们付诸社会行动。确定合理的课程目标,应当从整合的角度全面考查学科的发展状况和未来发展趋向、学生的发展状况和需要以及社会的发展状况和需求。

二、小学数学课程目标的形式取向

根据美国课程论专家舒伯特(W. H. Schubert)的观点,课程目标的形式取向有四种:普遍性目标、行为性目标、生成性目标和表现性目标。

(一) 普遍性目标

普遍性目标是根据一定的哲学、意识形态、社会政治需要,而对课程进行总括性和原则性规范与指导的目标。它是课程目标的一般性原则,但它的含义比较模糊,不够清晰,有一定的随意性。

(二) 行为性目标

行为性目标是以设计课程行为结果的方式对课程进行规范与指导,它期待学生的学习结果。行为目标的基本特点是目标具体、明确,便于操作评价。《义务教育数学课程标准(2011年版)》(以下简称《课标(2011)》)在课程目标中使用了"了解、理解、掌握、运用"等描述学习结果目标的行为动词,并在附录部分给出了上述4个行为动词的含义。(1)了解:从具体实例中知道或举例说明对象的有关特性;根据对象的特征,从具体情境中辨认或者举例说明对象。了解的同类词有"知道""初步认识"。(2)理解:描述对象的特征和由来,阐述此对象与相关对象之间的区别和联系。理解的同类词有"认识""会"。(3)掌握:在理解的基础上,把对象用于新的情境。掌握的同类词有"能"。(4)运用:综合使用已掌握的对象,选择或创造适当的方法解决问题。

(三) 生成性目标

生成性目标又称为"过程性目标",是在教育情境中随着教育过程的展开而自然生成的课程目标,它不像行为目标那样重视结果,而是关注学生学习活动的过程和情境的价值。《课标(2011)》的课程目标使用了"经历""体验""探索"等词描述过程性目标。(1)经历:在特定的数学活动中,获得一些感性认识。同类词有"感受""尝试"。(2)体验:参与特定的数学活动,主动认识或验证对象的特征,获得一些经验。同类词有"体会"。(3)探索:独立或与他人合作参与特定的数学活动,理解或提出问题,寻求解决问题的思路,发现对象的特征及其与相关对象的区别和联系,获得一定的理性认识。

(四) 表现性目标

表现性目标指每一个学生在具体教育情境中的个性化表现。它关注的是学生在活动中表现出来的创新精神,而不是事先规定的结果。"它不把重点放在规定的行为上,而是放在认知灵活性、理智探索和高级心理过程上。"[①]

三、小学数学课程总目标和学段目标

小学数学课程目标具有层次性:课程总目标、课程学段目标。课程总目标反映了特定社会对于学生的基本要求,对学生学习结果的要求,反映该社会的价值观。《课标(2011)》的数学课程目标反映了对未来公民有关数学基本素养的要求,也反映了数学课程对学生可持续

---

① 施良方.课程理论:课程的基础、原理与问题.北京:教育科学出版社,1996:88.

发展的教育价值。它的课程目标结构见图1-1。

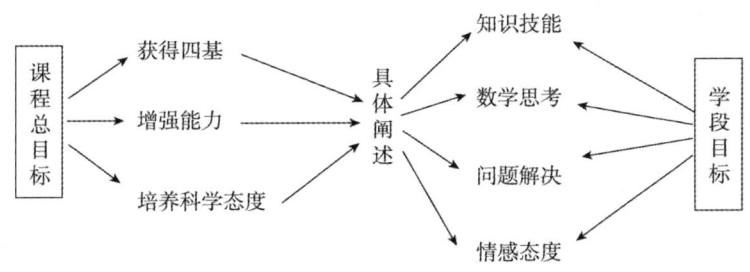

图1-1 《课标(2011)》课程目标结构

(一)数学课程总目标

《课标(2011)》用三句话概括了义务教育阶段数学课程的总目标。

通过义务教育阶段的数学学习,学生能

(1)"获得适应社会生活和进一步发展所必须的数学的基础知识、基本技能、基本思想、基本活动经验。"过去的数学课程,非常强调"双基",即要求学生基础知识扎实,基本技能熟练;《课标(2011)》保留了"双基"又增加了两条,发展为"四基"。这里"基本思想"主要指数学抽象的思想、数学推理的思想、数学建模的思想。"基本活动经验"是学生通过亲身经历数学活动过程获得的具有个性特征的经验。基本的活动经验包括:直接的活动经验:与学生日常生活直接联系的数学活动中所获得的经验;间接的活动经验:学生在教师创设的情境中所获得的数学经验;设计的活动经验:学生从教师特意设计的数学活动中所获得的经验;思考的活动经验:通过分析、归纳等思考获得的数学经验。

(2)"体会数学知识之间、数学与其他学科之间、数学与生活之间的联系,运用数学的思维方式进行思考,增强发现和提出问题的能力、分析和解决问题的能力。"这里发现和提出问题的能力是对创新性人才的基本要求。

(3)"了解数学的价值,提高学习数学的兴趣,增强学好数学的信心,养成良好的学习习惯,具有初步的创新意识和科学态度"。集中表述了学生通过数学学习在情感、态度与价值观方面的发展目标。

《课标(2011)》为了更清晰具体地阐述数学课程总目标,又从"知识与技能""数学思考""问题解决""情感态度"四个方面做了进一步的描述。数学思考、问题解决、情感态度的发展离不开知识技能的学习,知识技能的学习必须有利于其他三个目标的实现。

(二)学段目标

《课标(2011)》将小学数学学习分为两个学段。第一学段是1~3年级,第二学段是4~6年级。由于不同学段对学生在各个方面的要求也会有所不同,《课标(2011)》又按照不同的学段分别从知识技能、数学思考、问题解决、情感态度四个角度提出了适合各个学段学生年龄特点的目标要求,从而使课程的内容选择与实施有了更明确的方向。

第二节 制定小学数学课程目标的依据

小学数学课程目标决定了课程结构,进而决定了课程内容的选择与教材内容的编排,它也是课堂教学以及教学评价的主要依据。小学数学课程目标的制定依据以下三个方面,即社会发展的需求、学生身心发展特点与需要和数学知识与数学能力。

一、社会发展的需求

教育目的反映社会的基本价值取向,蕴含着社会对其成员的价值期望和基本要求。学校教育的基本功能之一就是为社会培养合格的人才,因此,社会的发展阶段、经济水平等都是制定课程目标的依据。随着社会的发展,对于学生学习数学知识、提高能力等方面的要求也在同步发展。在农业社会,生产方式比较落后,大多数人从事农业生产,其所需要的数学知识是一些基本概念和简单运算。随着社会发展,工业时代到来,数学方面的要求也在不断提高。特别是进入了信息时代以后,社会对人才的需求发生了很大的改变,无论从事何种岗位的任何人,都需要具有比较高的数学素养。课程目标里的知识技能最初以算术知识为主,到后来增加了一些几何初步知识和代数初步知识,增加了统计与概率知识。同时,对学生能力、情感态度和价值观的培养,以及对学生数学素养的要求都顺应了社会对人才的需求。课程目标的确定也应促进社会的发展,学生通过学习能够更好地理解社会,认识社会,解决社会问题,适应社会生活的同时促进社会的发展。因此,小学数学课程目标也强调与社会实际相联系,与学生生活实际相联系。

二、学生身心发展特点与需要

课程的价值在于促进学生的身心发展。因而,学生身心特点与发展的需要是设计课程目标的基本依据。小学生需要全面发展,应研究学生的兴趣、认知发展和个性形成的特点,明确学生发展的要求。兴趣的产生和发展一般要经历一个逐步深化的过程,即有趣—乐趣—志趣,小学生的兴趣差异主要表现在学习和活动中,因此,有必要将激发学生的兴趣作为课程目标要求。皮亚杰把认知发展分为四个阶段,小学学习阶段属于具体运算阶段。该时期的小学生着眼于具体事物和关系的认识,他们已经形成了量和数的守恒的认识,并且能够对实物加以排序和分类,但是他们不能就抽象的、假设的命题或虚构的事件进行推理。制定课程目标一定要研究小学生的认知水平和可接受程度。小学生的个性就是个体在物质活动和交往活动中形成的具有社会意义的不同于他人的稳定特征,反映了人与人之间的个体差异。在确定小学数学课程目标时,应尊重学生的需要,在人人都能受到共同的数学教育的同时,为学生发展多元课程,采用多样的课程内容呈现方式,让更多学生有机会发掘自己的兴趣所在,最大限度满足每个人发展的需求。

三、数学知识与能力

通过课程的学习而使学生获得知识是学校教育的基本任务。课程是文化知识的基本载体,在小学,数学课程中的知识是遵循由浅入深、由易到难、螺旋式上升组织的。小学生只有掌握了一定量的知识之后,才能为终身的学习和能力发展奠定好基础。但是,相对于小学生有限的认知能力而言,数学知识的总量又是无限的。通过课程传授的知识只是数学知识总量中的一个部分,是经过提炼和系统化了的部分知识。随着科学技术突飞猛进的发展,人们使用的工具也发生了变化,如现在多功能的计算器已经进入到寻常百姓家,计算器快速、准确的功能,减轻了人们笔算的辛劳,小学数学课程的笔算内容也随之降低了难度。小学数学课程知识的选择应反映时代发展的前沿知识,这对课程中的知识选择提出了一个挑战。另一方面,数学能力指的是学习数学的能力,是在学习数学的过程中,迅速而成功地掌握适当知识和技能的能力,小学数学能力有计算能力、思维能力、空间观念、解决问题能力等很多内容,选择最关键的几个数学能力成为必然。小学数学课程目标不仅要关注知识还必须关注如何提高学生的能力。学生掌握知识和提高能力是密切联系、相互促进的。因此,对数学知识和数学能力的研究是制定课程目标的依据之一。

课程目标的制定受多方面因素的影响,以上三个方面是影响小学数学课程目标的主要因素,任何制定数学课程目标的人都必须考虑这三个因素。但在实际操作过程中,不同的设计者在设计具体的课程目标时,也会有自己对小学数学课程目标的价值取向,所以就会出现不同特点和不同倾向的小学数学课程目标体系。通过分析不同国家的数学课程目标和我国历年来数学课程目标,就会看到课程设计者考虑这三个因素的侧重点是不同的,同时也可以了解不同设计者对数学课程目标的价值取向。

随着社会的发展,有学者提出了确定课程目标依据的补充意见。王牧华、靳玉乐认为:如果我们把自然看作是人类获得生命、灵感、智慧和激情的温馨家园,我们是不会把自然的因素排斥在外的。将学生的需要、知识的发展状况、社会的要求以及自然环境的要求作为一个统一的整体来影响课程目标的制定。[①] 自然是否将成为制定小学数学课程目标的依据,我们将拭目以待。这也说明,对小学数学课程目标实质的认识和揭示,仍然处于不断变化的发展之中。

---

① 王牧华,靳玉乐.课程目标研究的生态主义解读[J].河北师范大学学报(教育科学版),2003(3):32-36.

第三节 新中国成立以后小学数学课程标准的演变

新中国成立以来,我国小学数学课程的历次改革都受到社会变革的影响,每一次课程标准(教学大纲)的出现,都映射着时代发展的印记。

我们将小学数学教学大纲的演变历史分为四个阶段:第一阶段是1950年到1963年,这一阶段经历从借鉴苏联的教学大纲到初步形成适合我国国情的小学数学教学大纲的过渡阶段;第二阶段是1978年到1986年,这一阶段中国在经历了十年"文化大革命"的动乱后步入了改革开放、发展经济的时期,小学数学教学大纲也进入到"拨乱反正"阶段;第三阶段是1992年到2000年,小学数学开始迈进了义务教育阶段;第四阶段是2001年到2011年,小学数学进入新课程改革阶段,见表1-1。

表1-1 小学数学课程标准版本和阶段划分

阶段	年份/年	课程标准(教学大纲)版本
过渡阶段	1950	《小学算术课程暂行标准(草案)》
	1952	《小学算术教学大纲(草案)》
	1956	《小学算术教学大纲(修订草案)》
	1963	《全日制小学算术教学大纲(草案)》
"拨乱反正"阶段	1978	《全日制十年制学校小学数学教学大纲(试行草案)》
	1986	《全日制小学数学教学大纲》
义务教育初期	1992	《九年义务教育全日制小学数学教学大纲(试用)》
	2000	《九年义务教育全日制小学数学教学大纲(试用修订版)》
新课程改革阶段	2001	《全日制义务教育数学课程标准(实验稿)》
	2011	《全日制义务教育数学课程标准(2011年版)》

一、1950—1963:过渡阶段

从1950年到1963年,中国从借鉴苏联的教育经验,到发展出适合我国国情的小学数学课程标准,中间经历了四次教学大纲的颁布。"过渡阶段"是小学算术教学大纲(课程标准),随着时代的发展,学习内容从算术向现代科学意义上的"数学"学科发展。

(一)1950年:《小学算术课程暂行标准(草案)》

1949年新中国成立之后,中国的教育进入到一个新的历史时期,中国的小学数学教育也步入一个新的发展阶段。从此就开始了对旧教育制度、教学内容和教学方法的改革。在这样的基础上,1950年7月,教育部颁发了新中国第一个小学数学课程标准——《小学算术课

程暂行标准(草案)》。

课程目标主要概括为四个方面:(1)增进儿童关于新社会日常生活中数量的正确观念和常识。(2)指导儿童具有正确和敏捷的计算技术和能力。(3)训练儿童善于运用思考、推理、分析、综合和钻研问题的方法和习惯。(4)培养儿童爱国主义思想,加强爱科学、爱护公共财物的国民公德。[①] 该课程目标是在1948年国民政府时期的《小学算术课程标准》的基础上,增加了爱国主义和国民公德教育。在实际的教育实践中,1950年的课程标准并没有完全付诸实施,因为当时没有编出与之相应的全国统一算术课本。

(二) 1952年:《小学算术教学大纲(草案)》

1952年12月,在全面学习苏联的前提下,教育部根据苏联小学算术教学大纲,为我国五年一贯制小学制定《小学算术教学大纲(草案)》,人教社陆续出版了五年一贯制《算术》(试用本),结束了建国初期各地教学要求和教学内容不一致的局面。

在"说明"部分规定:"小学算术教学的任务,是保证儿童自觉地和巩固地掌握算术知识和直观几何知识,并使他们获得实际运用这些知识的技能;算术教学应该培养和发展儿童的逻辑思维,使他们理解数量和数量之间的相依关系,并能做出正确判断。"[②] 显然该大纲的教学目标只包含知识、技能和逻辑思维能力。

(三) 1956年:《小学算术教学大纲(修订草案)》

1956年12月,教育部公布了《小学算术教学大纲(修订草案)》,这个大纲是按照"四·二制"要求,在1952年大纲基础上改编的。"小学算术教学目的,主要是使儿童能够自觉地、正确地和迅速地进行整数运算,能够用已经获得的知识、技能和技巧去解答算术应用题和解决日常生活中简单的计算问题。算术教学必须有助于儿童智慧的发展和道德品质的培养,以促进全面发展的教育任务的实现。"[③] 这一修订草案第一次提到"全面发展教育",即知识、技能、解决问题能力和品德的全面发展。

(四) 1963年:《全日制小学算术教学大纲(草案)》

1963年在总结了新中国成立以来的数学教学改革的经验和教训基础上,初步形成了符合我国国情的小学数学教学大纲《全日制小学算术教学大纲(草案)》。大纲指出:"小学算术教学的目的是:使学生牢固地掌握算术和珠算的基础知识,培养学生正确地、迅速地进行四则运算的能力,正确解答应用题的能力,以及初步的逻辑推理能力和空间观念,以适应他们毕业之后参加生产劳动和进一步学习的需要。"[④] 这个教学目标的知识是"算术和珠算",学生的能力培养范围扩展为计算能力、逻辑推理能力、空间观念等三大能力;教育的目的是升学和就业,没

[①] 课程教材研究所.20世纪中国中小学课程标准教学大纲汇编:数学卷[M].北京:人民出版社,2001:49.
[②] 课程教材研究所.20世纪中国中小学课程标准教学大纲汇编:数学卷[M].北京:人民出版社,2001:55-61.
[③] 课程教材研究所.20世纪中国中小学课程标准教学大纲汇编:数学卷[M].北京:人民出版社,2001:55-61.
[④] 课程教材研究所.20世纪中国中小学课程标准教学大纲汇编:数学卷[M].北京:人民出版社,2001:55-61.

有涉及思想教育的要求。

综上所述,在新中国初期,由于教育制度不可能一下子从民国教育制度突然改变,所以这一阶段的教学大纲主要是起过渡作用,人民政府沿用了原有旧学制,主要是吸取了苏联和老解放区教学经验及原国统区小学课程标准中有关的内容。1950、1952、1956 和 1963 四个版本的小学算术教学大纲,实现了从借鉴、探索到初步形成适合我国国情的小学算术教学大纲的过渡。

二、1978—1986:"拨乱反正"阶段

1966 年至 1976 年"文化大革命"全盘否定了新中国成立以来的数学教学经验和改革,出现了无教学计划、无教学大纲和无教材的现象,小学数学教育破坏严重,教学质量严重下降。"文化大革命"使得 1963 年的教学大纲形同虚设,也使得小学数学教学出现了严重倒退,进一步拉大了与世界先进国家数学教育的差距。1976 年,"四人帮"粉碎,"文化大革命"结束,教育部很快在教育方面拨乱反正,制定公布了新时期的教学大纲。

(一)1978 年:全日制十年制《小学数学教学大纲(试行草案)》

1978 年中国正值改革开放初期,全国人民将实现农业、工业、国防和科学技术现代化作为奋斗目标。四个现代化的关键是科学技术现代化。数学是学习科学技术必要的基础知识,从 1978 年的大纲开始,中国的小学里开始正式教学简单代数等知识,"小学算术"也正式更名为"小学数学"。现代数学的概念首次出现在中国小学数学教学大纲中。

1978 年小学数学教学的目的是:"使学生理解和掌握数量关系和空间形式的最基础知识,能够正确地、迅速地进行整数、小数和分数的四则计算,初步了解现代数学中的某些最简单的思想,具有初步的逻辑思维和空间观念,并能够运用所学的知识解决日常生活和生产中的简单的实际问题。同时,结合教学内容对学生进行思想政治教育。"①

1978 年的大纲第一次比较全面地从知识、能力、思想教育三方面明确提出小学数学教学目的。这个大纲是在总结国内外多方面经验教训的基础上制定的,可以说在之前的教学大纲基础上有较大的突破。在知识方面提出了数量关系和空间形式的最基础的知识,在学生能力方面提出培养学生运算能力、逻辑思维能力、空间观念和解决问题能力四大能力。但是在教学内容上某些方面难度有些大,"初步了解现代数学中的某些最简单的思想",在小学数学教学中适当渗透一些现代数学的思想,如集合、函数等思想。这一要求过高,很难落实。

(二)1986 年:《全日制小学数学教学大纲》

1986 年,我国颁布了《中华人民共和国义务教育法》。同年也颁布了《全日制小学数学教学大纲》。该大纲提出:"小学数学教学的目的是:使学生理解和掌握数量关系和几何图形的

---

① 课程教材研究所.20 世纪中国中小学课程标准教学大纲汇编:数学卷[M].北京:人民出版社,2001:55-61.

最基础知识,能够正确地、迅速地进行整数、小数和分数的四则计算,具有初步的逻辑思维能力和空间观念,并能够运用所学的知识解决日常生活和生产中的简单的实际问题。同时,结合教学内容对学生进行思想品德教育。"①

1986年大纲的教学目标删去了"初步了解现代数学中的某些最简单的思想";将"空间形式"改为"几何图形";将原来的"思想政治教育"改为"思想品德教育",更切合小学生的实际情况。即教学目标包括知识、运算能力、逻辑思维能力、空间观念与解决问题能力和思想教育。

这两部大纲其实是中国小学数学教育从"文革"后混乱阶段到"义务教育阶段"之前的改革性大纲,实现了向现代小学数学的转化,小学数学教学大纲逐渐科学化、国际化。

三、1992—2000:义务教育初期

1992年和2000年的两部教学大纲是为了适应九年义务教育的需要而制定的教学大纲。

(一) 1992年:《九年义务教育全日制小学数学教学大纲(试行)》

在义务教育的前提下,小学数学教学必须为中国普及义务教育、提高全民族素质服务。根据义务教育小学阶段的培养目标,1992年的大纲在前言中提出了"数学基础知识和基本技能"的主张。大纲确定的教学目的是:"(1)使学生理解、掌握数量关系和几何图形的最基础的知识。(2)使学生具有进行整数、小数、分数四则计算的能力,培养初步的逻辑思维能力和空间观念,能够运用所学的知识解决简单的实际问题。(3)使学生受到思想品德教育"。② 这一教学目标将知识、能力、思想品德教育并列,显示出三要素在课程目标中的地位。这个教学目标中为体现义务教育的特点用词为"最基础的知识";能力包括计算能力、逻辑思维能力、空间观念和应用能力等四个能力。在课程目标的形式上使用了"理解""掌握""应用"等行为动词。

(二) 2000年:《九年义务教育全日制小学数学教学大纲(试用修订本)》

2000年教学大纲的教学目的是:"使学生理解、掌握数量关系和几何图形的最基础的知识;使学生具有进行整数、小数、分数斯则计算的能力,培养初步的思维能力和空间观念,能够探索和解决简单的实际问题;使学生具有学习数学的兴趣,树立学好数学的信心,受到思想品德教育。"③ 教学目标包括知识、计算能力、思维能力、空间观念、解决问题能力。从2000年开始,教学大纲增加了"使学生具有学习数学的兴趣,树立好学好数学的信心"的教学目的,开始显现有关学生情感的课程目标,还有思想品德教育。

---

① 课程教材研究所.20世纪中国中小学课程标准教学大纲汇编:数学卷[M].北京:人民出版社,2001:55-61.
② 课程教材研究所.20世纪中国中小学课程标准教学大纲汇编:数学卷[M].北京:人民出版社,2001:55-61.
③ 课程教材研究所.20世纪中国中小学课程标准教学大纲汇编:数学卷[M].北京:人民出版社,2001:55-61.

四、2001—2011：新课程改革阶段

(一) 2001年:《全日制义务教育数学课程标准(实验稿)》

2001年教育部向全国公布的《全日制义务教育数学课程标准(实验稿)》的课程目标分为总体目标和学段目标。总体目标是"通过义务教育阶段的数学学习,学生能够:(1)获得适应未来社会生活和进一步发展所必需的重要数学知识(包括数学事实、数学活动经验)以及基本的数学思想方法和必要的应用技能;(2)初步学会运用数学的思维方式去观察、分析现实社会,去解决日常生活中和其他学科学习中的问题,增强应用数学的意识;(3)体会数学与自然及人类社会的密切联系,了解数学的价值,增进对数学的理解和学好数学的信心;(4)具有初步的创新精神和实践能力,在情感态度和一般能力方面都能得到充分发展"。① 课程标准从"知识与技能""数学思考""解决问题"和"情感与态度"四个方面阐述了小学数学课程的总目标和各个学段的具体目标。打破了之前知识、能力、数学学习兴趣和思想品德教育的课程目标格局。呈现出知识与技能、过程与方法、情感态度价值观的三维课程目标。

(二) 2011年:《全日制义务教育数学课程标准(2011年版)》

《课标(2011)》是2001年数学课程标准(实验稿)的继承与发展。课程目标为:"通过义务教育阶段的数学学习,学生能:(1)获得适应社会和进一步发展所必需的数学的基础知识、基本技能、基本思想、基本活动经验;(2)体会数学知识之间、数学与其他学科之间、数学与生活之间的联系,运用数学的思维方式进行思考,增强发现和提出问题的能力、分析和解决问题的能力;(3)了解数学的价值,提高学习数学的兴趣,增强学好数学的信心,养成良好的学习习惯,具有初步的创新意识和科学态度。"②

《课标(2011)》将2001年课标实验稿中课程目标的知识观更加明确地修改为"四基":基础知识、基本技能、基本思想与方法、基本的数学活动经验。在能力方面提出通过数学学习使学生"增强发现和提出问题的能力、分析和解决问题的能力"。这里发现和提出问题是创新意识的基础,体现了数学课程目标关于知识和能力价值、学生主体价值和社会价值的结合。

五、小学数学课程目标总结

纵观新中国成立以来小学数学课程目标的演变,课程名称由"小学算术"到"小学数学"再到"义务教育数学课程标准"不断改变;随着社会的发展对人才的需求,学生身心发展的研

---

① 中华人民共和国教育部.全日制义务教育数学课程标准(实验稿).2001;6-7.
② 中华人民共和国教育部.义务教育数学课程标准(2011年版).2011;8-9.

究进一步深入,课程目标也不断地充实。小学数学课程目标从知识、技能、思考到知识与技能,过程与方法,情感态度价值观全面发展;特别是实施义务教育后,小学数学教学大纲在教学目标中提出"使学生具有学习数学的兴趣,树立学好数学的信心";在《课标(2011)》的课程总目标中,情感态度这个维度课程目标为"在数学学习过程中,体验获得成功的乐趣,锻炼克服困难的意志,建立自信心。体会数学的特点,了解数学的价值。养成认真勤奋、独立思考、合作交流、反思质疑等学习习惯,形成实事求是的科学态度"。关注学生的心理,体现了课程目标促进学生发展的本质。总之,新中国成立以来小学数学课程目标,每一个时期都反映了当时历史时期社会的需求、数学知识与能力的关系以及学生的需要,课程目标在继承、发展、创新中完善。

第四节 小 结

一、本章焦点问题

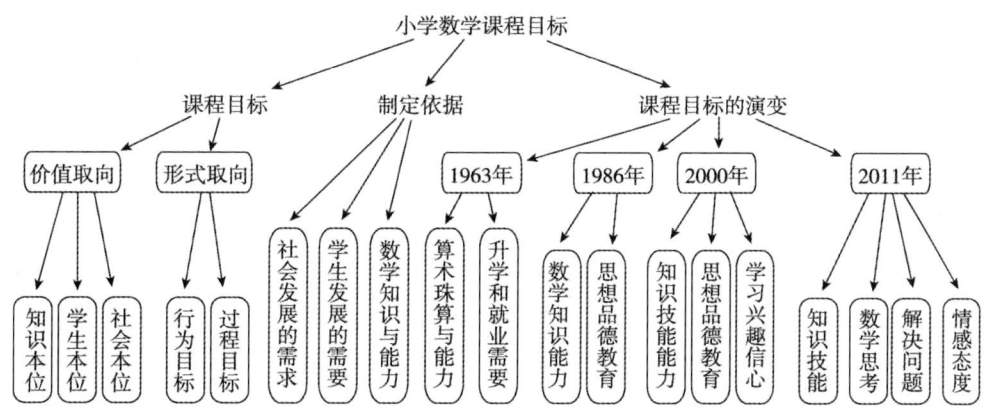

二、阅读导航

A. 普通图书

[1] 课程教材研究所. 20世纪中国中小学课程标准·教学大纲汇编数学卷[M]. 北京:人民教育出版社,2001.

中小学课程的核心是课程目标、课程设置、课程内容和要求,它们反映在历史上各个时期的课程标准或教学大纲里。本书汇集了从清朝末年至20世纪末反映我国课程发展的主要资料。为了使选编的资料客观地反映我国中小学课程发展的历史,书中所选的资料基本上是政府正式发布的文件。

B. 期刊中析出的文献

[1] 卢江.面向21世纪的小学数学课程改革与发展[J].课程·教材·教法,1998(10).

数学是基础教育的核心课程,数学教育的改革与发展直接影响着教育的质量、人才素质的培养。特别是随着信息化社会的到来,数学的应用在不断地深化和扩展。科学家们展望,在下个世纪里,数学的知识和技术将成为社会公民日常生活和工作中所必需的一种通用技术。面向21世纪小学数学课程改革也面临新的挑战,数学教育的改革必须在现有的数学教育成果的基础上,以未来社会对人才素质的要求为依据,重新认识数学教育的目的和内容,探讨如何开发学生的潜能、发展他们的能力。

[2] 金成梁.我国小学数学课程目标的演变[J].江苏教育,2002(6).

课程目标(教学目的和要求)是关于学科教育和教学所应达到的水平和知识、能力标准所作的规定。它反映了社会的需要和科技的发展,是教育方针、教育理念、教学指导思想和教改原则的体现,也是确定教学内容及其深度、广度和选择教学模式、教学方法的依据。本文通过梳理我国小学数学课程目标的演变来挖掘当前我国数学课程目标的发展趋势,指导一线的教学工作顺利开展。

[3] 徐辉.关于新课程改革中教学问题的观察与思考——兼论小学数学算法优化与多样化的关系[J].课程·教材·教法,2003(10).

在对国家基础教育课程改革实验区教学工作调研的基础上,我们认为实验区在教学改革方面进行了初步实验并取得有效成果,方向是正确的。同时应处理好基础教育课程总目标(阶段性目标)与各堂课具体目标的关系,注重教师在新教学方式里指导作用的发挥,关注探究性学习、合作学习、自主学习的真实含义与价值,努力开拓个性化教学的现实途径,重视中小学数学教学中算法优化和算法多样化的关系。

[4] 刘久成.60年我国小学数学课程目标的比较与分析[J].中小学教师培训,2011(4).

新中国成立以来,小学数学教育走过了不平凡的60年。分析研究这一时期小学数学课程目标的改革背景、发展变化、结构特点,对于进一步认识当前基础教育课程改革,提高人才培养质量至关重要。

三、电子资源平台

[1] 义务教育数学课程标准(2011版):http://wenku.baidu.com(百度)

特点:课标全文可复制、下载。

[2] 人民教育出版社http://www.pep.com.cn/

特点:实施小学数学课程。

[3] 国家基础教育资源网 http://www.cbern.gov.cn/derscn/portal/index.html

特点:可按义务教育数学课程标准浏览课程资源。

四、思考与练习

1. 简述《课标(2011)》如何表述行为目标和过程目标。
2. 论述制定小学数学课程目标的依据。
3. 评析《课标(2011)》课程总目标。
4. 简述新中国成立以来小学数学课程目标(教学大纲)构成要素的变化。

第二章 小学数学课程内容

教材目标

1. 了解选择小学数学课程内容的依据
2. 理解《课标(2011)》课程内容核心概念的内涵
3. 掌握《课标(2011)》课程内容领域
4. 分析小学数学教材知识内容的呈现脉络

第一节 小学数学课程内容的选择

一、课程内容的不同取向

选择小学数学课程内容的主要依据是小学数学课程目标。如前所述,社会发展的需求、学生的需求、数学知识和数学能力是确定课程目标的三个基本依据,相对应的课程内容也有三种基本取向。

(一)课程内容即学科知识

这种取向将课程内容看作是学生应该学习的学科知识,而知识的传递是以教材为依据的。教材具有知识的系统性优势,使师生明确教与学的内容,从而使课堂教学工作有据可依,有章可循。

(二)课程内容即学生经验

这种取向主张学习是通过学生的主动行为而发生的,学生的学习取决于他们做了什么,而不是教材呈现了什么或教师要求做什么。因此要把学生的游戏体验活动、竞赛体验活动、探究体验活动及动手操作体验活动等纳入到课程内容之中,关注课堂应当通过哪些活动展开。学生是学习的主动参与者,教师要建构适合于学生能力与兴趣的各种教学情境,以便使每个学生获得有意义的经验。

(三)课程内容即社会生活经验

一些持这种取向的课程专家认为:课程应当对社会的需要做出反应,并通过研究人的活动识别各种社会需要,把它们转化成课程目标,再进一步把这些目标转化成学生的学习活动。这种取向的课程,特别注意课程与社会生活的联系。其中有三个观点从不同的侧面表达了课程内容与当代社会生活经验的关系。其一,将有效的成人的典型活动转化为儿童的学习活动,学生学习活动的基本内容是当代社会生活经验。其二,课程应该重视集体经验、社会经验、集体意志统一,指向未来社会经验。其三,学校课程不应是被动传递某些流行的社会生活经验的工具。儿童与教师的交往是整个社会生活经验的有机构成。学校课程与其他社会生活经验的关系是一种对话、交往、超越的关系。

三种课程内容取向"学科知识""学生的经验""社会生活经验"都是课程内容的来源,它们之间是相互融合、不可分割的。学科知识和社会生活经验能转化为学生的经验,才能成为相应的课程内容。同时离开了学科知识和社会生活的价值,学生的经验也没有意义。

二、小学数学课程内容领域

(一) 数与代数、图形与几何、统计与概率

从课程内容即学科知识的视角出发,数学课程内容当然要选择数学知识。小学数学课程内容虽然来源于科学的数学,但它的学习主体是小学生,因此课程内容必须符合小学生的认知规律和接受能力。小学数学知识内容的系统性是按小步骤展开的。如数的认识的内容安排,基本上符合数的扩张与分类的顺序,即先认识自然数,再引入分数、小数、负数,并且在认识自然数的过程中也按照儿童认知的顺序,即先认识10以内的数,再认识20以内的数、100以内的数、大数。课程内容安排由浅入深,由易到难,循序渐进,螺旋上升,体现出层次性。如"分数的认识"划分成几个阶段,逐步扩展、深化,一般在三年级安排"分数的初步认识",在五年级安排"分数的意义和性质"。数的运算内容通过逐步渗透的方法,加深学生的认识。如加减法是这样安排的:"1~5的认识和加减法""6~10的认识和加减法""20以内的进位加法""20以内的退位减法"……对于简易方程这样在五年级才出现的初等代数内容,通过前期孕伏,中期重点学习和后期发展,使学生从感知到领悟。如在一年级有图2-1中的数学问题表征:

图2-1 心形图案比圆形图案多3个

这里♡和○都是用符号表示数。到五年级,符号表示数就抽象化为用字母 x 和 y 表示数,进而可以列简易方程 $x-y=3$。

在《课标(2011)》中,小学数学课程知识内容领域有:数与代数领域主要研究数量关系和

变化规律,帮助学生从数量关系的角度认识、描述、把握世界;空间与图形领域涉及我们日常生活中的常见图形、几何体等的认识、测量、图形的运动和图形与位置,让学生更好地认识和描述生活的空间;统计与概率领域主要研究生活中的随机现象,让学生体验简单的数据统计过程,并能做出合理的推测。安排见表2-1。

表2-1 《课标(2011)》课程内容知识领域

学　段	第一学段(1—3年级)	第二学段(4—6年级)
数与代数	·数的认识 ·数的运算 ·常见的量 ·探索规律	·数的认识 ·数的运算 ·式与方程 ·正比例、反比例 ·探索规律
图形与几何	·图形的认识 ·测量 ·图形的运动 ·图形与位置	·图形的认识 ·测量 ·图形的运动 ·图形与位置
统计与概率	·分类 ·数据统计活动初步	·简单数据统计过程 ·随机现象发生的可能性

(二)基本数学活动经验

课程内容即学生经验取向,反映到数学课程内容里就是基本数学活动经验。它指学习主体通过亲身经历数学活动过程所获得的具有个性特征的经验。活动经验与"活动"密不可分,与"经验"密不可分,当然就与"人"密不可分。课程内容要符合学生认知特点和兴趣需要,在学生已有生活经验的基础上,在学生熟悉的活动情境中,帮助学生理解数学概念。数学活动经验可以细化为:直接的活动经验、间接的活动经验、设计的活动经验和探索的活动经验。直接的活动经验,如动手操作活动,一方面可以提高学生的学习兴趣,另一方面可使学生在拼、摆、搭等活动中,获得对简单几何体的直观体验,并进一步认识立体图形的显著特征。如通过学生滚动圆柱、推长方体、转球、摸球等活动,利用视觉、触觉、运动觉的协同作用,初步地了解各种立体图形的特征,感受平面和曲面的区别。这种活动的主要特点在于动手"做",在于手脑并用。学生的学习活动让抽象的数学知识成为"具体""可触摸"的知识,在亲身的体验中获取直接经验。间接的活动经验是学生在教师创设的情境中获得数学活动经验,如让学生运用自己熟悉的排队买票经验,理解"序数"的含义。设计的活动经验是学生从教师特意设计的数学活动中所获得的经验,如"20以内的退位减法"从学生逛游乐园会碰到的各种计算问题引入,让学生根据自己的经验和已有的进位加法的知识探索、理解退位减法的计算方法。这种基于学生生活经验的活动,将数学中的"数学家的思路"转换成"学生自己的思路",让学生用自己的方式理解数学。探索的活动经验是发现问题、提出问题、分析问题和解决问题的过程中获得的活动经验。如小兔子采蘑菇的数学活动富有儿童情趣且具有挑战性。在有趣、美丽的图画中探索左边有几只小兔子,右边有几只小兔子,一共有几只小兔子,进而解决问题。还有活动的条件和结果都是开放的探索活动,如"用一套七巧板拼三角形,看谁拼得多?"让学生通过从开放到有序的拼图活动,探索、发现、感受所学图形的特征和相互关系。这类数学活动,增强了学生在课堂中的主体性,以主动探索为特征的数学活动,促进了学生主体能力综合发展。

(三) 综合与实践

从课程内容即社会生活经验的取向出发,学生在数学学习中获得的社会生活经验应当是他们参与背景为社会生活的数学活动所获得的经验。《课标(2011)》课程内容"综合与实践"的界定为:"综合与实践"是一类以问题为载体、以学生自主参与为主的学习活动。通过实践活动,感受数学在日常生活中的作用,体验运用所学的知识和方法解决问题的过程,获得初步的数学活动经验。[①] 在实践活动中,了解要解决的问题和解决问题的办法。经历实践操作的过程,进一步理解所学的内容。[②] 经历有目的、有计划、有步骤、有合作的实践活动。结合实际情境,体验发现和提出问题、分析和解决问题的过程。在给定目标下,感受针对具体问题提出设计思路、制定简单的方案解决问题的过程。通过应用和反思,进一步理解所用的知识和方法,了解所学知识之间的联系,获得数学活动经验。[③] 小学数学课程内容可以选择当前实际生活中人们广泛关注的问题,如保护环境等,通过综合运用数学知识解决问题的过程获得数学活动经验。如综合与实践"节约用水"活动包括以下环节:(1)收集信息。让学生观察生活中浪费水的现象,实际调查一下学校或家里漏水水龙头的数量;测量一个漏水的水龙头在一定时间内漏水的量;通过多种途径收集节约用水的资料。(2)分析数据。小组合作,对收集到的漏水量进行测量、分析,计算出平均每分钟漏水的体积。(3)解决问题。通过计算平均值、利用学校漏水龙头的数量估计全国学校漏水水龙头的数量,推断一年大约要浪费多少吨水,并计算这些水能供多少人使用一年。(4)提出方案,付诸行动。根据计算的结果,进行全班讨论和交流,提出具体可行的节约用水的方案,将环保教育落实在日常行为中。[④] 这是学生们在学校里经历的一次解决社会问题的实践活动,让广阔的社会生活进入课程内容,让学生通过活动积累数学活动经验。因此,小学生如欲在数学课程中获得社会生活经验,需在课程内容中设置综合与实践。

[①] 中华人民共和国教育部. 义务教育数学课程标准(2011年版). 2011:6.
[②] 中华人民共和国教育部. 义务教育数学课程标准(2011年版). 2011:20.
[③] 中华人民共和国教育部. 义务教育数学课程标准(2011年版). 2011:26.
[④] 课程教材研究所. 义务教育教科书教师教学用书. 数学六年级上册. 节约用水. 北京:人民教育出版社,2014:202.

合理的小学数学课程内容的选择应该是"数与代数、图形与几何、统计与概率""基本数学活动经验""综合与实践"三者的融合。课程内容除了关注数学学科自身的逻辑特点之外，还关注了儿童的发展特点、兴趣和学习需要，以及今后的发展，力图通过系统完整的课程内容培养全面发展的人才。

第二节 小学数学课程内容的核心概念

《课标(2011)》中提出了十个核心概念，即数感、符号意识、空间观念、几何直观、数据分析观念、运算能力、推理能力、模型思想、应用意识和创新意识。这些核心概念聚焦了义务教育阶段数学课程的内容，体现了数学的本质及思想，并能集中反映了课程要达成的目标。下面对十大核心概念中的空间观念、几何直观、数据分析观念这三个概念作一简要分析。

一、空间观念

《课标(2011)》指出："空间观念主要是指根据物体特征抽象出几何图形，根据几何图形想象出所描述的实际物体；想象出物体的方位和相互之间的位置关系；描述图形的运动和变化；依据语言的描述画出图形等。"

"空间"是数学中重要的概念之一，空间包含了一维图形、二维空间和三维空间三种。一维图形，也就是线性图形，圆周和弧线、线段、直线、射线等。这些图形不仅是小学阶段学习的基本图形，在初中、高中和大学数学进一步学习时，这些也是基本图形，它们是认识其他图形的基础。二维空间，也就是平面图形，小学阶段需要掌握的主要平面图形：圆，多边形（三角形、正方形、长方形、平行四边形、等边三角形、等腰三角形、直角三角形等）等。这些是平面上的基本图形，也是组成其他平面图形的基本图形。三维空间，也就是我们日常生活中的空间。在小学数学阶段，需要掌握的空间主要图形有球、柱状图形（圆柱、棱柱，特别是长方体、正方体）、锥状图形（圆锥）等。这些都是最基本的空间图形，也是组成其他空间图形的基本图形。掌握这些图形需要建立它们与实际物体的联系，结合实际物体的特点，理解这些图形的形状特征，不仅对学习和掌握这些图形很重要，也是解决实际问题的基础。

"空间观念"是在学生掌握了空间的基础上逐步发展起来的，具体来说它包含了四个方面，主要是指根据物体特征抽象出几何图形，根据几何图形想象出所描述的实际物体；想象出物体的方位和相互之间的位置关系；描述图形的运动和变化；依据语言的描述画出图形等。此外，形成空间观念的过程也是体会数学基本思想的过程；另一方面，抽象、推理、模型也是形成空间观念的基本动力。和其他核心概念一样，建立空间观念的过程是循序渐进的，需要不断经历、感受，不断的积累、积淀经验，提高素养。

二、数据分析观念

《课标(2011)》指出:"数据分析观念是指了解在现实生活中有许多问题应当先做调查研究,收集数据,通过分析作出判断,体会数据中蕴涵的信息;了解对于同样的数据可以有多种分析的方法,需要根据问题的背景选择合适的方法;通过数据分析体验随机性,一方面对于同样的事情每次收集到的数据可能不同,另一方面说明只要有足够的数据就可能从中发现规律。数据分析是统计的核心。"

在这段表述中,包含了两层意思:第一,点明了统计的核心是数据分析;第二,点明了数据分析观念三个重要方面的要求。这三个方面分别是:

(1)体会数据中蕴涵的信息,并对它们做出合理的决策;现代社会中充斥着大量的信息,因此就要培养学生在大量的数据信息面前获取有用信息,并学会根据数据信息做出决策,解决问题。

(2)根据问题的背景选择合适的方法,使学生体会到对于同样的数据可以有多种分析方法,我们需要根据问题的背景选择合适的方法。

(3)通过数据分析体验随机性,数据的随机性一方面指对于同样的事情每次收集到的数据可能会是不同的,另一方面指只要有足够的数据就可能从中发现规律。鼓励学生运用数据来体会随机性,这也更能体现随机现象的特点。

三、模型思想

《课标(2011)》中指出:"模型思想的建立是学生体会和理解数学与外部世界联系的基本途径。"首先课标中说明了模型思想的价值,即强调建立了数学与外部世界的联系。鼓励教师引导学生从现实生活或具体情境中抽象出数学问题,用数学符号建立方程、不等式、函数等表示数学问题中的数量关系和变化规律,求出结果、并讨论结果的意义。小学数学阶段有两个典型的模型:"路程=速度×时间""总价=单价×数量",有了这些模型,就可以建立方程去阐述现实世界中的"故事",就可以帮助我们解决实际中的数学问题。学习数学模型的目的,一方面是在解决实际问题的过程中形成模型;另一方面就是用已有模型解决实际问题。一个是归纳的过程,一个是演绎的过程。数学本身就是一种构造,从一开始就要构造一个能够描述客观现实的模型,所以说模型思想从某种意义上说,反映了数学的本质。在小学阶段培养学生初步形成模型思想,有助于提高学习数学的兴趣和应用意识。

第三节 小学数学教材分析

课程编制主要是从总体上设计一种便于学生学习的教学内容体系,即把人类文明成果转化为供学生学习的教材。本文的教材就是教科书。教科书是一个课程的核心教学材料,从目前来看,教科书除了学生用书以外,几乎无一例外地配有教师用书、练习册以及配套读物、挂图、卡片、音像带等。

一、小学数学知识内容呈现脉络

小学数学教材的组织单位是"课"和"单元"。它由在逻辑上相对独立、又较为完整的具体课题组成,包括一个或几个新的知识点,为巩固这些知识点并形成一定技能的课堂练习题和课后作业题。"课"是教材组织的最小单位。教师一般都是按"课"准备并进行教学的。

2001年《全日制义务教育数学课程标准(实验稿)》颁布后,先后有数种版本的小学数学《义务教育课程标准实验教科书》,经"全国中小学教材审定委员会"审查通过试用。如由江苏教育出版社、人民教育出版社、北京师范大学出版社、西南师范大学出版社,以及山东、河北等各大出版社出版。《课标(2011)》颁布后,各出版社也出版了配套教材。仅以人民教育出版社教材为例,展示教材内容编排,见表2-2。

表2-2 人民教育出版社小学数学知识呈现脉络

	数与代数	图形与几何	统计与概率	综合与实践
1年级上册	1～5的认识和加减法 6～10的认识和加减法 11～20各数的认识 认识钟表 20以内的进位加法	位置 认识图形(一)		数学乐园
1年级下册	20以内数的退位减法 100以内数的认识 认识人民币 100以内数的加法和减法(一) 找规律	认识图形(二)	分类与整理	摆一摆, 想一想
2年级上册	100以内数的加法和减法(二) 表内乘法(一) 表内乘法(二) 认识时间 数学广角——搭配(一)	长度单位 角的初步认识 观察物体(一)		量一量, 比一比

续表

	数与代数	图形与几何	统计与概率	综合与实践
2年级下册	表内除法(一) 表内除法(二) 混合运算 有余数的除法 万以内数的认识 克和千克 数学广角——推理	图形的运动(一)	数据收集整理	小小设计师
3年级上册	时、分、秒 万以内数的加法和减法(一) 万以内数的加法和减法(二) 倍的认识 多位数乘一位数 分数的初步认识 数学广角——集合	测量 长方形和正方形		数字编码
3年级下册	除数是一位数的除法 两位数乘两位数 年、月、日 小数的初步认识 数学广角——搭配(二)	位置与方向(一) 面积	复式统计表	制作活动日历 我们的校园
4年级上册	大数的认识 三位数乘两位数 除数是两位数的除法 数学广角——优化	公顷和平方千米 角的度量 平行四边形和梯形	条形统计图	1亿有多大
4年级下册	四则运算 运算定律 小数的意义和性质 小数加法和减法 数学广角——鸡兔同笼	观察物体(二) 三角形 图形的运动(二)	平均数与条形统计图	营养午餐

续表

	数与代数	图形与几何	统计与概率	综合与实践
5年级上册	小数乘法 小数除法 简易方程 数学广角——植树问题	位置 多边形的面积	可能性	掷一掷
5年级下册	因数与倍数 分数的意义和性质 分数的加法和减法 数学广角——找次品	观察物体(三) 长方体和正方体 图形的运动(三)	折线统计图	探索图形 打电话
6年级上册	分数乘法 分数除法 比 百分数(一) 数学广角——数与形	位置与方向(二) 圆	扇形统计图	确定起跑线 节约用水
6年级下册	负数 百分数(二) 比例 数学广角——鸽巢问题	圆柱与圆锥		生活与百分数自行车里的数学

从表2-2可认清各类知识的来龙去脉与纵横联系,以及它们在整个小学数学教材中的地位和作用。充分认识所要教的那部分内容,其知识基础是什么,并且为哪些后继知识的学习做铺垫等,以便确定教材的重点、难点和关键点。

二、教材重点、难点和关键点

分析教材的重点、难点和关键点,是为了科学地组织教学内容、设计教学过程,做到突出重点、抓住关键、突破难点、带动全面,有效地提高课堂教学质量。

(一) 教材的重点

在某一部分教材中,关系全局、直接影响其他知识学习的那些知识,即是这部分教材的重点。如"数和代数"是整个小学数学教材的重点。整数的认识和四则计算又是"数和代数"的重点,其中,又以20以内数的加减法、表内乘法和相应的除法为重点,在20以内数的加减法中,又以进位加法和退位减法为重点。又如,长方形、正方形、平行四边形等平面图形的面积计算中,长方形面积的计算是重点。如果长方形的面积公式不掌握,那么其他图形的面积公式就无法推得。

以上所说的是"教材的重点"。教材的重点与教学的重点是有区别的。一个单元或者一节课所要达到的主要教学目标,即是这个单元或者这节课的教学重点。如"分数加法和减法",其教材重点是异分母分数加、减法;而教学重点是使学生掌握异分母分数加减法的计算法则,并能应用法则正确计算。教材重点是确定教学重点的主要依据。

(二) 教材的难点

"教材的难点"指学生难以理解和掌握或易于引起混淆或误解的教学内容。如在万以内数的加减法中,连续进位加法和连续退位减法是难点。有些教材将 10000－4732 转化为 9999－4732＋1 计算,就是为了回避这个难点。此外,分数的意义,以及圆面积公式的推导等内容都是教材的难点。

教材的难点,一般也构成教学的难点,但在陈述上略有不同。

教材或教学的难点具有相对性,同一项内容对一部分学生构成难点,但对另一部分学生来说可能又不是难点,难点的形成与教师的教学也有关系。

应当指出,教材的难点具有双重性。通常我们对难点消极的一面关注较多,但也应当看到教材难点在教学中的积极一面,它对深化认识、发展思维和培养数学素养有着不可替代的功能。事实上,没有困难也就谈不上去积极探索和刻苦学习,从这个意义上讲,数学教学中的难点不仅体现着数学的魅力,还蕴含着思索、探索的动力。在难点教学中,学生不仅深刻地领悟知识和锤炼思维,而且还可以培养毅力,磨炼意志,学会探索。

(三) 教材的关键点

教材中有些内容对掌握某一部分知识或解决某一类问题有着决定性的作用,这些内容就是教材的关键点。作为教材的关键点,它在攻克难点、突出重点过程中往往具有突破口的功能。一旦掌握好教材的关键点,与其相关内容的教学就可以迎刃而解。

如掌握凑十法是学习 20 以内数进位加法的关键。熟记数位顺序表是读、写多位数的关键。掌握各部分积的对位原理和方法是学习多位数乘法的关键。而理解分数的意义和分数单位的意义则是掌握分数四则运算法则的关键。

教材的关键点和教学的关键点同样既有联系又有区别。教材的关键主要就数学知识而言,而教学的关键除知识外,往往还包括解决难点的途径与方法。

教材的重点、难点和关键点有时可以相同。

准确地掌握教材的重点、难点和关键点,才能保证学生正确理解和掌握教材内容,取得事半功倍的效果。如"小数除法"应以除数是整数的小数除法为重点,除数是小数的除法为难点。教学中要利用转化思想,引导学生根据商不变的规律和小数点位置移动引起小数大小变化的规律,把"除数是小数"的除法转化为"除数是整数"的除法,这是教学的关键。

三、渗透数学思想方法

现行小学数学教材渗透了集合思想、对应思想、函数思想、统计思想和极限思想等。渗透数学思想方法,就是把数学思想方法融化到有关的教材内容中去,它是一种高水平的深入浅出。对此,教师要分析挖掘相关教材,推敲在什么地方,渗透了什么样的数学思想方法。否则,就会在教学中错过良机。如在最大公约数和最小公倍数中,渗透了集合思想;在同样多、比多、比少中,渗透了对应思想;在正(反)比例关系中,渗透了函数思想;在圆面积公式的推导中,渗透了极限思想。人教社的教材设置了"数学广角"单元利用操作直观等手段渗透一些重要的思想方法。如二年级上册"数学广角——搭配(一)"介绍简单的排列与组合的思想方法。教材呈现了学生在活动中展开的操作、观察、思考与交流,呈现了学生多种解决问题的策略:摆卡片、画图、列表等,使学生初步体会排列与组合的思想方法,培养学生有序、全面思考问题的基本思路、基本方法。在发现最简单事物的排列数和组合数的过程中,培养学生初步的观察、分析、推理能力,教材还提供了需要用排列和组合方法解决的实际问题,如组数、握手、照相、着装搭配等,让学生感受排列与组合的思想方法在日常生活中的应用,初步感受数学与生活的联系。只有教师在分析教材时吃得准,才能在教学过程中做到有的放矢,达到渗透数学思想方法的目的。

四、分步骤地解决问题

教材在解决问题的例题中用"知道了什么?""怎样解答?""解答正确吗?"提示解决问题的基本步骤。例如人教版二年级上册的"长度单位"单元的解决问题是一根旗杆的高度是13厘米还是13米?教材首先呈现了一些测量长度的工具:软尺、皮尺、卷尺、测量轮等向学生渗透解决问题的条件,即已有哪些测量工具。步骤一"要解决什么问题?"引导学生理解现实情境,发现要解决的数学问题:判断旗杆高13厘米还是13米。步骤二"怎么解答?"是分析解答环节,这里解决问题的方法是用学生自己熟知的一定长度作标准,如身高去比较、推测。教材中图示1厘米的长度,"13厘米就这么高,旗杆不可能这么矮","我1米多高,才到旗杆的这个高度。旗杆应该是13米高","10个小朋友的身高加起来差不多和旗杆一样高。"得出了初步的判断。步骤三"解答合理吗?"是解决问题的验证阶段,"一支新铅笔都不止13厘米长,旗杆的高度应该是13米"。学生熟悉了这样的分步骤解决问题,解决问题的能力就会提高。

五、教材中的各类情境

教材中的情境不仅是知识的载体,也反映教育的目的和学生的身心发展规律。

（一）主题教育情境

结合教学内容对学生进行思想品德教育是教育的目标之一，通过反映我国生产建设发展的统计数据，可以对学生进行热爱祖国、热爱社会主义的教育；通过简介我国数学史上的伟大成就，可以激发学生的民族自信心和自豪感。同时教材也设计了美丽的校园、农家小院、保护环境、和平鸽广场、快乐的周末、靠右行等情境，对学生进行热爱家乡、热爱祖国、热爱劳动、热爱和平、保护环境、珍惜时间、遵守规则等教育。

（二）行为规范情境

小学数学教学在开发学生智力的同时，还必须重视德育、美育等非智力因素的培养，丰富学生的精神世界，增强做人的基本修养。这不仅可以强化学生的学习动机，增强学习的内驱力，还对学生的素质发展起到积极的作用。引导学生树立积极的情感态度和价值观，培养学生刻苦、细心、认真的习惯和独立思考、不怕困难、积极进取的精神。一年级开学初的情境图帮助学生了解学校生活，初步懂得小学生的行为规范——遵守纪律、按时到校、尊敬老师、关爱同学。

（三）学生生活情境

教材提供学生熟悉的活动情境，以帮助学生理解数学概念。例如，序数（第几）的教学采用学生熟悉的排队买票的情境，让学生运用自己的经验理解序数的含义，体会到身边处处有数学，获得用数学的经验。同时也可以在数学教学中，结合有关内容列举实例，说明数学在我国社会主义现代化建设中的作用，使学生体会到掌握数学知识的重要性。树立正确的学习目的，也是学好数学的保证。

（四）儿童情趣的活动情境

从教育的角度出发，教材情境是为了使学生获取某一知识和技能而设计的，因此，要符合学生的认知特点和兴趣需要，激发学生的学习动机。如反映学生生活的逛游乐园，节日郊游，具有童话色彩的情境，小兔收萝卜、爱劳动的小松鼠等都是学生喜欢、熟悉的情境。

（五）主题图的呈现

教材中的主题图可以分为单元主题图、课时主题图和习题主题图三大类，其功能主要是蕴含整个单元知识，如知识重点、知识问题化以及能够在一定程度上帮助学生理解习题的情境图。主题图的呈现方式主要有活动方式，即努力体现自主探索、合作交流的学习方式。例如，"做一做"的插图，提示教师要组织学生动手实践、自主探索、合作交流，达到获得知识、发展能力的目的。还有对话形式，如师生互动等。因此，主题图可以说是知识的升华。

六、教材中的习题分析

在数学教学中，对学生进行有目的、有计划，形式多样，层次递进，角度多变的解题训练，是学生掌握知识、发展思维、培养能力的必由之路。因此，在分析教材时，应重点分析教材中的习题,研究习题的层次和作用,弄清哪些是基本题,哪些是变式题、综合题、发展题和思考题。推敲习题的设计目的和要求,明确习题与例题的对应关系,对思考性强、难度较大的习题,教师应亲自演算一遍,然后在教学中有计划、有目的地让学生练习。还可以根据具体情况,精减雷同的,增添富有思考性或开放性的习题,供学生练习。做到精讲巧练,提高练的效率。

小学数学教材反映了《课标(2011)》所规定的教学内容和基本理念,是数学教学的重要依据。

第四节 小 结

一、本章焦点问题

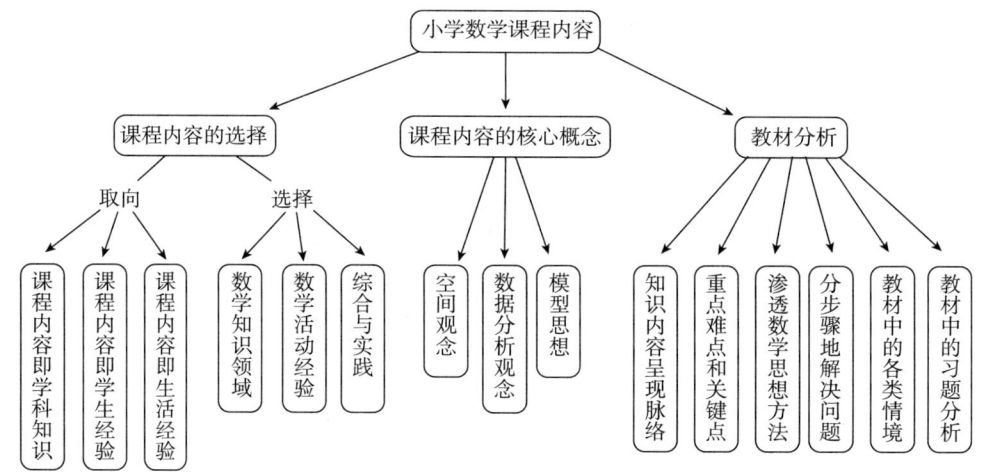

二、阅读导航

A. 期刊中析出的文献

[1] 孔凡哲,马云鹏. 论数学课程实施中的数学课程资源[J]. 数学教育学报,2004(2):27-29.

目前制约我国课程实施的主要问题之一就是课程资源严重缺乏。对数学课程资源的研究应注意两个重要问题:一是,凡是有利于数学课程实施与生成的各种物质的和非物质的条件与因素,都应属于数学课程资源;二是,研究数学课程资源的有效开发和利用的相关途径。

[2] 吕世虎,吴春燕,陈婷. 20 世纪以来中国中学数学课程内容综合化的历程及其启示[J]. 数学教育学报,2009(6):1-5.

20 世纪以来,中国中学数学课程内容的编排方式经历了"分科→混合→分科→混合"的循环式发展历程。中国数学课程发展历程中的混合编排方式实际上是数学课程综合化的一种形式。数学课程的编排方式反映在教学大纲(课程标准)和教材中。中国中学数学课程内容在向综合化的演进中,受社会政治、经济、文化或教育体制改革的制约,经历了一段曲折而艰难的演变,大体上可划分为8个阶段。中国中学数学课程内容综合化的历程对当今数学课程改革具有以下启示:综合化数学课程应突出其"整体性",并通过具有"统整"作用的主线将课程内容组织在一起;综合化数学课程的结构体系应力求符合学生的认知顺序;数学课程内容的综合化设计需要在借鉴国外有益经验的基础上充分考虑"本土化",其成功的推广需要以大量的实验为基础。

[3] 李星云. 改革开放30年小学数学教材建设的回顾与思考[J]. 课程·教材·教法, 2010(1):64-69.

改革开放30年以来,我国的小学数学教材与国家的政治经济文化背景密切相关,历经改革开放初期、普及九年义务教育时期、21世纪初期三个阶段的演变,逐渐形成了比较独立的、具有自身特色的、日臻完善的教材体系。30年来的小学数学教材建设,在正确思想的指导下,内容和结构的调整都更加体现时代的特点和要求,实现了从"一纲一本"到"一纲多本",再到"一标多本"的演变,日益注重小学教材的可读性、实践性、综合性、创造性,适应并推动着小学教育的整体改革与发展。

三、电子资源平台

[1] 新世纪小学数学网 http://www.xsj21.com/textbook/

特点:可下载北师大、人教版小学数学电子教材。

[2] http://www.pep.com.cn/zt/11tjc/zbj/201406/t20140616_1210277.htm

特点:可阅读最新版教材解读,全面了解教材内容。

四、思考与练习

1. 简述选择小学数学课程内容的主要依据。
2. 了解小学数学课程内容含有哪些领域。
3. 《课标(2011)》课程内容有哪十大核心概念?其概念的内涵是什么?
4. 选择一个视角论述小学数学教材的编排特点。

第三章　小学数学学习理论

教学目标

1. 了解小学数学概念学习和规则学习理论
2. 理解小学生的思维特点及小学阶段的数学能力要求
3. 掌握小学数学解决问题的步骤和方法
4. 了解小学生数学学习中的情感和个性发展

第一节　小学数学知识与技能的学习

"知识与技能"既是数学课程目标之一，又是落实"数学思考""问题解决""情感态度"课程目标的载体。小学数学知识主要包括数学概念、数学规则等内容，下面具体讨论。

一、小学数学概念的学习

（一）小学数学概念的内涵

数学概念是客观世界中数量关系和空间形式的本质属性在人们头脑中的反映，它是用数学语言和符号揭示事物共同属性的思维形式。数学概念所代表的是一类具有关键特征的事物，而不是个别事物。数学概念所揭示的是事物的本质属性，如事物在形状、大小、位置及数量关系等方面的共同属性，而剔除了事物的颜色、材料、气味等非本质属性。

在小学数学教材中对概念的表述主要有以下两种形式：一是下定义，用准确、概括的数学语言把概念的本质提炼出来，如"两组对边分别平行的四边形，叫做平行四边形"，"封闭图形一周的长度，是它的周长"等。另一种是用描述举例法来揭示其本质属性，如"黑板边、桌子边、书边都可以看成线段"，"像××这样的数，都是分数"等。基于此，同时根据《课标（2011）》对数学课程内容四大领域的划分（"数与代数""图形与几何""统计与概率""综合与实践"），归纳小学数学概念，见表 3-1。

表 3-1 小学数学概念

课程领域		小学数学概念
数与代数	数的认识	自然数、整数、奇数、偶数、质（素）数、合数、数位、计数单位、十进制计数法、小数、分数、百分数、负数、公倍数、公因数
	常见的量	时间、重量
	式与方程	方程
	正比例、反比例	比、比例、正比例、反比例
图形与几何	图形的认识	线段、射线、直线、平行线、垂线；长方体、正方体、圆柱、圆锥、球；长方形、正方形、三角形、平行四边形、梯形、圆、扇形；角、直角、钝角、锐角、平角、周角
	测量	周长、面积、体积
	图形的运动	平移、旋转、轴对称图形
	图形与位置	比例尺
统计与概率	简单数据统计过程	条形统计图、扇形统计图、折线统计图

（二）数学概念的掌握

掌握数学概念，就是掌握一类事物共同的本质属性，能够辨别出概念的本质属性和非本质属性，能够指出概念的肯定例证和否定例证。小学数学概念的掌握主要体现在概念形成和概念同化两个方面。

1. 数学概念形成

数学概念形成指的是在一定的课堂教学条件下，学生依据直接经验，从大量具体的例子出发，在实际接触的数学概念的肯定例证中，经过比较、分类，从中抽象出一类事物（如数量关系和空间概念等）的本质属性，并通过具体的例子进行检验，最后经过概括获得关于这类事物的初级概念，并用符号表达出来。这种学习的方式，体现在小学生学习数学的各个阶段。一般来说，学生数学概念形成的过程分为以下几个阶段：

① 辨别各种具体事例。学生要辨别的各种事例，既可以来源于学生自己在日常生活中经历的事实，也可以是教师为学生提供的具有代表性的典型事例。

② 分析共同属性。通过对各种具体事例的感知，从而总结归纳出它们的共同特征。

③ 抽象本质属性。通过对共同特征的分析，提出它们所具有的共同关键属性。

④ 归纳概括，形成概念。这一过程需要学生用自己的话对概念进行概括，用自己的语言描述，促进他们对知识的理解。

⑤ 运用推广到其他同类事物中。学生初步掌握了概念之后,需要不断地巩固对新概念的认识,这一过程就是让学生在更大的范围内检验和修正概念定义的过程。同时也是一个对概念进行应用的过程,从这一过程中可以看出学生对概念是否真正理解。

案例 3-1

"锐角三角形"的概念教学的几个主要教学环节,见表 3-2。

表 3-2 锐角三角形概念主要教学环节

教师行为	学生行为	概念形成学习的环节
1. 出示: △ △ △ △ △	学生观察教师出示的三角形。	环节 1:辨别各种具体事例。呈现一组关于"锐角三角形"概念的正例给学生观察,这些正例存在共同的本质属性。
2. 观察发现,这些图形有怎样的特点?	学生观察,发现:这些三角形的三个角都是锐角。	环节 2:分析共同属性。学生通过独立观察或小组合作等具体形式,概括出这些例子共同的、本质的属性。
3. 三个角都是锐角的三角形叫做锐角三角形。	学生用自己的话表述"锐角三角形"的概念。	环节 3:抽象本质属性。教师引导学生共同归纳、概括提出它们所具有的共同关键属性。 环节 4:归纳概括,形成概念。这一过程需要学生用自己的话对概念进行概括,用自己的语言描述,促进他们对知识的理解。
4. 找一找,哪些三角形是锐角三角形? △ △ △ △	学生交流。	环节 5:运用推广到其他同类事物中。通过正例和反例,让学生识别、判断,强化对概念的理解。

数学概念的形成需要一定的条件,一般来说分为内部条件和外部条件。内部条件指的是学生主动地对概念的肯定例证和否定例证进行辨别;外部条件指的是教师必须对学生提出的假设做出肯定或者否定的反应。学生就是在对来自外界的不断地肯定和否定的过程中,通过对所得到的反馈信息不断的筛选,从而归纳出概念的本质属性的。

2. 数学概念同化

奥苏伯尔认为,影响学习的最重要因素是学生已有的认知结构,他强调学生的学习应该是有意义的接受学习,这种学习是通过新知识与学生认知结构中的有关观念相互作用而进行的,其结果是新旧知识意义的同化。数学概念同化指的是利用学习者认知结构中原有的数学概念,以定义或者描述的方式直接揭示新概念的本质属性,从而使学生获得概念的过程。即以学习者的间接经验为基础,利用已掌握的数学概念去学习新的数学概念的过程。同化理论的核心在于学生能否习得新信息,主要取决于他们认知结构中已有的有关概念,意义学习是通过新信息与学生认知结构中已有的有关概念的相互作用才得以发生的,由于这种相互作用的结果,导致了新旧知识的意义的同化。例如,学习《异分母分数加减法的计算法则》,首先要明确学生是不是已经掌握关于分数的基本性质、通分和同分母分数加减法法则,如果不具备这些知识准备是不可能实现异分母加减法法则的理解的。而另一方面,如果学生认知结构中原有的知识概念掌握得清晰、稳定,那么新旧知识之间就容易建立起实质性的联系;反之,如果学生头脑里的原有知识模糊不清,那么新知识就难以和学生头脑里的原有知识发生相互作用,并被内化为学生的数学认知结构。

一般来说,概念同化的过程分为以下几个阶段:

① 揭示本质属性。这一阶段直接给出概念的定义、名称和符号来揭示出概念的本质特征。

② 讨论特殊例子。对概念进行分类,找出特殊的例子,揭示概念的外延。

③ 建立新旧概念间的联系。揭示概念之间共同的本质特点,同时区别新旧概念之间的差别。

④ 概念的辨别与运用。运用概念解决问题,区别概念与其他概念之间的联系。

数学概念同化同样需要一定的条件,包括内部条件和外部条件。内部条件是指学生有着有意义学习的倾向;外部条件指的是学生新学习的概念必须与其头脑中已有的概念或者表象有着实质性的而非任意的联系。

案例 3-2

"平行四边形"的概念教学的几个主要教学环节,见表 3-3。

表 3-3 "平行四边形"概念教学主要教学环节

教师行为	学生行为	概念同化学习的环节
1. 出示两条长方形透明色带交叠出一些四边形。 问:认识它们吗?叫什么?根据对平行四边形的认识,请选择小棒摆一个平行四边形。	答 1:这是一个四边形。 答 2:我知道,它叫做平行四边形。	环节 1:揭示本质属性。激活原有知识,包含了对知识的回忆和重现。教学片段中,学生对透明色带交叠出的图形进行了辨认,教师直接给出概念的定义、名称和符号来揭示出概念的本质特征。
2. 打开学具袋,从中找到平行四边形。仔细观察,看看你有什么发现? 3. 和我们之前学习的长方形、正方形有什么区别?	小组汇报,集体交流。归纳概括平行四边形的特征:这些四边形的两组对边分别平行。	环节 2:讨论特殊例子,对概念进行分类,找特殊的例子,揭示概念的外延。 环节 3:建立新旧概念间的联系,揭示概念之间共同的本质特点,同时区别新旧概念之间的差别。
4. 像这样两组对边分别平行的四边形叫平行四边形。 教师介绍推拉铁门、栅栏等隐藏着平行四边形,你能把它找出来吗?	学生找出平行四边形。	环节 4:概念的辨别与运用强化。通过给出的一些生活中的正例和反例,学生在识别、判断、辨认中实现对新概念的理解。

小学生学习数学概念需要经历一个逐步深化的过程。一般来说,学生学习概念首先以具体形象概括为主要形式,逐步过渡到以抽象逻辑概括为主要形式。大部分学生对数学概念的理解要经历不同的认知水平阶段。第一阶段是直观形象水平,此阶段学生对于概念的理解往往是直观地、形象地,不能脱离具体事物;第二阶段是形象抽象水平,这一阶段学生对概念的理解中形象的、本质的特征成分不断增加,学生开始关注事物的本质特征;第三阶段是初步的本质抽象,这阶段学生开始对概念进行一些抽象的概括,能够用自己的话概括出事

物的抽象特征,但是他们还不能脱离生活中具体的事物范围。

基于此,教师在进行概念教学的过程中,首先应该为学生提供大量生动、具体、形象、可感知的材料。然后,让学生在充分观察的基础上,尽量用自己的语言进行概括表达,说出事物的共同属性。最后,总结归纳事物的本质特征,将概念进行应用实践。当然,在概念学习的过程中,学生对概念的理解有时会出现一些偏差。教师应该把这种情况看成是正常现象,因为每一个概念的构建都需要经历不断地自我调整的阶段,所以教师应该帮助学生主动发现问题,以引起他们的认知冲突,让学生在解决认知冲突的思维过程中逐步构建和掌握新概念。

3. 影响数学概念学习的因素

影响数学概念学习的因素,主要有以下几点:①学生的知识经验。在概念学习过程中学生往往要从已有的知识出发,来认识、理解、区别事物之间的联系,找到事物的本质特征,这就要求学习者必须在学习概念之前能够回想起相关知识。②学生的抽象概括能力。概念的获得依赖于学生的经验和抽象概括能力,如果学生缺乏这方面的能力,就不能从众多实物、模型和例子中,概括出概念的本质特征,进而影响其概念的获得。③感性材料与感性经验。感性材料与感性经验的数量、变式、典型性、反例都会对学生概念学习造成影响。数量过少学生就会感知不充分,难以区别事物之间的关键特征和无关属性;例子不够典型,无关属性过多,就会对学生概念获得造成干扰;通过变式和正反例,可以更好地让学生把握数学概念的本质。

4. 数学概念学习中的错误分析研究

数学概念学习中的错误分析,主要体现在错误类型和错误原因两个方面。①错误类型。基于现代认知心理学,有学者主要将数学概念学习中的错误分为两种:过程性错误,指在数学概念形成过程中的各个环节中出现错误,主要表现为日常生活概念代替数学概念,概念原型代替概念,将概念中的非本质特征作为概念的本质特征进而混淆概念,以及不能建立概念网络。另一种是"合理性"错误,指概念学习中阶段、水平的转变,不同的个性倾向所带来的概念学习的障碍而造成的错误。表现为学生在学习数学概念中,不自觉地犯某种错误,如学生用原来的思维审视新概念、对概念定义不清晰、对概念的特殊性不加区别等。②错误原因。学者从建构主义的视角分析了数学错误概念产生的原因,其中日常概念的干扰、学生的思维习惯、学习观念、教材、语言、教学方法等都是影响学生错误概念形成的原因。

二、小学数学规则的学习

小学数学的学习内容中,包括大量的四则计算法则、运算定律与性质、计算公式等内容,这些内容既是世界数量关系和空间形式及其计算规律的概括和总结,又是有关计算过程具体实施细则的具体规定。这也是我们数学中常说的数学规则。数学规则是对两个或两个以上数学概念之间固有关系的叙述。

数学规则学习的关键是获得对数学概念间关系的理解,而数学概念之间关系的理解有依赖于新规则与原有认知结构中有关知识的联系。由于新规则和原有认知结构中的关系可以分为下位关系、上位关系和并列关系,因此,数学规则的学习也可以分为以下三种形式。

(一)数学规则学习的分类

1. 下位学习

如果新规则在层次上低于原有认知结构中的有关知识,那么新规则和原有认知结构中的知识就可构成下位关系。这时,新规则可以直接和原有数学认知结构中的有关知识发生联系,并直接纳入原有的认知结构中,充实原有的认知结构,这样的学习称为下位学习。例如,学习菱形就属于下位学习。因为,新知识菱形是学习了平行四边形概念及一些简单性质之后学习的。在学习菱形时,学生已经知道菱形是特殊的平行四边形,就可以类比学习平行四边形的方法进行观察、测量、画图、拼图、折叠、图形设计等活动,菱形的面积公式则可直接运用平行四边形的面积公式。

2. 上位学习

如果新规则在层次上高于原有认知结构中的有关知识,那么,新规则和原有的认知结构中的有关知识就构成上位关系。此时,新规则中概念之间的关系是通过归纳、概括比它层次低的有关知识获得的。即通过对已有知识的归纳、综合与概括,将原有的认知结构改变为新的认知结构,这样的学习称为上位学习。例如,学生已经学习了长方体的体积计算公式:底面积×高,正方体的体积计算公式:底面积×高,圆柱体的体积计算公式:底面积×高,进而概括出体积的计算公式 $V=sh$ 的学习过程,就属于上位学习。

3. 并列学习

利用所学的数学规则与原有认知中有关知识的并列关系,通过类比而掌握数学规则的学习过程叫做并列学习。并列学习运用的主要思想是类比,其关键在于寻找新规则与原有认知结构中有关知识的联系,使它们在一定意义下进行类比。例如,整数除法中商不变的性质,在除法里,被除数和除数同时乘或除以一个数(0 除外),商不变。$1500÷300=15÷3=5$;分数的基本性质,分数的分子和分母都乘或除以相同的数(0 除外),分数的大小不变,$\frac{6}{8}=\frac{3}{4}$;比的基本性质,比的前项和后项都乘或除以相同的数(0 除外),比值不变。$20:25=4:5$。它们既不是类属关系也不是总括关系,而是并列关系。通过类比建立前后规则间的联系,这就是并列学习。

(二)小学数学规则学习的主要形式

1. 例—规

例—规指在进行规则学习时先呈现规则的若干肯定例证,这些例证要有利于学生发现规则,从中归纳出一般结论,由直观到抽象、由个别到一般从而获得规则的方法。在小学数学的学习过程中,由于小学生的心理发展特点,一般都采用例—规的形式进行。

例—规学习是数学规则的发现学习,属于上位学习的范畴,一般由呈现具体例证、观察实验尝试解决、分析答案或过程、发现规律形成猜想、验证完善形成规则这些步骤组成。如表 3-4 所示,学生学习长方形的面积计算公式,就是通过计算多组不同长、宽的长方形面积,观察、猜想、验证而得出结论。

表 3-4 长方形面积＝长×宽

序号	长/厘米	宽/厘米	面积/平方厘米
1	6	4	24
2	8	3	24
3	12	2	24
…	…	…	…

2. 规—例

规—例是指先推导出要学习的规则,借助实际情境加深对规则的理解,然后用实例说明使用规则的方法,巩固对规则的应用。规—例是数学规则的接受学习,先呈现要学习的数学规则,然后用若干例证加以说明。这种方法的前提是学生对构成规则的有关数学概念已经掌握。教师在教学过程中要阐明新规则的使用条件,解释其道理,帮助学生理解新规则的意义。规—例的学习一般来说属于下位学习的范畴,一般由复习相关知识、呈现新的规则、举例说明应用三步骤组成。例如,学习"除数是一位数的除法"时,学生已经掌握了表内除法、除法竖式的写法等。然后在学习"除数是一位数的除法"的过程中,主要依靠教师的实例讲解,让学生了解除法计算的法则,包括除的顺序、商的书写位置、有余数的除法的计算方法,以及商的中间或者末尾有 0 的除法的计算方法。这个过程主要依靠教师接受式的讲解,利用学生头脑中的已有规则进行学习。

三、小学数学技能的学习

技能是指人们通过练习获得的自动化的动作方式和操作系统。技能具有三个特点:①技能是一系列动作的组合,有一定的顺序和程序;②技能是通过练习而获得的;③技能形成后,将是自动化的,不需要更多的有意注意。技能按照其本身的性质和特点可以分为动作技能和心智技能。

《课标(2011)》中要求学生在第一学段掌握必要的运算技能、掌握初步的测量、识图和画图的技能;第二学段要求在第一学段的基础上继续巩固加强运算技能,并经历数据的收集、整理和分析的过程,掌握一些简单的数据处理技能。这些技能中,测量、画图属于动作技能,运算、数据处理属于心智技能。

(一)动作技能的学习

动作技能又称运动技能,动作技能的学习往往与人的感知觉密不可分,要完成动作技能需要人的感官、大脑和肌肉的共同配合。同时,动作技能作为一种可以习得的能力,表现于迅速、精确、流畅娴熟的身体运动中。在小学阶段,学生写字,利用三角板、圆规等画图,测量长度,操作计算器等都属于动作技能。

动作技能的形成是通过练习而逐步掌握某种动作方式的过程。菲茨和波斯纳将动作技能的形成过程大致划分为认知、联系和自动化三个阶段,每个阶段都表现出不同的特征。[①]

第一阶段:认知阶段。

认知阶段也叫做动作定向阶段。在这个阶段,学生首先认知动作技能的结构,对动作系统有初步认识,学习与该动作技能有关的知识。在头脑中形成完整的动作表象,用表象调节动作,掌握分解动作,了解所要学习的动作技能的动作结构和特点。实际上是熟悉动作操作程序、掌握动作技能的基本单元。动作定向在动作技能形成过程中有着很重要的作用,有了动作定向,学生不仅能知道做什么,而且知道怎么做,有利于调动学生学习的主动性和积极性,有利于提高动作技能学习的效率。

第二阶段:联系阶段。

这是由动作定向阶段向动作协调完善阶段发展的过渡阶段。在这个阶段,学生尝试把分解动作组合成动作连续体,通过练习,不断排除动作之间的相互干扰,视觉和听觉反馈不再与动觉反馈发生冲突,而且逐渐为动觉反馈所取代,动作表现为协调、迅速、稳定和连贯,肌肉不再那么紧张了,多余动作也减少了。这个阶段实际上就是把分解动作或者动作单元变成程序性动作,随着不断练习,逐渐熟练。

第三阶段:自动化阶段。

自动化阶段也叫动作协调完善阶段。在这个阶段,肌肉骨骼动作实现程序化、自动化和完善化。这一阶段,以动觉反馈调节为特征。意识的参与减少,只在出现动作的偏差时才起作用。相当于自动控制中一个动作操作功能模块,只要有启动信息,不管是外界输入的还是从记忆存储中提取的,都能自动完成一套技能动作。

因此,在进行小学数学基本技能的教学中,不仅要使学生掌握技能操作的程序和步骤,还要使学生理解程序和步骤的道理。例如,对于整数乘法计算,学生不仅要掌握如何进行计算,而且要知道相应的算理;对于尺规作图,学生不仅要知道作图的步骤,而且要能知道实施这些步骤的理由。同时,基本技能的形成,需要一定量的训练,但要适度,不能依赖机械的重复操作,要注重训练的实效性。教师应把握技能形成的阶段性,根据内容的要求和学生的实

---

① 陈琦,刘儒德.当代教育心理学[M].北京:北京师范大学出版社,2007:307.

际,分层次地落实。

(二)心智技能的学习

心智技能又称为智慧技能,它是小学生在进行数学学习过程中需要掌握的一种重要的技能。心智技能并不像动作技能一样,以外显的动作形式表现出来,心智技能主要是学生在头脑中进行的一种认知活动方式。这种认知活动借助于内部语言进行,按照合理的、完善的程序组织起来。例如,学生掌握了乘法运算技能进行乘法运算时,就能自如地算出答案。在小学数学领域里,审题、计算、解决问题、推理论证等都属于心智技能。

自维果茨基提出关于智力的"高级心理机能"发展理论后,苏联著名心理学家加里培林对智力问题也进行了深入研究,经过二十多年的实验,提出了智力技能形成的五阶段理论。[1]

第一阶段:活动的定向阶段。这个阶段是使学生知道做什么和怎样做,在头脑中建立起活动的定向映像。其特点是把智力活动本身外部化,以物质或物质化形式向学生揭示动作本身。

第二阶段:物质活动或物质化活动阶段。这是指可以让学生亲自操作实物或利用实物的示意图、模型、标本等进行的活动。加里培林认为,只有物质活动或物质化的活动形式才是完备的智力活动的源泉。

第三阶段:出声的外部言语活动阶段。这是以出声的外部言语活动形式来完成实在的活动,是内化的第二步。

第四阶段:不出声的外部言语阶段。这一阶段与前一阶段的不同之处在于活动的完成是以不出声的外部言语来实现的。

第五阶段:内部言语活动阶段。这是智力技能形成的最后阶段,是智力活动简缩化、自动化,似乎不需要意识的参与而进行智力活动的阶段,是名副其实的智力技能形成阶段,其主要特点是压缩和自动化。

无论是动作技能还是心智技能的学习,练习都是技能获得的必要手段。在进行练习的过程中,可以通过以下几点提升练习的成效:

(1)复习相关的数学概念或者规则,明确练习的目的和要求。

(2)在练习过程中,教师给予有效的示范和指导。

(3)要及时给予学生反馈和强化。

(4)加强练习的趣味性和针对性,避免无效的题海战术。

---

[1] 陈琦,刘儒德.当代教育心理学[M].北京:北京师范大学出版社,2007:317.

第二节　数学思考

《课标(2011)》课程目标"数学思考"期望达到的目的是"让学生学会独立思考,体会数学思想,体会数学思维方式"。让学生学会独立思考,是数学课程培养学生创新能力的核心,数学思想主要指数学抽象的思想、数学推理的思想、数学建模的思想。数学抽象受学生思维水平的影响,更多地体现在第三学段以后,数学建模是把数学应用到客观世界中,解决现实问题,这部分内容将在下节"数学解决问题"中论述。因此,在小学阶段学会思考是从学会数学思维,学会合情推理,获得能力来体现的。因此,本节的数学思考包括数学思维和数学能力两个方面。

一、数学思维

(一)数学思维的定义

我们先了解一下思维和数学思维是什么。

1. 思维的定义

关于思维的定义到目前为止还没有统一的说法,因此我们可从不同的角度出发去理解。

从哲学的认识论出发,思维过程不是认识过程的全部,而是它的一部分。即在人脑中展开的、对事物的理性研究的过程[1]。因此,思维是指理性认识,是感性认识的概括和上升。

从思维科学的角度来看,作为理性认识的人的个体思维可以分为三种,即抽象思维、形象思维、特异思维[2]。或者分为逻辑思维、形象思维、直觉思维三种类型[3]。

从心理学角度出发,认为思维是人的意识活动的产物。意识是人脑对客观存在的物质世界的能动的反映,而思维和语言是意识的核心[4]。意识可分为显意识与潜意识。直感是显意识,而灵感是潜意识[5]。

现代脑科学研究表明,人的大脑分为左右两半球,各有不同的功能。左半球是言语中枢,主管语言和抽象思维,右半球则主管音乐、绘画等形象思维材料的综合活动。

现代认知心理学认为思维是人的信息加工过程。信息加工的基本过程有三类:问题解决、模式识别、学习[6]。

综上所述,思维是具有意识的人脑对客观事物的本质属性和内部规律性的概括的间接

---

[1] 李淮基,等.现代思维方式与领导活动[M].北京:求实出版社,1987:93.
[2] 钱学森.关于思维科学[M].上海:上海人民出版社,1986:129-143.
[3] 齐振海.认识论新论[M].上海:上海人民出版社,1988:278.
[4] 胡寄南.人的意识和意识活动的产物,胡寄南心理学论文选[M].上海:学林出版社,1985:9.
[5] 钱学森.关于思维科学[M].上海:上海人民出版社,1986:143-451.
[6] 钱学森.关于思维科学[M].上海:上海人民出版社,1986:129,143,451.

的反映。思维以感知为基础而又超越于感知的界限,是认识过程的高级阶段[①]。从一个人的发展进程来看,人类从最初以感知事物为主到依靠大脑、思维去认知世界,可见思维是逐渐增长的,并且它是属于认知活动的高级形式。

2. 数学思维的定义

有的学者认为,数学思维是在数学思想方法的指导下,人脑对现实世界中数学对象的信息进行提取、接收、传递和加工的内部操作过程。也就是对现实世界中数学对象及其关系的能动反映过程。数学思维是在数学发生发展过程中形成的,是由数学特点决定的。

而有的学者则从数学课程角度出发,认为数学思维是以数量关系和空间形式为思维对象,以数学的语言和符号为思维的载体,并以认识和发现数学规律为目的的一种思维[②]。

其中,二者都承认了数学思维其实是以数学知识内容为对象,对他们进行认知、加工、发现规律的过程。

(二)小学生数学思维的类型

数学思维是从人类一般思想中分化出来的一种科学思维,因此它的活动形式与一般的科学思维活动形式相同。在小学阶段,思维主要表现为两个方面:形象思维和初步的逻辑思维。

1. 形象思维

形象思维是依靠形象资料的意识领会得到理解的思维,它的主要特征是思维材料的形象性,其基本形式是表象、直感和想象。目前在教学过程中,教师经常会根据学生的这一思维特点去设计教学。比如说道具的利用,一年级学生在学习数数的时候,教师会采用数小棒、数手指等方法来帮助学生去理解、计算。或者是在认识长方体这节内容时,教师一般会用粉笔盒、书本等来例举现实生活中长方体的存在。这些道具的使用都有利于学生理解新知。

2. 初步的逻辑思维

逻辑思维是以概念为思维材料、以语言为思维载体,每一步都有充分依据的思维。它的主要特征是抽象性,其基本形式是概念、判断和推理。在数学教学中,学生解题的过程其实就是逻辑思维训练的过程。首先学生在解题时,会从题目中提取相关信息,了解考查的主要内容;其次根据自己已学过的数学方法去解题,不断地验证自己的方法是否适合这道题;最后得出结果。整个解题的步骤都体现了学生的逻辑思维一步步地得到运用,在不断地增长。比如说五年级的一个案例:小强和小丽同时从自己家里走向学校。小强每分钟走70米,小丽每分钟走60米,经过4分钟两人在校门相遇,他们两家相距多少米?

---

① 马忠林.数学思维论[M].南宁:广西教育出版社,1998:9.
② 田长生.数学思维的品质及其培养[J].广东技术师范学院学报,2008(9):48.

学生一看到这个题目，就可以判断这是一个相遇问题，已知项有小强和小丽的速度分别是每分钟70米和60米，时间是4分钟。未知项是路程。那么根据路程等于速度乘以时间这个公式，可以得知小强和小丽行驶的路程分别是280米和240米。最后根据两人是相向而行，求得两家的距离是280米加上240米等于520米。这个解题步骤从解读题意到寻求解决方法都很好地体现了学生逻辑思维的发展过程。

（三）小学生数学思维的特点

1. 认知发展的阶段性

（1）皮亚杰的认知发展阶段理论

皮亚杰心理学的理论核心是"发生认识论"。主要研究人类的认识（认知、智力、思维、心理的发生和结构）。他认为，人类的知识不管多么高深、复杂，都可以追溯到人的童年时期，甚至可以追溯到胚胎时期。"运算"（即思维操作）是他思维逻辑分析体系中的核心概念，是划分儿童认知发展阶段的主要标志。据此，皮亚杰把儿童认知发展分为四个主要阶段，即感知运动阶段、前运算阶段、具体运算阶段和形式运算阶段（不按心理学，按思维发展特点写），并讨论了各阶段认知发展的基本特征及相互联系。按照皮亚杰的阶段划分，小学生正处于具体运算阶段，思维具有明显的符号性和逻辑性，能进行简单的逻辑推演。但在很大程度上局限于具体的事物，以及过去的经验，缺乏抽象性，最主要的特征便是具体性。例如在小学数学教学中，"假定$A>B,B>C$,问A与C哪个大？"处于具体运演阶段的儿童一般不能正确回答这一问题。如果换另一种问法："张老师比李老师高，李老师又比王老师高，问张老师和王老师哪个高？"（张、李、王三位老师都是他们熟悉的老师）他们则可以回答。由此可见，小学生要有实际情景中具体事物之间的关系作基础才能完成上述推理，所以这种逻辑推理能力只是初步的。

（2）小学生思维的基本特点

我国心理学家朱智贤指出，进入小学的儿童思维的基本特点是从以具体形象思维为主要形式逐步过渡到以抽象逻辑思维为主要形式。由此可见，小学数学学习的思维活动就是一个具体形象思维和抽象逻辑思维相结合的过程。因为数学具有内在的逻辑体系和抽象性，所以学生学习数学的过程也是一个学习抽象数学知识的过程。但是，小学生正处于由具体形象思维向抽象逻辑思维过渡的阶段，具有较强的直观性。小学数学学习是建立在小学生思维发展水平之上的，他们对完全借助语言文字传授的间接经验难以理解，而对直接看到的和自己动手实践操作的数学教学内容，就觉得容易接受。正是基于这一特点，数学教材应为学生提供大量丰富的感性材料，特别是加强动手操作，为学生理解、掌握数学知识提供认识上的支柱。教师在教学中要帮助学生动手、动脑做数学，用观察、模仿、实验、猜想等手段收集材料，获得体验，经历由具体直观向抽象过渡的过程。

2. 数学思维的特点

（1）数学思维的概括性

数学思维的概括性是由于数学思维能揭示事物之间抽象的形式结构和数量关系这些本质特征和规律,能够把握一类事物共有的数学属性。思维的概括性还在于它的迁移性,就是使主体不仅能从部分事物相互联系的事实中推知普遍的与必然的联系,而且能将这种联系推广到同类现象中去,即应用已知的数学关系去解决有关问题①。这个特点在数学中很常见。例如：在学习偶数时,有些教师会引导学生从2、4、6、8等数当中找出偶数的特点,从而归纳出偶数的定义,然后根据定义去判断一个数到底是不是偶数等问题。同样地,这种归纳方法可以迁移到找出被5整除的数当中去。

（2）数学思维的问题性

数学的起源和发展是由问题引起的。在数学学习的过程中,教师一般会通过不断提问题,引起学生的思考,来训练学生的思维。因为在这个过程中它可以帮助学生理清自己的思路,让自己的思维变得更加严谨。另一方面,学生在学习的过程中自己还会提出一些数学问题。比如在学习折线统计图这节内容时,学生会从给出的统计图中提出统计图分别呈现什么变化趋势、谁的变化幅度大一点等一系列问题。

（3）数学思维的相似性

数学思维的相似性是思维相似律在数学思维活动中的反映。思维相似律是指客观事物发展过程中的相似现象(同与变异)在思维过程中具有相似的反映②。在解题的过程中,学生经常会出现"这道题我好像在哪见过"这种想法,其实这是因为相似的解题方法或形式唤起了学生脑中相似的图式。所以说在数学学习中,数学思维本身就具有相似性。在人教版小学数学学习定义时,经常会运用到思维的相似性。比如在学习什么是长方体和正方体时,教材里呈现生活中类似长方体和正方体的物体,比如说冰箱和盒子,然后归纳出"我们周围许多物体的形状都是长方体或正方体(正方体也叫立方体)"。这样归纳的方式其实就是利用了物体和模型之间的相似性。

（4）数学思维的形式化

数学的特点之一是其抽象思维具有相对的封闭性,从数学发展来看,这种封闭性使数学思维表现出形式化的特点。所谓形式化,即脱离数学对象的具体内容而进行的纯形式的分析,研究特定的知识和理论,使之固定化、精确化。运用形式化的方法,人们可以研究知识的形式,用特定的符号语言表述并建构这些符号语言的规则。这种形式化的理论,就某部分看,可以自洽而且自足,表现出相对的封闭性。形式化的思维使思维过程和思维操作一义

---

① 马忠林.数学思维论[M].广西教育出版社,1998:17.
② 马忠林.数学思维论[M].广西教育出版社,1998:14,21.

化、精确化和机械化,使之达到严格化的层次,数学在逻辑上的严格性即出于此[①]。也就是说数学中某些问题是可以通过具有一定含义的字母符号来解答的,或者是应用在一些公式的推导过程中。比如乘法的交换律:两个数相乘,交换因数的位置,它们的积不变。用符号表示为 $a \times b = b \times a$。

(5) 数学思维的条理性

条理性是指数学思维,尤其是思维由抽象上升到具体的过程中,具有极高的逻辑性。由抽象上升为具体这一思维发展过程,在数学思维中一般表现为数学理论体系的展开过程。在这一过程中,唯一有效的是数学概念的定义和命题的证明,而且有关的概念及定义,证明及要证明的命题都具有极强的顺序性。这种顺序性是由数学表述体系的严谨性特点决定的,可以说,它是体系严谨性的表现之一。条理性在数学中表现为公理法:一般地,从不定义的概念(初始概念)和不证明的命题(公理)出发,逻辑地展开体系,即按一定的逻辑规则,定义出所需要的其他数学概念,证明出所需要的其他数学命题。现代数学理论基本上都是用公理法表述的,体现了高度的条理性。数学思维的条理性还表现在计算程序中,计算要求一个严格一义规定的算法才能进行,算法则要求顺序性、逻辑性、可行性,它们都体现着数学思维的条理性[②]。

数学具有自己的一套法则。它要求学生在解题的时候,首先确定自己的做题程序。比如先找出问题的有效信息,然后再确定自己学过的方法有没有适合这道题目的,最后再确定该选择何种方法去解决。因此我们可以得知,解决问题的过程可以看出学生的思维是否具有条理性。如:3台拖拉机3天耕地90公顷,照这样计算,5台拖拉机6天耕地多少公顷?

首先确定已知项,3台拖拉机3天90公顷是表示一共有9台拖拉机1天耕了90公顷。第二,5台拖拉机6天耕地是指30台拖拉机1天要耕多少地?最后,根据第一步1台拖拉机1天可耕10公顷,那么30台拖拉机1天可以耕 $30 \times 10 = 300$ 公顷,即5台拖拉机6天耕地的数量。这一步步的解题过程就足以体现学生思维的条理性。

(6) 数学思维的创造性

思维的创造性是思维的一个本质属性。因为思维在反映对象的同时,将对象提供的信息进行了分解和重组,创造出新的概念来表达对象的本质属性,创造出新的命题来表达对象属性间的本质联系。在数学中,由于数学活动具有使人创造性思维产物严格化的特点,通过严格的逻辑证明,而这正是使创造性得以充分发展的途径之一。事实一再表明,数学思维的创造性产物最终总能表明是符合客观现实的,所以,数学思维能创造出更多、更抽象的概念来描述现实世界的性质,创造出更抽象的命题和理论来表述现实世界更深刻的本质联系,因

[①] 李莉.关于数学思维特点[J].数学教育学报,1995(1):32-34.
[②] 李莉.关于数学思维特点[J].数学教育学报,1995(1):32-34.

向数学思维有更强的创造性。这正是数学能为其他科学提供抽象思维模式和计算工具的根本原因[①]。

数学是一门比较开阔、灵活的学科,它的解题方法可以一式多解、题目形式可以变化多端,因此这也就要求学生在学习的时候不仅要学会教师所教的内容,更要掌握举一反三、不断创造的能力。学生在做题的时候要不断归纳、对比,从学习中积累经验,从而使自己在充分掌握基础知识后,开拓自我创造的能力。比如学完长方体的表面积是等于六个面的面积之和后,求正方体的表面积。可以利用迁移定律,推出正方体的表面积=六个正方形的面积=6×棱长(边长)×棱长。

(四) 数学思维品质

人们在数学学习过程中,由于学习者个体的差异,表现出数学思维水平的差异性。这种思维水平的差异性是以数学思维品质为标志的。

数学思维品质的主要表现有以下五个方面:敏捷性、灵活性、深刻性、创造性、批判性。这五个方面是相互联系、相互依存的,它们是数学思维的统一体。

1. 数学思维的敏捷性

所谓数学思维的敏捷性,就是学习者善于在较短的时间内果断而迅速地对思维着的对象进行识别、判断、推理、猜想以至于解决问题。

数学思维的敏捷性具有以下特征:

(1) 在数学解题过程中善于走捷径,超越常规的步骤,从而使解题过程大大缩短。因此,注意培养思维敏捷性是数学学习的重要任务之一。

(2) 在解决数学问题的思维中,善于一下抓住问题的本质,使问题迎刃而解,表现出解决问题的敏捷特点。

2. 数学思维的灵活性

思维灵活性是指思维活动的灵活程度,即学生在思维过程中能从不同的方面、不同的角度以及不同的方向来思考问题,并且还能用不同的方法来解决问题。具体到数学学习上,学生可以从不同的方面来理解数学概念,用各种方法来解答数学问题,有时还可以用多种手段来处理疑难问题。

数学思维的灵活性具有以下特征:

(1) 善于从不同的角度思考问题,用不同的方法解决问题。

这一特征主要表现在善于摆脱思维定势,展开概括迁移、触类旁通、归纳、类比、联想。从数学解题中看,表现为善于一题多解。数学思维的灵活性,使学习者善于从不同角度、用不同方法解决问题。

[①] 李莉.关于数学思维特点[J].数学教育学报,1995 (1):32-34.

(2) 善于随机应变,把问题加以转化。

灵活的思维善于从多角度、多方位,以多种方法随机地从一种解题途径迅速地转化为另一种途径。

3. 数学思维的深刻性

思维深刻性指"思维活动的抽象程度和逻辑水平,以及思维活动的广度、深度和难度"。在数学思维中,学习者的思维深刻性表现出如下特征:

(1) 善于洞察数学对象的本质;

(2) 善于把握数学知识的背景;

(3) 善于认识数学知识结构及知识间的相互关系;

(4) 善于揭示数学材料的思想、方法、原理、一般模式;

(5) 善于掌握数学材料间的逻辑结构,形成恰当的推理和做出正确的推断与猜想。

在数学解题学习中,往往由于思维缺乏深刻性,造成解题的片面性与漏洞。

4. 数学思维的创造性

思维的创造性表现为在思维活动中创造出新的知识、成果等,思维创造性的特点即具有"新颖性"。

人类对世界的认识、对知识的更新以及社会的进步都离不开思维的创造性,思维的创造性往往是在克服了过去思维模式的障碍之后,出现的新的思维模式。它又往往借助于思维的顿悟(即灵感)。

在数学教育迅猛发展的今天,培养学生的思维创造性具有重要意义。这一过程的特征是:

(1) 具有较强的个性特点;

(2) 善于独立思考、分析、综合,找出数学问题的主要特性;

(3) 善于观察、类比、归纳、猜想;

(4) 不拘泥现有的思维方法与途径,而善于独辟蹊径,从方法上创新;

(5) 通过思维而得到新颖的思维成果。

5. 数学思维的批判性

思维的批判性就是思维活动中的独立分析、独立见解、独立思考、自我反馈,不轻信不盲从的思维品质。

数学思维的批判性具有以下特征:

(1) 善于找出解题中的错误,并能独立地纠正错误的解法与错误的结果,即善于洞察解题过程中出现的错误与漏洞,并能对思维过程做出正确的评价。

(2) 善于对已有的数学结果提出自己的看法或怀疑。

在数学学习中,具有思维批判性者,则不盲从,不附和,并能在学习中发现其问题或错误。

从以上五方面看,数学学习中培养学生的思维品质是一项十分重要的任务,数学思维品质层次的高低,将直接关系到学生数学思维能力水平的高低。我们应当看到,思维的敏捷性、灵活性、深刻性、独创性与批判性之间存在着互相依存、互相制约的关系,它们互相之间紧密地联在一起,从而形成思维品质的统一结构,它们有机地结合起来,形成了表现出学生数学思维水平的标志。

二、数学能力

(一)数学能力的定义

不同学者对于数学能力的理解不同,具体如下。

喻平认为,数学能力是在数学活动中,直接影响着该活动的效率,使活动得以顺利完成的个体的稳定的心理特征。数学能力是一种特殊的能力,它只存在于数学活动之中,在数学活动中形成和发展[1]。

曹日昌先生认为,数学能力的基本组成部分是:(1)对数学材料迅速的概括能力;(2)运算过程中思维活动迅速地"简化"的能力;(3)正运算过渡到反运算的灵活性[2]。

数学教育学导论编写组的学者们认为,数学能力分为:(1)感知数学材料形式化的能力;(2)对数学对象、数和空间关系的抽象概括能力;(3)运用数学符号进行推理的能力;(4)运用数学符号进行运算的能力;(5)思维转换能力;(6)记忆特定的数学符号、抽象的数学原理和方法、形式化的数学关系结构的能力[3]。

林崇德教授主持的"中小学生能力发展与培养"实验研究,从思维品质入手,对数学能力结构做了如下描述:"数学能力是以概括为基础,由运算能力、空间想象能力、逻辑思维能力与思维的深刻性、灵活性、独创性、批判性、敏捷性所组成的开放动态系统的结构。"[4]

(二)小学数学能力的类型

新课标中"数学思考"主要提到了运算能力、合情推理和演绎能力。演绎能力在小学阶段主要包括初步的逻辑思维能力,前面在介绍思维特点时已经叙述,在这节将不再赘述。

1. 运算能力

会根据法则、公式等正确地进行运算,并且理解运算的算理,能够根据题目条件寻求正确的运算途径,称为运算能力。《课标(2011)》指出:运算能力主要是指能够根据法则和运算律正确地进行运算的能力。培养运算能力有助于学生理解运算的算理,寻求合理简洁的运

---

[1] 喻平.数学能力的成分与结构[J].课程·教材·教法,1997(11):26.
[2] 曹日昌.普通心理学[M].人民教育出版社,1979.
[3] 数学教育学导论编写组.数学教育学导论[M].北京:高等教育出版社,1992.
[4] 林崇德.中学生能力发展与培养[M].北京:北京教育出版社,1992.

算途径解决问题。

运算能力是在不断地运用数学概念、法则、公式,经过一定数量的练习而逐步形成的。运算的正确、灵活、合理和简洁是运算能力的主要特征。在小学阶段,数的运算有口算、笔算、估算,相应的就有口算能力、笔算能力和估算能力。学习数的运算首先要使学生理解算理,把握四则运算的本质。关于运算难度和熟练程度,《课标(2011)》针对不同的内容做出了明确的要求。如20以内数的加减法和表内乘除法口算速度要求 8~10 题/分钟;一位数乘除两位数和三位数笔算速度要求 1~2 题/分钟[①]等。一题多解和多题一解出现在运算过程中是十分普遍的,一题多解体现了运算的灵活性,多题一解则体现了运算的普遍性。

《课标(2011)》规定了一系列与算理相关的内容。如第二学段:探索并了解运算律,会应用运算律进行一些简便运算;了解等式的性质,能利用等式的性质解简单的方程。《课标(2011)》还规定了"在具体运算和解决简单实际问题的过程中,体会加与减、乘与除的互逆关系"[②]。运算的互逆关系,是逆向思维的重要表现形式之一。

2. 合情推理

合情推理包括归纳推理和类比推理。归纳推理是以个别(或特殊)的知识为前提,推出一般性知识为结论的推理。它的思维进程是从特殊到一般。类比推理是由两个或两类思考对象在某些属性上的相同或相似,推出它所在另一属性也相同或相似的一种推理。它是从特殊到特殊的推理。

由于小学生的认知发展特点,运用合情推理得出数学结论的地方比较多。比如四年级的运算定律的学习内容是交换律、结合律、乘法交换律、结合律与分配律,以及这五条运算律在整数四则运算中的简单运用。运算定律是运算体系中具有普遍意义的规律,是运算的基本性质。如何让小学生相信运算律是科学的,小学教材采用的是从具体数据的讨论,上升到规律的发现和归纳。如:通过两个同学不同的算式 40+56 和 56+40 的计算结果得出一个等式:40+56=56+40;然后提出"再举出几个这样的例子",引导学生从更多的"交换两个数,和不变"的算式中发现规律,从而归纳出加法交换律并用符号表示出定律 $a+b=b+a$。

在小学类比推理也是常用的。如四年级的"小数的加法和减法"。一般的教学都是以买书情境展开,给出小朋友所买的两本书的价格并分别提出用加法和减法解决的数学问题,引导学生分别列出加、减法算式。如 5.2+4.4 引导学生将 5 元 2 角加 4 元 4 角,转化为 52 角和 44 角,它们的和为 96 角即 9.6 元,并列竖式,得出小数竖式加法计算的关键是"小数点一定对齐",并追问算理"小数点为什么要对齐?",使学生明白小数点对齐就是计算单位对齐,

---

[①] 中华人民共和国教育部. 义务教育数学课程标准. 北京:北京师范大学出版社,2012:53.
[②] 中华人民共和国教育部. 义务教育数学课程标准. 北京:北京师范大学出版社,2012:21.

计数单位对齐其实就是相同数位上的数相加。教学在弄清小数加法算理，明确算法方面下了很大功夫。而对于小数减法，就采用类比推理得出相应的算理和算法。

关于小学生推理能力培养，《课标（2011）》提出："在观察、操作等活动中，能提出一些简单的猜想""在观察、实验、猜想、验证等活动中，发展合情推理能力"。

案例 3-3

> 四年级的"鸡兔同笼"问题：笼子里有若干只鸡和兔。从上面数，有 8 个头，从下面数，有 26 只脚。鸡和兔各有几只？学生先猜测鸡、兔各有多少只。
> 如果有 3 只兔，5 只鸡，用脚的只数验证是否符合已知条件，一共有 22 只脚，不对；
> 如果有 4 只兔，4 只鸡，一共有 24 只脚，也不对；
> 如果有 5 只兔，3 只鸡，一共有 26 只脚，符合条件。
> 通过这种有规律的不断的猜测，最终找到答案。

综上所述，数学思维及能力是学生必须具备的品质，也是数学教学必须承担的任务。它不仅应用于数学课程中，也被广泛应用于生活中。数学思维及能力对人的一生都具有深远的影响。

第三节 数学解决问题

数学问题解决的过程与本质是应用一系列运算来努力改变问题的初始状态并朝目标状态转变的过程，因而这是一个不断化归的过程；在将问题由初始状态向目标状态推进的过程中，个体需要调动已有的知识和经验，在问题空间中积极探索和开发出一条到达目标状态的路径；这个路径集中体现了解决问题的创造性及其成果。

一、分步骤解决问题

（一）理解题意

学生在解决数学问题时，首先要审题，理解题意非常重要，确定问题的已知条件和问题是什么，关键词是什么。复杂一些的问题，还要理解已给条件间的关系，条件与问题间的关系，由此可能转化出新信息、新问题。理解题意的操作步骤，见图 3-1。

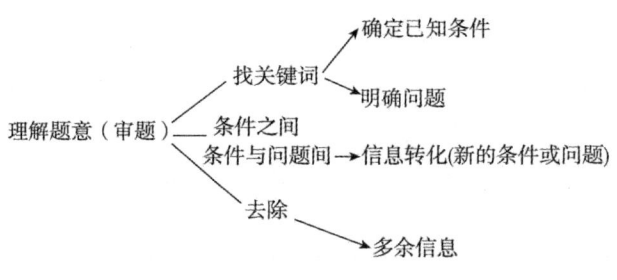

图 3-1　理解题意的操作步骤

案例 3-4

探究性课题教学的一个创新设计

用 16 张边长是 1 分米的正方形拼长方形和正方形,怎么拼,才能使拼成的图形周长最短?

1. 找关键词

"拼长方形和正方形",一个条件是用 16 个正方形拼图;问题是拼出的图形周长最短。

2. 信息转化

这道题有两个已知条件,它们之间的关系能转换出一个新条件:拼成的两个长方形和一个正方形哪个的周长最短?见图 3-2。

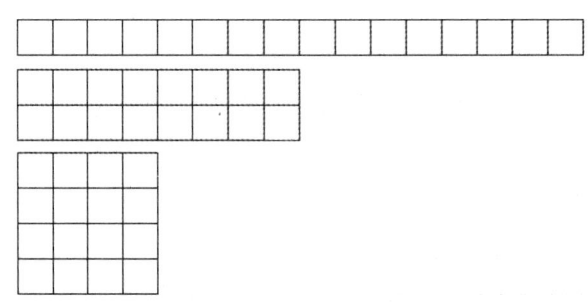

图 3-2　16 个小正方形分别拼出的长方形和正方形

3. 去除无关信息

理解题意包括找出已知信息和问题,理清信息间的关系,去除不相关信息。学生读懂信息,体会信息的意思,将对问题的理解外显出来,深化对条件和问题的认识,进而去解决问题。

一共有 16 人来踢球,已经来了 7 人,有一个队踢进了 5 个球,问还有几个人没来?

这里"有一队踢进 5 个球"与问题无关是多余信息,应当舍去。

(二)数学问题表征

Palmer 指出,表征是指用某种物理的或心理的形式将一个对象(事物、想法或知识)重新表示出来[①]。学生借助各种表征来形成新的理解并表达数学概念,在不同的数学表征之间建

---

① Palmer S E. Fundamental aspects of cognitive representation. In: Rosch E, Lloyd B. (Eds.). Cognition and Categorization. Hillsdale New Jersey: Lawrence Erlbaum Associates, Publishers, 1978:259-303.

立联系,有助于加深学生对数学的理解。

Kapat 认为,数学问题中的表征有四种类型:认知性表征(即大脑对数学图形与符号的操作、存储和转换),解释性表征(即大脑对数学符号与自然语言或表象建立某种关系),数学内部表征(即沟通不同数学结构间的关联),外部符号表征(即建立数学符号系统)[1]。

内部表征是在头脑中表征问题,即在头脑中考虑信息与信息之间、信息与问题之间的关系。对于信息量少、数量关系简单的问题,学生一般只要用内部表征就能把问题想清楚。

外部表征是指把有关信息与问题用图形、表格等方式表示出来。借助外部表征可以帮助学生更好地整理信息与问题。小学数学问题的外部表征形式有:动作的、语言的、图形的、表格的、符号的和算式的等。表征是解决问题的重要环节,要想使问题合理地解决,学生必须合理地表征问题,他们对问题的表征程度,影响着解决问题的难易程度。小学数学问题表征的类型,见图 3-3。

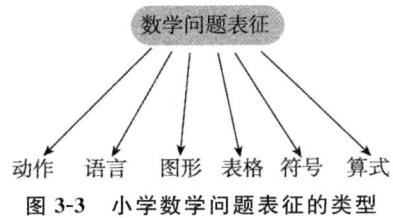

图 3-3 小学数学问题表征的类型

表征是解决问题的前提条件,要想使问题得以解决,学生需合理地表征问题,对问题的表征如何,影响着解决问题的水平。适当表征,条件、问题、数量关系就准确地、结构化地呈现出来了。

1. 动作表征

动作表征清楚地显示了已知信息(条件),它们能帮助学生理解题意,而且这种表征形式本身也显示出条件与问题间的关系,在小学低年级经常用到。

小红排第 10,小明排第 15,问小红和小明之间有几人?

动作表征:动手数数,小红第 10,后面是第 11、12、13、14,第 15 是小明,数出 4 只手指,所以小红和小明中间有 4 个人。

2. 语言表征

语言表征是根据数学知识的意义表征数量关系的。如有 12 名学生,$\frac{1}{3}$ 是女生,女生有多少人?

语言表征:因为有 $\frac{1}{3}$ 是女生,要求女生人数,需将 12 平均分成 3 份,求出 1 份是多少。

---

[1] 鲍建生,周超.教学学习的心理基础与过程[M].上海:上海教育出版社,2009:185.

这里的语言表征是根据分数的意义解释题目中的数量关系。

3. 图形表征

不同的年级有不同的图形表征方式。

（1）象形图表征

利用现象本身的形象画表示问题中的数量关系，如图 3-4：二年级卫生评比，一班得了 12 只红五星，二班比一班多得 3 只，二班得了多少只？这道题可用小星星表示数量关系。

图 3-4　二班比一班多得 3 只小星星

（2）符号图形表征

符号图形指代表事物的图形、记号。如有 12 名学生，$\frac{2}{3}$ 是男生，男生有多少人？

问题中用小圆圈表示每一个学生，用有颜色的圆圈表示三份中的两份，见图 3-5。

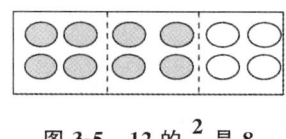

图 3-5　12 的 $\frac{2}{3}$ 是 8

（3）线段图表征

画线段图是问题解决中常用的一种思考策略。在问题表征时，利用线段图将题中蕴涵的抽象的数量关系以形象的线段图直观地表达出来，能有效促进问题的解决。

 案例 3-5

小明的体重是 35kg，他的体重比爸爸的体重轻 $\frac{8}{15}$，小明爸爸的体重是多少千克？

根据分数的意义，将爸爸的体重平均分成 15 份，小明的体重相当于其中的 (15-8) 份，即小明的体重相当于爸爸的 $\frac{7}{15}$。用线段图表征爸爸、小明的体重及其关系，见图 3-6。

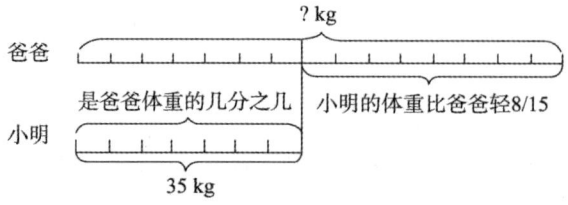

图 3-6　小明、爸爸体重及关系的线段图表征

> 这里用线段图表征问题,已知条件和问题都简单明了地标注在图上,清晰直观地把数量关系呈现出来,利用数学问题表征分析问题,据理列出等量关系,得出答案只有一步之遥了。所以,数学问题表征是解决问题的重要步骤。

4. 表格表征

表格是按事物分类画成格子,分别填写文字或数字的书面材料。因此制作表格前,已经在头脑中对研究对象进行了分类,按照自己的分类制表,使人一目了然,解题思路逐渐清晰。如:一列火车大车厢、小车厢一共 6 节,问有多少节大车厢? 有多少节小车厢?

制作表格,用列举法将大车厢、小车厢的所有情况都列出来。见表 3-5。

表 3-5　列举和为 6 节的大、小车厢数

大车厢/节	0	1	2	3	4	5	6
小车厢/节	6	5	4	3	2	1	0

5. 符号表征和算式表征

这里的符号特指字母、数学符号等抽象符号。如小明出生时,爸爸 27 岁,知道小明的年龄时,爸爸的年龄如何表示?

用 a 表示小明的年龄,这是用字母符号表示数;爸爸的年龄就是 $a+27$,这是算式表征。

解决问题的必要前提是解题者能够正确地表征他所面对的数学问题;同一个数学问题可以用多种表征手段来启示其求解思路;在多种表征系统之间的转换,带来了解决数学问题的灵活性。廖运章认为,解决数学应用问题实际上就是摆脱情节结构、建立处理数量关系结构的数学认知活动[1]。这就指出了问题的解决中,数量关系所处的核心地位。孙瑞清也指出,数学能力包括认知数学事实的能力,其中第一方面就是数量关系,即:理解各种数及式的概念,理解数学材料中体现的数量关系,理解并能运用各种数学符号,进行数、式的变换[2]。陈英和等指出,一些学生在数学问题解决上存在困难的根源在于问题表征而不在于数学(运算)操作,表征困难的根源在于理解条件关系(的组合)而不在于单独条件的理解[3]。而数学问题表征特别是图形表征,能够直观地表达数量关系和问题结构,帮助学生突破难点,顺利地解决问题。

---

[1] 廖运章. 数学应用问题解决心理机制的调查与认知分析[J]. 数学教育学报,2001 (1):72-74.
[2] 孙瑞清. 关于发展学生数学能力的几个问题[J]. 数学通报,2002 (4):57-58.
[3] 陈英和,等. 小学 2~4 年级儿童数学应用题表征策略差异的研究[J]. 心理发展与教育,2004 (4):19-24.

案例3-6

一个合唱队共有15人,暑假期间有一个紧急演出,老师需要尽快通知到每个队员。如果用打电话的方式,每分钟通知一人,请帮老师设计一个打电话的方案。

表3-6 用图表表征问题

时间	通知人数	累计和
第1分钟	1	1
第2分钟	2	$1+2=3$
第3分钟	2^2	$1+2+2^2=7$
第4分钟	2^3	$1+2+2^2+2^3=15$

如表3-6所示,这道题问题表征清楚了,解法就有了,用4分钟就可以通知15人。

(三)运用数学工具解答并检验

1. 运用数学工具解答

前面的数学表征阶段,已经知道问题中的数量关系,接下来运用数学工具解答。前面案例3-5,从线段图表征我们已经清楚了小明的体重是爸爸体重的$\frac{7}{15}$,已知条件中小明的体重为35kg,运用分数的意义,列出算式$35÷\frac{7}{15}=75(kg)$,即爸爸的体重是75kg。

2. 检验

将答案作为条件带回到原情境中,并用乘法检验,小明的体重为$75×\frac{7}{15}=35(kg)$,与已知条件相符,说明爸爸的体重答案正确。

二、数学问题分类

数学问题包括一些结构良好、内容熟知、形式标准的、有现成可套用解答方法、答案确定、条件恰好不多不少的常规问题,学生只需模仿、进行适当操练就可以轻易解决;也包括那种情境初次遇到,具有较大智力挑战,没有可直接用的解决方法、程序或算法的非常规问题。"解决问题"是有用捕捉、有关提取、有效组合,从条件到结论的一系列转换过程,不断地消除现状与目标之间的差异。

(一)常规问题

安德森认为,需要开发出新的步骤的问题解决称为创造性的问题解决,使用现成步骤的问题解决称为常规性的问题解决①。

可以套用的问题是常规问题。小学数学解决问题,一些学者专门研究了算术问题的基本类型。如 Fuson 从集合的聚合和分拆的视角来区分问题中的"加法情境"及"减法情境",认为所谓的"加法情境"有:改变型的添加;物理操作的并加;概念操作的并加——通过思考实现的静态型合并。而所谓的"减法情境"有:改变型取走——求余下的量;比较——"多了多少"或"少了多少"②。

Greer 根据乘除问题所含的情境模式进行分类:(1)等组型问题(若干等量的组组成一个集合的情境模式,可以表示多次重复相同的量的结果);(2)矩阵队列(呈方阵排列的物体的计数问题);(3)长方形面积问题(用面积公式来计算类型的问题);(4)倍数比较/比率系数型乘法问题(求某数的"n 倍是多少"类型的问题,涉及基准量和比较量)。除法存在两种不同类型的除法:(1)分组(包含)(如 12 个孩子,一张桌子坐 4 个人,需要几张桌子);(2)分配(等分)(如 12 个孩子分坐 4 张桌子,每张桌子坐几个孩子)。③

归纳起来,小学有关四则运算的数学问题的意义见图 3-7。

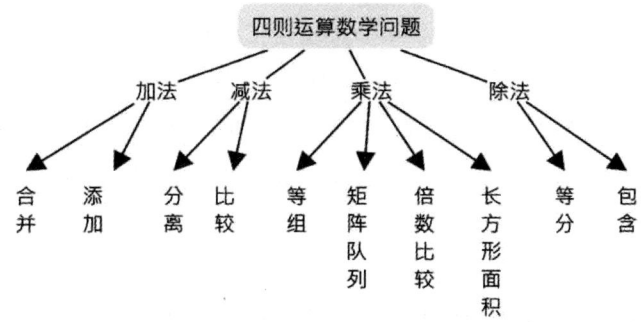

图 3-7　四则运算数学问题的意义

加法类型的数学问题。

合并:如左边 1 把扇子,右边 3 把扇子,一共几把扇子?

添加:如地上有 5 块砖,小熊又抱来了 1 块砖,一共有几块砖?

减法类型的数学问题。

分离:有 6 块砖,小熊抱走了 2 块,余下几块砖?

比较:如小华摘了 12 个苹果,小雪摘了 7 个,小华比小雪多摘了几个?

乘法类型的数学问题。

---

① 喻平,等.中国数学教育心理研究 30 年[M].北京:科学出版社,2011:47.

② Fuson K C. Research on learning and teaching addition and subtraction of whole numbers, hi G Leinhardt, R. T. Putnam, & R. Hattrup (Eds.), Analysis of arithmetic for mathematics teaching. Hillsdale, NJ: Lawrence Erlbaum, 1992:53-187.

③ Brian Greer. MuItiplication and division as models of situations. In Douglas A, Grouws, (EcL). Hancibook of Research on mathematics Teaching and Learning. New York,: Simon & Schuster and Prentice Hall Intemational, 1992:276-278.

等组:3张桌子,每张桌子围坐4个孩子,一共有多少孩子?

矩阵队列:如4个学生一排,共3排,一共有多少学生?

倍数比较:如女孩3人,男孩是女孩的4倍,男孩多少人?

长方形面积:长×宽。

除法类型的数学问题。

等分:先确定要平均分的份数再分。12个孩子分坐4张桌子,每张桌子坐几个孩子?

包含:12个孩子,一张桌子坐4个人,需要几张桌子?

小学数学解决问题的题型还有速度、路程和时间的关系问题;相遇问题(如小林每分钟骑250米,小云每分钟骑200米,小林和小云家相距4.5千米。周日早上9:00两人分别从家骑自行车相向而行,俩人何时相遇?)、航海问题(如一艘轮船从甲地开往乙地顺水而行,每小时行28千米,到乙地后,又逆水航行,回到甲地。逆水比顺水多行2小时,已知水流速度每小时4千米。求甲乙两地相距多少千米?)和工程问题(如一条路甲队单独修,12天完成;乙队单独修,18天完成;如果两队合修,多少天完成?)等。

当学生初次学习这些类型的数学问题时,要按照数学问题解决的步骤过程,理解题意、表征、分析数量关系等,进而解决问题。由于这些类型题目有常规思路,属于常规问题,学习需要反复练习,就会储备若干标准问题的解决模式,使常规问题成为已知问题。数学问题解决的最基本形式是化归:把未知问题化归为已知的问题;把非常规问题化归为常规问题……而化归的条件是一定数量的基本题型、对题型的识别以及化归的途径。这就指出了题型研究的必要性。

(二)非常规问题

波利亚将数学问题分类为:需要判断选择某些已有法则或算法之一来解决的问题;需要组合应用两个或多个法则解决的问题;需要创造性地组合、改变已有法则来解决的问题[①]。其中,需要创造性地组合、改变已有法则来解决的问题就是非常规问题。

解决非常规问题需要策略和方法。在小学数学问题解决中常见的方法有分析法、综合法、归纳法、列举法、排除法、转化法等。

案例3-7

> 商店里,小熊6元,地球仪8元,皮球9元,问56元可以买几个地球仪?
>
> 本题用分析法:从问题入手,地球仪8元,求56元能买几个就是求56元里包含几个8元。通过从问题到已知的分析法,问题就很明显了——用除法,56÷8=7(个)。
>
> 分析法相对应的综合法,从已知信息入手,基本句式是"有这两条信息可以求出什么?"

---

① [美]波利亚著.数学的发现——对解题的理解、研究和讲授[M].刘景麟,等译.北京:科学出版社,2006.

案例3-8

> 小明上午9:00完成了作业,他想做完作业后去踢球,10:30去看木偶戏,问:小明可能在下面那个时间去踢球?7:45,9:15,10:50。
>
> 用排除法:小明9:00做完作业,踢球的时间肯定不是7:45;他10:30要去看木偶戏,10:50肯定不在踢球。排除这两个时间,只剩下9:15了,应该是9:15去踢球。

还有一种题目是开放题,主要指条件不充分或结论不确定的数学问题。需要加入条件进行讨论。

排除法是在已知条件下,运用一定的逻辑推理(案例3-8时间顺序),排除不符合题目要求或与题目信息内容不符的干扰,从而选出正确答案的一种解题方法。

三、数学问题解决的影响因素

Lester从解题的主客体及其所处的环境出发,提出了影响数学问题解决的四种主要因素:问题自身(问题本身的结构、难度及所需的数学知识)、解题者的条件(知识结构、能力及认知风格)、解题行为(解题者在解题过程中的外显及内隐行为)、环境特征(外部环境)[1]。主张解决问题围绕着上面四个方面展开。Lester提出的影响因素有问题、学生、外部环境等。

郑君文等则提出了影响数学解题的三个主要因素:问题情境因素、解题者个人特征、认知策略[2]。

他们的研究结果表明,对学生解决问题而言,内外影响因素都有。

Lee做了影响问题解决的四个因素(问题的结构、问题的复杂度、问题的背景、问题的信息量)的相关研究[3]。结论是:问题的结构对数学问题解决的正面影响最大;问题的复杂度与背景对问题解决有负面影响;解决问题的最大的负面影响因素是信息量。Lee所提出的因素都属于外部因素。

有学者从学生方面分析,罗增儒认为影响数学解题的最基本因素有:解题的知识、解题的能力、解题的经验、非智力因素[4]。

有学者从教学经验的角度分析导致学生解决数学问题存在困难的方面。管鹏和张庆林曾指出,小学生解非常规问题时存在困难至少有四个原因:不能正确或熟练掌握基本概念,不善于整体把握题目中的数量关系,不能对解题模式进行抽象,不能进行双向推理沟通已知

---

[1] 喻平.数学问题解决认知模式及教学理论研究[D].南京师范大学,2002:7.
[2] 郑君文,张恩华.数学学习论[M].南宁:广西教育出版社,1998:77-80.
[3] 鲍建生,周超著.数学学习的心理基础与过程[M].上海:上海教育出版社,2009:226.
[4] 罗增儒.数学解题学引论[M].西安:陕西师范大学出版社,1997:18-33.

和未知条件[①]。由于非常规问题不能套用现成的解决方法,所以这类问题解决的困难致使学生解决那种需要开发新解决方法的问题时受到制约。这实际上是从实践的角度总结了影响正确解决问题的因素,这是一种综合性的总结,他们所提出的四个原因中,前两个原因可以归为基础知识,第三个原因可以归为问题表征,第四个原因则可以归为产生式系统的组合开发(数量关系的跟踪、组合)。这就揭示出了影响学生开发新解决方法来解决非常规问题的内部因素:掌握基本的数量关系,把握题目中数量关系的复杂关系及其组合。这些因素也可以概括为:基本数量关系(知识基础)、对题目数量关系的整体把握(表征)、对于数量关系的组合(正逆、结合)三个方面。

体现有关较受关注的问题解决影响因素的关键词:学习者的内部条件,认知策略,外部条件,基本数量关系(概念),问题表征,模式识别,知识基础,图式,构成问题的事实、概念及其相互关系的结构,教学强度(解题迁移),情景理解,数量关系组合,题归类,元认知和监控,解题信念……根据学者们对这些术语的解释,也可以将这些术语归类如下:

(1) 学生的知识储备。包括知识基础、基本数量关系、学习者的内部条件。

(2) 对问题隐含的数量关系的整体把握。包括问题的表征、模式识别、题归类等。

(3) 选择算式与问题情境的切合。包括情景理解、数量关系组合。

(4) 经验积累和训练量。包括学生的外部条件、教学强度、解题迁移训练量。

(5) 非认知因素。包括元认知、解题信念等。

因为基本数量关系属于基础知识,我国在基础知识教学方面的研究和实践都得到了世界认可,问题表征也有很多人已经做了研究,所以,关于开发数学解决问题方法过程中数量关系的组合与问题情境内规定性的切合,是目前较为欠缺的方面。

第四节 小学生数学学习中的情感态度

小学生数学学习的过程也是情感态度发展的过程。本节从以下几个方面探讨小学生情感态度发展的基础及表现形式。

一、学习动机

学习动机是指激励并维持学生朝向某一目的的学习行为的动力倾向。学习动机与学生的学习兴趣、学习需要、个人价值观、态度、志向水平、外来鼓励、学习后果以及客观现实环境的要求等诸多因素紧密联系。

小学生学习的动机是有一个发展的过程的。一般地说,它的趋势是从比较短近的、狭隘

---

① 管鹏,张庆林.小学生解答复杂应用题的困难原因分析[J].现代中小学教育,1997(1):41-43.

的学习动机逐步向比较自觉的、远大的学习动机发展;从具体的学习动机逐步向富有原则性的、比较抽象的学习动机发展;从不稳定的学习动机逐步向比较稳定的学习动机发展。这个过程,反映了小学生学习行为的动机及其整个学习活动的水平。教育的任务是逐步引导小学生能够及早地从前者向后者过渡。

小学生的学习动机特点,突出表现在学习动机的内容和学习兴趣两个方面。

(一)外部动机

学生由外部诱因引起的动机,动机的满足不在活动之内,而在活动之外。有的小学生学习数学为了得到好的分数,不想落后于同伴,或者为了得到教师和家长的表扬,避免惩罚,为了得到奖励而努力学习。这时学生学习并不是被学习本身所吸引而进行的学习,而是因为非数学学习的结果而学习,如为了拿奖品而学。一旦达到了目的,学习的动力就会大大降低。此外,为了达到目标,这些学生往往采取避免失败的做法,或是选择避免失败的学习任务,因为一旦失败,他们往往会一蹶不振,变得消极起来。

(二)内部动机

学生因为对学习数学本身的兴趣而产生的动机的满足不在数学活动之外,而是在数学学习活动之内。他们并不需要诸多奖惩和外界的各种诱因而学习数学,而是出于对学习数学的热爱。有的学生真心地喜欢数学,就在数学课堂上认真地听讲,在课后进行刻苦的探究。受内部动机驱使学习数学的学生容易在学习数学活动本身的过程获得满足,他们总是积极地参与学习数学的过程,并对自己的学业表现有所了解,好奇心强,喜欢挑战数学学习中所遇到的困难,具有独立学习的意识。

小学阶段,主导的学习动机就是外部动机和内部动机。其中低年级的学生以第一种学习动机居多。由此可见,小学生一般还不善于把学习与社会需要联系起来,还缺乏深远的学习动机,他们的学习动机往往与学习活动直接联系在一起。

学生在课堂上参与学习的程度与学生的情感因素密切相关。在教学过程中,教师所创设的教学情境、设计的教学活动、营造的课堂氛围等能够激发学生学习的动机,充分调动学生的学习兴趣,能够满足学生求知欲的需要时,学生就会产生愉快、喜爱的情感。反之,则是苦恼、厌烦,势必会影响学习效率。这就要求教师在每一节数学课上,都要利用学生的好奇心、好胜心来创设教学情境,激发学生学习的兴趣和求知欲,调动学生积极参与的情绪,并且要精心设计教学活动,给学生提供探索的时间和空间,让学生在探索、发现数学知识和掌握数学知识内在规律的过程中,不断获得成功,积累愉快的体验,不断增进学习数学的兴趣。

二、自我意识和自信心

(一)自我意识

自我意识是指个体对自己的心理、思维及行为活动的内容、过程及结果的自我体验、自我认识和自我调节。自我意识是一个人在与人交往的过程中,根据他人对自己的看法和评价发展起来的,这个过程伴随着人的一生。

教师对学生的热爱,通过情感传递给学生,学生被教师的情感感染,就会转化为他们对学习和教师的热爱,转化为学习的动力,促进他们更加勤奋地学习,不断地提高学习数学的兴趣,从而获得更大的收获,增加学习数学的胜任感。值得注意的是,在这个时期,教师要切忌有消极的评价态度,对学生按照一定的标准划分等级,学生被划入低等级的小组时,就会认为自己在学习上并非好的学习者。这种消极的心理可能会转嫁到校外的活动,在某一方面的学习不成功会使他们认为自己在其他的方面也是一个失败者,从而不再勤奋,变得消极颓废,教师要采取相应的措施进行引导和劝说,以免学生因数学成绩落后于同伴而导致自卑。这个时期解决不好勤奋感与自卑感的危机,将成为学生以后数学成绩不好的重要原因,甚至将来会导致学生在社会上做出反社会的行为。这个时期,数学教师如何对学生的行为做出评价以及课堂组织的方法,对小学生的发展至关重要。

(二)自信心

小学生正式进入学校学习,有的学生在数学活动中很好地完成了任务,并在从事数学活动的成功经验中增强了他们的胜任感,这些成功的体验有助于儿童在以后的社会生活中建立勤奋的特质,表现为乐于工作和有较好的适应性。也有的学生在学习过程中遇到了困难和挫折,他们面临来自学校、家庭和同伴之间的各种要求和挑战,他们力求保持一种平衡,以至于形成一种压力。

如小吴老师发现,班里有相当一部分学生属于"中间沉默层",他们学习成绩中等,上课发言不积极。于是吴老师找其中的小萌同学了解情况发现,其实今天学的内容小萌都会了,特别是老师出的那道求长方体表面积的题。把两个大小一样的长方体礼盒包上包装纸,怎么包最省纸。小萌当时就拿出了两个大小一样的作业本,摆了摆,发现把最大的面放在一起最省纸,小萌发现长、宽都没变,就是高是原来的两倍。小萌很想说出自己的答案,但不确定对还是不对,正在犹豫,这时其他同学做出了回答。由这位学生的经历我们发现,在班级授课制的课堂上,学生之间是有差异的,至少是学生思维的时间有快有慢,如果教师多给学生一些时间,让他们充分思考;如果教师在巡视的时候,迅速检查一下学生的作业结果,给他们一个肯定,这些中间沉默的学生就可能鼓起勇气,积极参与教学活动,建立起自信心。

高自信会促使学生尝试较难的任务,同时,获得成功后可以提高学生的自信。在数学的学习中,学生建立起学习的自信心至关重要。自信对学生的自我评价及情绪产生很大的影响,从而影响到小学生在学习数学中的行为表现。自信心高的学生在学习数学的过程中更容易成功。教师的赞许态度、学生之间的广泛交往和学习数学中的积极主动促成了学生的自信心。

三、养成良好的学习习惯

(一)独立思考

思考是一种好习惯,它传承精华,去除糟粕,孕育智慧。因为思考可以化解矛盾的症结,使僵化的思维方式疏通,让混沌的头脑变得清晰,构建新的思维和理念。

独立思考就是要用自己的方式去感受世界,根据自己的感受去分析、综合、推理、判断和决定等。而学校的数学学习为小学生们养成独立思考的习惯,提供了空间和资源。

在"直线和线段"中量物体的长度和线段时,有一个开放的活动情境,让学生凭借自己的生活经验去量一个铅笔的长度。在汇报测量方法时,绝大部分学生都认为:先把铅笔的一端对准"0"刻度线,接着让铅笔的边和尺子的边靠紧,最后再读出所量铅笔的长度。这时有一位学生说:从"1"刻度线开始量也可以。他解释说:用一把折断的尺子量一支铅笔的长度时,笔尾对准1,笔尖对准3.8,那么铅笔的长度=3.8-1=2.8(cm),见图3-8。

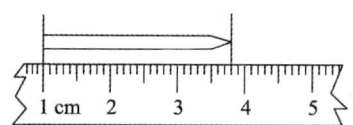

图3-8 从刻度1开始量铅笔的长度

这位同学测量时,在关注测量的起点和终点这一关键点上与其他同学是一致的,他独到的地方是,起点的值可以变通,只要用终点的值减起点的值就可以得出铅笔的长度了。他的想法和做法其实是扩展了测量的方法。

(二)合作交流

合作交流是共同体成员之间彼此沟通,分工合作,共同完成某项任务过程中的行为方式。在学习小学数学的许多内容时,小学生们都能体会到合作交流后的学习效率。

统计课上,学习任务是调查每天早上学校门口的交通流量。由4位同学一组共同统计早上8:00到8:05时间内,经过学校门口的各种机动车的数量。由于早晨交通很繁忙,有时车辆过得太多、太快,4个人一起数也数不过来。于是,4个人坐下来一起协商,首先将各种机动车分为4类:(1)公交车;(2)运输车(包括运货车、邮政车等等);(3)小汽车、出租车;(4)摩托车、电瓶车等。每个学生负责统计一项。由于任务分流,每个人专项负责,数据很快就统计出来了。

学生们在统计数学过程中,领会到分类统计的重要性和同学间合作交流的必要性。在这一学习过程中,学生学到的不仅仅是知识,更重要的是学会获取新知的方式和途径,并将形成良好的学习习惯。

(三)质疑反思

"学源于思,思源于疑。"人的思维是从发现问题开始的,学生提出的问题,正是他们迫切需要解决的,如果教学能不断地解答学生的问题和质疑,不仅能使学生思考得更深入,而且能够促进学生智力的开发和良好思维习惯的形成。

如某老师在讲授"轴对称图形"时,事先布置学生课下动手剪一些平面图形,有正方形、长方形、平行四边形、圆、梯形以及各种三角形等。课堂上让学生通过剪、折、拼,弄清楚哪些图形是轴对称图形。

大部分同学通过动手折、剪,验证出平行四边形不是轴对称图形。这时班里最爱和同学、老师"唱反调"的小松站起来说:"老师,我的平行四边形是轴对称图形,它也有对称轴!",他剪的是四条边相等的平行四边形,两条对角线就是它的对称轴。大家情趣盎然,仔细观察、测量、折叠,发现一般的两组对边分别平行的四边形,不一定是轴对称图形,而四边相等的平行四边形一定是轴对称图形。

小松同学"爱唱反调",但是他的意见确实是有道理的,说明这个孩子是经过思考后才"唱反调"的,在大部分同学都赞成的问题上,他还能勇敢地发表自己的见解,这种勇敢的求异精神正是开发创新的潜能。

(四)科学的态度

《课标(2011)》在"情感态度"中所指的科学态度包括坚持真理、修正错误、严谨求实。数学具有严密的逻辑性,任何数学结论必须借助于严密的逻辑方法来实现。严谨性是数学科学的基本特点。

对于数学严谨性的要求,小学生不是一下子就能达到的,要有一个逐步适应的过程。先从"认真"入手,认真审题,仔细分析,完整地写出解题过程,检验结果。

在数的运算教学中,教师可引导学生熟悉算法,理解算理,发现最合理、最简捷的计算方法,这些学习有助于培养学生的思维能力。同时学生做题时要按照一定的法则、有条理、认真负责地运算才能正确。因此,学生进行数学运算也是养成科学态度的过程。

第五节 小 结

一、本章焦点问题

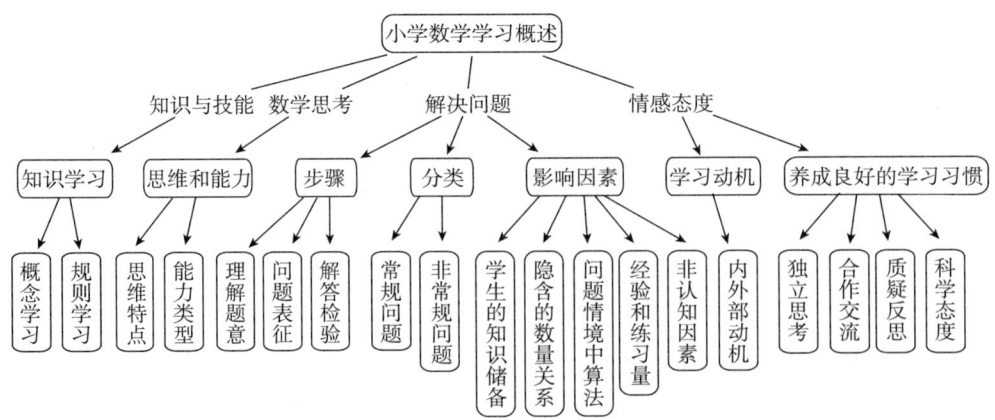

二、阅读导航

A. 普通图书

[1] 曹日昌. 普通心理学[M]. 人民教育出版社,1979.

本书是供综合性大学心理专业和高等师范院校教育系选择使用的普通心理学教科书。其中内容包括:心理学的对象、任务和方法、心理的生理机制、心理的发展、感觉等内容。

[2] 李淮基,等. 现代思维方式与领导活动[M]. 求实出版社,1987.

本书分别论述了现代思维方式的变革,思维方式及其构成要素,思维的形式、方法和程序,思维的类型,思维活动的多样性,辩证思维的基本方法,思维方式的功能,创造性思维,思维方式与决策,思维方式与领导艺术等。

[3] 齐振海. 认识论新论[M]. 上海人民出版社,1988.

本书系统介绍了认识论产生及其理论发展,特别是对主体和客体、认识工具和认识方法、经验认识和理论认识、精确思维和模糊思维价值、真理等问题,以及认识发展的一般规律,在理论上做出了一新的概括。

[4] 林崇德主编. 中学生能力发展与培养[M]. 北京教育出版社,1992.

国家教委重点科研项目课题研究成果,论述了中学语文和数学能力的结构、培养方法、测试方法,实验报告共 20 篇。

[5] 马忠林. 数学思维论[M]. 广西教育出版社,1998.

本书系统地研究了数学思维的特性、形式、方法、过程、规律等。特别是对数学形象思维的形式化问题,数学直觉思维的实质,数学思维方式的定名、分类和关系,中学数学的重要思维模式及数学思维辩证策略等提出了作者独到的见解,对于指导中学数学的教学和研究有着重要意义。

[6] 陈琦,刘儒德. 当代教育心理学[M]. 北京师范大学出版社,2007.

本书的内容主要包括学生与教师心理、一般学习心理、分类学习心理、教学心理等。

[7] [美]洛林·安德森. 布卢姆教育目标分类学[M]. 蒋小平,等译. 修订版. 北京:外语教学与研究出版社,2009.

本书对教学目标、教学过程中的教学活动和教学评估按 24 个目标单元进行分类,构成了 72 种分类结果。

B. 期刊中析出的文献

[1] 李莉. 关于数学思维特点[J]. 数学教育学报,1995(1).

通过数学科学的特点和数学教育过程,阐述数学思维具有概括性、形式化、条理性、统一位和创造性等特点。

[2] 喻平. 数学能力的成分与结构[J]. 课程·教材·教法,1997.(11).

培养学生的数学能力是中学数学教学的主要目的之一,这一点已成为整个基础教育工作者的共识。然而在数学教学中究竟应当培养学生的哪些能力,这是数学教育界长期争论的问题。事实上,这种争论归根结底是如何界定数学能力的成分与结构。

[3] 周美玲.论数学学习中数学知识的生成性[J].数学教育学报,2005(4).

数学教与学的实践证实了建构学说的论断:数学学习的过程就是数学认知结构的形成和发展的过程,是数学知识的生成过程,数学知识在生成过程中的各种特点倍受关注。

[4] 李善良.论概念联系与概念网络在数学概念学习中的作用[J].课程·教材·教法,2005(7).

数学概念之间具有联系性,任一数学概念都由若干数学概念联系而成;只有建立数学概念之间的联系,建立数学概念的不同表示之间的联系,才能透彻理解数学概念;概念学习实际上就是通过建立概念之间内在的以及概念的不同表象之间的各种联系,使之形成概念网络。只有透彻了解概念联系与概念网络的含义、特征、类型、对数学概念学习的影响,才能有效地进行数学概念的教学。

[5] 田长生.数学思维的品质及其培养[J].广东技术师范学院学报,2008(9).

阐述了数学思维的概念、数学思维的各种方式以及如何通过数学教学来提高学生的数学思维能力,进而培养学生具有较好的数学思维品质。

三、电子资源平台

[1] 中教网 http://www.teachercn.com/

特点:教案排版清晰,一目了然,可操作性强。每个专题只有一个教案,可以适当增加,便于选择。

[2] 第一课件网: http://www.1kejian.com/edu/1/

特点:按小学、初中、高中阶段分类,主要是课件的提供。注册后课件可免费下载。还包括课件的人气显示,可以展示其热度和使用度。

四、思考与练习

1. 运用学习理论,分析小学数学的概念教学案例。
2. 依据小学生思维发展的特点,分析小学数学教材某单元(或课时)的设计特色。
3. 依据小学数学解决问题的步骤和方法,分析小学生解题错误的原因。
4. 如何将小学生学习数学的外在动机和内在动机相结合激发儿童的学习数学的积极性?

第四章　小学数学教学理论

教学目标

1. 理解小学数学教学基本要素及其关系
2. 理解布卢姆的教学目标分类学
3. 了解 SOLO 分类理论在教学中的作用
4. 掌握小学数学教学的基本方法
5. 了解教学手段在教学中的应用

第一节　小学数学教学基本要素及其关系

一、小学数学教学的基本要素

教学是教师教学生学的活动,是学生在教师指导下,掌握科学文化知识和技能,发展能力,增强体质,形成思想品德的教育活动。①

教学是师生共同参与的活动,通过教学,人类文化不断传承下去,为年轻一代所掌握,教学就实现了个人认识世界和人类文化传承的统一。教学有多方面的社会意义,如传播文化、促进经济繁荣、维护社会稳定等。其中,促进学生的发展是各项功能的基础,其他功能是学生发展而带来的社会效果。人类的教育活动最基本、最主要的形式是教学,教师教学生学文化,是学校最主要的工作,通过文化知识的学习,将人类文化内化为个人的思想意识,这是培养人的基本途径。

在小学数学教学过程中,学生、教师、教学内容、教学方法、教学媒体、教学环境等都是影响教学效果的因素。在课堂教学中教学是一种活动或一个过程,它既包含实体性的构成要素,又包含活动性行为要素。因此,我们认为教师、学生和教学内容是构成教学的三个基本要素。

---

① 王本陆.课程与教学论[M].高等教育出版社,2009:123.

（一）教师

教师是履行教育教学职责的专业人员，他代表社会、阶级或家庭的意志，负责指导学生认识掌握人类文明成果，具体承担着设计、组织和管理教学活动的职责。小学数学教师通过承担小学数学课程的教学，向学生传授系统的数学知识，引导他们树立科学的世界观、人生观，指导学生主动地、有效地进行学习，营造良好的数学教学氛围来促进学生健康、快速地成长。教师在整个小学数学教学过程中始终处于主导地位，是教学过程的组织者和调控者。因此，小学数学教师是构成小学数学教学过程的一个核心要素，没有小学数学教师便没有小学数学教学过程。

（二）学生

在小学数学学习过程中小学生是具有身心发展水平、认知结构、个性特点、能力倾向和学习基础的人。

现代学生观认为小学生有其自身的特征：(1)小学生是处于发展过程中的人，因此，要用动态眼光看学生。学生的身心发展具有客观规律，具有巨大的发展潜能，应该相信学生。(2)学生是独特的人。每个学生都有自己的文化背景、兴趣、认知结构、以及个性特点，他们的思考方式、学习需求、学习优势、学习风格都有个人特点，应当尊重学生的个性，因材施教。(3)学生是学习的主人。调动和发挥学生的主观能动性，是教学的有效方式。

（三）教学内容

小学数学教学内容是体现国家数学课程标准总体目标的课程内容。它是人类文明成果的精华，体现在教科书内容。教学内容需要依据教育目的和学生身心发展规律，从总体上进行设计和加工，教师还需要把一般的课程加工成适合具体学生学习的内容。

总之，教学内容就是为了促进学生发展精心选择的人类文明的精华成果，是经过改造加工且适合于学生学习的教育材料。

二、教学基本要素之间的关系

教师、学生和教学内容作为教学的三个基本要素，相互之间存在着复杂的矛盾关系。分析这些关系，有助于理解小学数学教学过程。

（一）学生与教学内容的关系

学生与教学内容的关系主要体现在学生的数学认知结构与教学内容中的数学知识结构的关系上。数学知识结构与学生的数学认知结构是有区别的。

数学知识结构是数学概念和命题构成的数学知识体系，以最简约、最概括的形式反映了人类对世界数量关系和空间形式的认识结果，用文字和符号加以严密的表达，成为科学真理的客观反映。

学生的数学认知结构是经过学生主观改造的数学知识结构，它是数学知识结构与心理结构高度融合的结果,内容上既反映了数学知识结构的客观性又体现了学习者的主观性。也可以说,学生的数学认知结构是学生头脑中的数学知识结构。由于学生本身接收、理解学习内容上的差异,有的学生数学掌握的比较好,他们的数学认知结构与教材中数学知识结构相通,学习成绩就比较好,而有人由于数学理解失误和学习后的遗忘等原因,在数学认知结构上常常是有缺失、不完备的,表现出学习成绩上的问题。

数学认知结构是一个不断发展变化的动态结构。对某一具体数学知识的学习来说,学习的初期,在学生头脑里形成的数学认知结构是笼统的,甚至是含糊的。头脑中形成相应的数学认知结构的雏形,其结构极不稳定,需要紧跟其后的有效联系和在后续内容学习中进一步应用,数学认知结构才能够逐步巩固和稳定,并形成比较精确的数学认知结构。

学生的学习是围绕教学内容展开的,学生对教学内容进行认知操作、加工,进而使数学知识结构进入自身的数学认知结构,即将知识内化。教学内容作为学生认知的对象,不仅制约着学生认识的方式,也是学生发展的重要条件。

现代教学思想提倡学生是学习的主体,学生是数学知识的主动建构者。他们要积极参与观察、操作、实验、讨论、交流等活动;积极参与探索活动,通过对现象的分析、比较、运用归类或类比等方法,不断地发现问题、提出问题;积极开展数学思维活动,对自己和他人的意见进行质疑、反思,不断地分析问题、解决问题。学生在教师的引导下,自己寻求知识产生的原因,探索它与其他事物的联系,在探索过程中形成概念、寻求规律、获得结论。

(二)教师与学生的关系

在教学各要素中,教师和学生都是具有能动性的主体,师生在教学活动中的地位、作用以及师生关系,一直备受关注。根据已有研究,在教学工作中,师生关系有业务关系、伦理关系和情感关系等不同层面。[①]

师生之间的业务关系是教师和学生之间教与学的关系,即教师教导学生、学生在教师教导下学习的互动关系。一般地,在教学活动中,教师是设计者、组织者、授课者、管理者和研究者,是教学活动的主导;学生是学习者、参与者和被管理者,同时又是学习的主人和自我教育的主体。关于师生关系,已有研究有教师中心说、学生中心说、教师主导学生主体等不同观点。《课标(2011)》在师生业务关系上提倡,教师主导、学生主体,使教学形成一股合力。在教学中处于主导地位的老师,应该思考如何设计教学才能给学生创造机会,引导学生积极参与,使他们在学习中敢于想象,敢于发表自己的意见,真正成为学习的主人。任何教学活动不可能完全按照教师的想法进行,经常会有各种情况产生,学生是具有主观能动性的人,他们作为一种活生生的力量,带着自己的兴趣、知识、经验、思考、灵感参与课堂活动,成为课堂教学主体。教师"要有强烈的资源意识,去努力开发,积极利用",要善于抓住课堂上的每

---

① 王本陆.关于教学工作中师生关系改革的思考[J].课程教材教法,2000(5):47-50.

一个契机,随时处理课堂生成的信息,给学生搭建一个个展示个性的平台,让学生们在活动中获得新知,这样的师生教学关系才是课堂教学顺利进行的有效保障。具体的教学活动中,教师主导和学生主体作用的发挥,还得从实际出发,探索多种合理的组合方式。

在教学中,师生互相尊重、人格平等和教学民主是师生伦理关系的基础。尊重爱护学生、建立民主的师生关系是教师基本的职业道德要求。作为一名教师,我们的教育对象是有生命的人,善待生命、珍视生命、呵护生命并且热爱生命是每一个教师的天职,教师也因此成为最崇高的职业。教师尊重每一位学生,表现在教学中能够倾听学生不同的意见,接纳学生的不同风格和表现,尊重学生学习上的差异。教师要运用赏识教育,及时地对学生的进步加以肯定,加以鼓励。老师对学生的信任是一种激励学生前进的动力,能增加学生的自信。

师生情感关系是在教学过程中师生因信息交流、互相了解和评价而形成特定的情感关系。教师通过观察学生的课堂表现,以及学习结果,会对学生个体或群体形成一定的态度,如喜欢、满意、不满意、失望等;学生也通过对教师言行举止的观察和对教师教育水平的评价而形成尊重、亲近或敬畏、疏远等态度。师生情感关系是在教学过程中产生的,它受到教学过程和结果的直接影响。

(三)教师和教学内容的关系

教师是一个专业性较强的职业,必须掌握精通所教的教学内容。由于数学学科有很强的系统性,小学教师还应该关注幼儿园与小学教学的衔接、小学与初中教学的衔接。尽管小学数学教材已经按照国家的数学课程目标、社会的发展需要以及学生的认知水平进行了编排,但每个学生的认知水平不一样,不同地域的学生对教学情境有不同的需求。因此,教师还需对教学内容再加工,结合实际的教学条件和学生特点来进行,使教学内容更适宜学生学习。另一方面,教材中的教学内容呈现的是数学教学内容的精华,内容浓缩、篇幅有限,教师也需要开发辅助的教学内容。因而,教师与教学内容之间主要是一种实践与改造关系。

第二节 布卢姆的教学目标分类

教学目标是对教学活动预设结果的标准和要求的规定或设想。教学活动的效果主要体现在学生的身心发展变化上,表现在对学生学习结果以及终结行为的具体描述,如掌握20以内数的退位减法,达到8题/分钟,正确率6题以上;培养做事认真的习惯等。

教学目标是教师与学生合作实现的共同目标,即是教师的任务目标,也是学生的学习目标,最终表现为教学活动引起的学生身心的预设变化。教学目标是人们对教学活动的期待,表现出教学是一种有目的的活动。教学目标还应该可以测量和评价,制定教学目标达成的定性和定量的评价标准。

按照教学活动的需要,可将教学目标依次分为数学总体教学目标、每学期教学目标、单元教学目标与课时教学目标等不同形式。数学总体教学目标是指数学在教学上总体所要达到的结果,它只是对数学教学起指导作用。学期目标、单元目标是对数学教学内容结构中各个组成部分的具体要求,它对实现某一课题、某一单元的教学起指导作用。课时教学目标是对每个课时所提出的具体要求。

教学目标分类就是将各项教学目标分层排列,形成一个逐渐具体的多层次的目标系统。这是实现教学目标系列化、细目化和可操作化的基本途径。

布卢姆在1956年出版专著《教育目标分类学》,布卢姆的教育目标分类主要是教学目标分类。布卢姆认为,各种仪式水平都可以用行为形式表现出来,他把意识水平分为三个领域:认知领域、情感领域和动作技能领域。他又按层次将各个领域分成若干个小的领域。布卢姆的《教育目标分类学》在20世纪80年代被翻译成中文,影响了中国认知领域数学教学目标的定位,确立了解、理解、掌握和应用的多层次教学要求。

一、认知领域

(1) 识记:指对先前学习过的知识的记忆或辨认能力。例如,认识时间单位分和秒,记住1分=60秒。

(2) 领会:指把握知识材料意义的能力。对材料理解的形式有三种,一是转换,即用自己的话或用与原先不同的方式来表达所学的内容;二是解释,即对图表等进行说明或概述;三是推断,即预测发展趋势。

(3) 应用:指将所学习的概念、法则、原理运用于新的情境,解决实际问题的能力。这里所说的应用是初步的直接应用,而不是全面地、通过分析、综合地运用知识。

(4) 分析:指将复杂的知识整体分解为组成部分并理解各部分之间联系的能力。它包括部分的辨认、部分之间关系的分析和认识其中的组织结构。

(5) 综合:是以分析为基础,全面加工已分解的各要素,并再次把它们按要求重新地组合成整体,以便综合地、创造性地解决问题。

(6) 评价:不是凭借直观的感受或观察的现象做出评判,而是理性的、深刻的对事物本质的价值做出有说服力的判断,它综合内在与外在的资料、信息,做出符合客观事实的推断。

二、情感领域

布鲁姆等人根据价值观内化的程度将情感领域的教育目标划分为接受、反应、形成价值观念、组织价值观系统和价值体系个性化五个水平。

(1) 接受或注意:指学习者愿意注意某特定的现象或刺激(选择性注意)。它分为三个亚类:①觉察,指学习者意识到某一情境、现象、对象或事态。与"知识"不同的是这种意识不一定能用语言来表达。②愿意接受,指学习者愿意承受某种特定刺激而不是去回避。③有控制的或有选择的注意,指自觉地或半自觉地从给定的各种刺激中选择一种作为注意的对象,而排除其他的无关刺激。如:静听讲解、参加班级活动、意识到某问题的重要性等。

(2) 反应:指学习者主动参与,积极反应,表示出较高的兴趣。它包括三个亚类:①默认的反应,指学习者对某种外在要求、刺激做出反应,但是还存在一定的被动性。②愿意的反应,指学习者对于某项行为有了相当充分的责任感并自愿去做。③满意的反应,指学习者不仅自愿做某件事,而且在做了之后产生一种满意感。如通常所说的"兴趣",强调对特定活动的选择与满足。

(3) 评价或价值化:价值评价是指学习者确认某种事物、现象或行为是有价值的,学习者将外在价值变为他自己的价值标准,形成了某种价值观、信念,并以此来指引他的行为。它包括三个亚类:①价值的接受,即接受某种价值。②对某一价值的偏好,指不仅学习者接受某种价值,而且这种价值驱使、指引着学习者的行为。③信奉,指个体坚定不移地相信某种观念或事业,自己全力以赴地去实现这种他自认为有价值的观念或事业,并且他还力图使别人信服这种观念、参与这项事业。

(4) 组织:指学习者在遇到多种价值观念呈现的复杂情境时,将价值观组织成一个体系,对各种价值观加以比较,确定它们的相互关系及它们的相对重要性,接受自己认为重要的价值观,形成个人的价值观体系。包括两个亚类:价值的概念化和价值体系的组织。

(5) 价值与价值体系的性格化:指学习者通过对价值观体系的组织,逐渐形成个人的品性。各种价值被置于一个内在和谐的构架之中,并形成一定的体系。个人言行受该价值体系的支配,观念、信仰和态度等融为一体,最终的表现是个人世界观的形成。达到这一阶段以后,行为是一致的和可以预测的。这个领域也包括两个亚类:泛化心向和性格化。

同时,布鲁姆还发现,情感领域的教育目标在日常教学中出现了奇怪的现象:情感目标被"消蚀"了。尽管在制定课程目标的时候,强调情感目标,但是在实际教学中情感目标却没有被重视,而大部分教师只重视了认知领域的目标。对此,布鲁姆反复强调,把学习领域分成认知、情感领域,不免带有主观任意性,而事实上这些目标通常是交织在一起的,即在教学生知识的同时也渗透着对学生情感的培养。

三、动作技能领域

布鲁姆等人将动作技能领域的目标分为知觉、模仿、操作、准确、连贯和习惯化六个水平。

(1) 知觉。学生通过感官,对动作、物体、性质或关系等观察和理解,并做出相应的调节动作。

(2) 模仿。指学生按提示要求做出动作或再现示范动作。但学生的模仿性行为经常是缺乏控制的。

(3)操作。指学生按提示要求做出动作的能力,但不是模仿性的行为。

(4)准确。指学生完成复杂作业的能力。

(5)连贯。指学生按规定顺序和要求,以连续、不间断的方式完成一系列动作。

(6)习惯化。指学生自动或自觉地做出动作的能力。经常性的、自然而稳定的动作就是习惯化动作。学生能够下意识地、有效率地、协调一致地完成操作。

以布卢姆为代表的教育目标分类理论兼顾了认知、情感和动作技能三个领域。并且对每个领域进行了细分,它采用了具体明确的行为动词叙述教学目标,使教师既能全面掌握各个层面的教学目标,又能明确教学的一般程序和步骤,还为教学评价提供了客观依据。但是,布卢姆的教学目标分类学将教学目标细化成单元,忽略了认知、情感和动作技能之间的内在联系,不利于教师对教学目标的整体设计。

第三节　SOLO学习结果分类

1982年澳大利亚教育心理学家约翰·比·彼格斯(John B. Biggs)和凯文·弗·卡利斯(Kevin F. Collis)出版了《学习质量的评价——SOLO分类》,"SOLO"是英文"Structure of the Observed Learning Outcome"的缩写,意为:观察到的学习成果的结构。它的重点是学生完成某个特定的学习任务时,表现出的思维水平是可以被观察到的。

一、学生学习结果的五个层次水平

SOLO分类理论用结构特征来解释学生对问题反应的层次水平,它将学生的学习结果划分为五种结构或五个层次。

(一)前结构水平(Prestructural responses)

学习者不能将已有知识与问题建立相关联系,反应特征为不能以有意义的方式回答问题。例如:当学生被问到一个问题,不去联想,直接回答"不清楚"或重复问题。

(二)单一结构水平(Unistructural responses)

学习者回答问题时,只使用题目中的一种相关资料元素,反应特征是急切追求答案,忽视题目中多种相关资料的区别和联系。

案例 4-1

选择题:两个合数相乘的积(　　)可以分解成4个质因数。
① 恰好　　　　② 不　　　　③ 至少

选答"① 恰好"的学生是单一结构水平,学生只想到了某两个合数如6,35能分解成4个质因数2,3,5,7,忽略了其他情况如6和8,能分解5个质因数2,2,2,2,3;选答"② 不"的学生是前结构水平。

(三)多元结构水平(Multistructural responses)

学习者能使用多种资料元素,但不具备将它们有机整合的能力,因此反应可能包含了大量的不相关结果。

案例 4-2

> 选择题:99×7 比 99×6 大(　　)。
> ①99　　　　②90　　　　③9　　　　④1
>
> 选答"④1"的学生是单一结构水平,因为学生注意到了 7 比 6 大 1,但只利用题目中的一个信息,没有考虑到另一个因数 99;选答"①99"的学生达到了多元结构水平。

(四)关联结构水平(Relational responses)

学习者能整合多种资料元素使其成为一个有机整体,反应特征为能解决较为复杂的具体问题。

案例 4-3

> 填空题:有一个正方体的体积在 A、B(见表 4-1)之间,那么这个正方体的棱长可以是(　　)厘米。
>
> 表 4-1　长方体 A 和 B
>
> | | 长/厘米 | 宽/厘米 | 高/厘米 |
> |---|---|---|---|
> | 长方体 A | 5 | 4 | 6 |
> | 长方体 B | 5 | 4 | 3 |
>
> 学生在解答这道题目时,须考虑到正方体、长方体的棱长概念、体积公式,在分析时,经比较正方体的棱长可能是 4 或 5,用列举法正方体的棱长为 4 时,$V_B < V_{正方体} < V_A$,当正方体的棱长为 5 时,$V_{正方体} = 125 > V_A = 120$,不满足题目条件,所以正方体的棱长是 4 厘米。

(五)扩展抽象结构水平(Extended abstract responses)

学习者能归纳多种资料元素并进行抽象概括,反应为对元素的概括具有普遍性、抽象性的特征。

案例 4-4

正方体的棱长是 1 厘米,一个正方体摆在桌面上,露在外面的面积是 5 平方厘米(见图 4-1)。

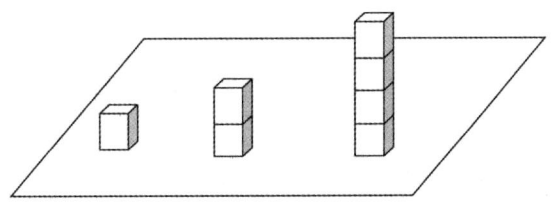

图 4-1 重叠放置的正方体

问题 A 当排列 2 个正方体时,露在外面的面积是(　　)平方厘米。
①5　　　　　②8　　　　　③9　　　　　④12

选择"③9"的学生达到多元结构水平。

问题 B 当排列 4 个正方体时,露在外面的面积是(　　)平方厘米。
①12　　　　②13　　　　③15　　　　④17

选择"④17"的学生达到了关联结构水平。

问题 C 当排列 10 个正方体时,露在外面的面积是(　　)平方厘米。
①30　　　　②40　　　　③41　　　　④60

选择"③41"的学生达到了扩展抽象结构水平。因为学生已经能不借助图形,而是从前面 2 个题目中抽象出一般规律 4×正方体个数+1 得出结论。

二、SOLO 分类理论在教学中的作用

SOLO 分类侧重于评价学生的学习结果。根据学生的每一个反应对学生的学习结果进行分类,提供了一种借助学生的行为表现来了解学生思维的途径。

SOLO 分类的本质具有层次性,学生面对新任务时,他(她)可以使用完成先前任务的经验,帮助自己在另一相关任务中从一种反应水平过渡到另一种反应水平,这里前一种水平的发展是后一种水平发展的基础。影响认知转化的因素除了成熟、社会环境和物理因素外,学习的经验、记忆的容量和信息加工的能力对认知方式的转化也起了重要作用。

从前结构水平到扩展抽象结构水平,SOLO 分类法提供了一种依据递增的结构测量学习结果的方法,它不是用二元论的方式把学习结果划分为对和错两类,而是把不同的学生指向不同水平的再认知,成为划分个性教育的依据。例如,面对前结构水平的学生,教师只要帮助他在遇到问题时,联想近期所学过的知识和教师的提示,而不是凭空判断会或不会,只要学生能利用已有资源中的一个资料元素,他就能找到解决问题的一条线索,达到单一结构水平,对学生就是一个提高。SOLO 分类不仅可以诊断学生学习存在的困难,还可以帮助教

师制定多层次水平的教学目标。通过对学生的分析,教师在教学目标、教学过程中充分考虑到学生的实际水平,在学生所处的认知水平上或者在稍高一级的水平上进行教学,学生才能够得到发展。同时,对于学生也让他们知道教学目标是分层次的,找到自己提高认知水平的切入点。

第四节 小学数学教学方法

有人认为"教学方法是在教学过程中,教师和学生为实现教学目的,完成教学任务而采取的教与学相互作用的活动方式的总称"。[①] 也有人认为"教学方法是指教师在教学过程中为了完成教学任务所采用的工作方法和教师指导下学生的学习方式"。[②] 我们一般认为教学方法是"为达到教学目的运用教学手段进行的、由教学原则指导的、由一整套方式组成的师生相互作用的活动"。[③] 本节将带领大家进一步了解小学数学课堂中的教学方法。

一、小学数学教学方法的分类

(一)小学数学教学法的五大类型

小学数学教学方法大体可分为五个类型。(1)传递接受型,主要通过教师的系统讲授使学生掌握知识,如讲解法;(2)自学辅导型,把原来由教师讲解的部分内容,改由学生在教师指导下进行自学,如阅读法、自学法、辅导法等;(3)引导发现型,即向学生提供研究的材料,引导学生探索研究,最终得出结论,如引探教学法、问题探索法、引导发现法、迁移教学法等;(4)情境陶冶型,通过教学环境的情感渲染,利用人的可暗示性,调动学生大脑中无意识领域的潜能,使学生在精神愉快的气氛中进行学习,如游戏法、情境教学法、愉快教学法、暗示教学法等;(5)示范模仿型,通过教师或课本示范,让学生进行模仿练习,从而培养学生的技能技巧,如范例教学法、尝试教学法等。以下仅以游戏教学法为例做个简单介绍。

(二)游戏教学法

游戏教学一般是指把握教学内容,尤其是教学重点、难点与儿童喜闻乐见的游戏形式有机地结合在一起,并适当安排在教学过程中。"游戏教学法"是"游戏"和"教学"二者巧妙的结合体,是一种全新的、且收效显著的教学方法。在数学课中适时穿插一些游戏,有利于激发学生的学习兴趣,调动学生的学习积极性。长期以来,人们创造了多种多样的游戏教学形式,其中比较适合小学数学教学的有以下几种:

[①] 李秉德.教学论[M].北京:人民教育出版社,1991:197.
[②] 上海师范大学.教育学[M].北京:人民教育出版社,1979:156.
[③] 王策三.教学论稿[M].北京:人民教育出版社,1985:247.

(1) 讲故事

对于数学知识,我们可以把知识寓于故事中,通过讲故事的形式,让学生们在听故事的过程中学习到知识。而且讲故事能够引发学生们学习数学的兴趣,它具有让学生们了解数学、引导数学志趣、熏陶精神和情感的特点与功能。在教学中,可以通过讲一些数学家的故事,让学生们去认识数学的历史,激发学生学习数学的兴趣。

(2) 观察

观察能力是小学阶段对儿童进行训练的最重要、最基本的能力,让学生们通过观察实物材料,结合课本材料来学习数学。让学生们通过观察数学现象,培养与加强"数"与"形"的基本概念,培养数学意识与敏锐的观察力。如在教学中,可以通过出示教学挂图和实物,让学生观察,从而加强对知识的掌握和理解。

(3) 猜想

猜想的特点与功能,是能够让学生们展开想象力,并且培养想象力与合理地推测和验证的能力。在数学游戏教学中,可以采用让学生们进行猜想的游戏形式,让学生们掌握数学知识。让学生们猜一猜,估一估,促进思维培养,引起学习数学的兴趣。当我们在教长度单位"米"的认识时,可以先不要告诉学生一米有多长,先进行猜想估计,再让学生进行实际测量,加强对知识的表象认识,从而促进学生思维的发展,激发学生学习的兴趣。

(4) 活动

活动的形式,是数学游戏教学法最常使用的一种方式,包括实验、模拟、绘制、创造等具体形式。这些活动形式的特点与功能是能够培养学生们的合作精神、动手能力,加强对数学的理解。对于小学生来说,数学知识是比较抽象、枯燥的,而老师就要设计一些浅显而有趣的游戏活动以引起学生的兴趣,让学生们通过活动来学习数学,促进他们学习数学的兴趣与能力的提高,在玩中学习数学。

(5) 竞赛

竞赛是指以比赛方式进行的游戏,包括智力、体力和技巧等方面的竞赛游戏。比赛游戏形式的特点与功能,是能够使学生们精熟"数"与"运算"的能力,培养动作或思维的快速、敏捷的团队精神等。而且能够培养学生们的竞争意识,不但让学生学习到了数学知识,而且从思想上也得到了培养、熏陶。在课堂教学中,小组或个人之间的竞赛,是最常用的竞赛方式。当然,考试也是一种竞赛方式。可以让学生进行计算能力方面的比赛,也可以让学生进行对数比赛,这不单单让学生掌握了知识,而且培养了学生的竞赛意识,提高学习的兴趣。

游戏教学法可以很好地激发学生学习的兴趣,集中学生的注意力,让课堂充满活力,让学生在快乐中学习成长。教师要注意根据教学内容选择合适的游戏方式,不能本末倒置,主次颠倒。同时,运用游戏教学法时,对课堂的整体把握,对教师来说也是一个巨大的挑战。

二、小学数学教学基本方法

小学数学教学方法分三个层次:(1)基本教学方法,主要有讲解法、谈话法、练习法、演示法、实验法等。它们是教法体系的基础,小学数学教学可以凭着几种基本的教学方法,创造出许多具有特色的教法。(2)综合性教学方法,这些教学方法实际上都是几种基本教学方法的组合。比如,引导发现法是谈话法、实验法、演示法和讨论法的结合;自学辅导法是阅读法、练习法、讲解法和讨论法的组合。(3)创造性教学方法,在学习和模仿各种综合性教学方法的同时,不断总结,有所创新,创造出具有自己个性特色的教学方法,步入看似"无法实有法"的自由王国。以下介绍小学数学的基本教学方法。

(一)讲解法

讲解法是教师在课堂上运用简明、生动的语言,辅以表情姿态,向学生传授知识、输送信息的一种教学方法。在小学数学教学中,无论哪种类型的课,讲解法都会不可避免的被使用到。它主要优点在于教师系统的讲授学习内容,学生在课堂上采用一种接受性的学习方式,将教师讲授的知识内容经过加工整理贮存于头脑之中。由此可见,讲解法比较节省时间和精力,有利于给学生以系统的观念获得知识,也有利于学生形成观点、发展能力。但讲解法也有局限性,因为这是一种单向性的信息交流方式,在一般情况下,听讲的学生很难干预教师传递知识的性质、速率和数量,学生只能被动地接受信息,易形成一种"满堂灌"的局面。另外由于它是以语言为传播媒介,学生难以直接体验知识的内涵,从而影响对教材的理解。因此,教育家斯彭斯认为:"对无选择地全部使用讲授这种教学方法加以否定是有一定道理的。而无选择地完全贬低讲授这种教学方式肯定也是站不住脚的。"

讲解法的实施主要有四个步骤:准备—导入—讲解—结束。准备阶段包括教材和教参的搜集,教具的选择和教师的心理准备。根据教学目的、学生的能力与水平精心备课,采用学生易于接受的语言,选取直观形象的教具帮助学生理解较为抽象的数学概念和运算法则,同时教师要有充分的信心,认识讲授的目的、意义,增加讲课热情。而导入阶段的目的在于集中学生注意,引起学生兴趣,激发他们的学习动机,对低年级学生来说,导入更注重师生之间的感情沟通,通过"情感"去启动他们认知结构的大门。导入主要有三种类型:直观型、问题型和趣味型。在数学模式教学中,导入应提供一种全景式鸟瞰,使学生对即将认知的数学模式有一个整体印象,从而促进学生产生强烈的求知欲。第三步即为讲解阶段,也是主体阶段。首先要考虑知识的内在联系和系统性,了解学生的认知水平与新知识的差异,并通过恰当的语言促使其知识内化。其次,应借助直观教具或实物模型引导学生理解讲述的概念和法则,并重视保持学生的注意力(如可以通过变化刺激来实现,即改变讲授的声调、语速、利用动作和表情变化;或改变工具,利用板书、挂图、幻灯、电视等工具;穿插一些问题激发学生思考,给学生以活动的机会)。最后是结束阶段,教师应做一个总结,以帮助学生抓住要点,掌握规律,增加记忆。

在应用讲解法时应注意以下问题:

(1) 数学语言的规范性

数学语言要求严谨,一字之差面目全非,如"增加了"和"增加到"都有各自的含义,决不可混淆,不能随意使用日常语言替代数学语言。

(2) 体态语的运用

体态语包括手势、身势、表情、眼神等,是传递信息、增强语言表达效果的辅助手段,具有描摹形状、表达感情、渲染气氛等作用。比如在小学数学课堂中,大小的形容,高低的比较,方向的一致或相反等都可做一个简单的肢体动作,加深学生的印象。

(3) 新旧知识的联系

如讲解乘数是两位数的乘法,计算可以从乘数是一位数的乘法如 27×2 的复习开始,然后出现 27×12,引导学生思考怎样解决用十位数乘等问题,教师要注意充分利用学生已有的知识和经验。

(4) 讲解的启发性

使用讲解法时,要掌握学生原有的认知结构与现有的发展水平,努力创造"最近发展区",避免注入式讲解。

(二) 谈话法

谈话法是教师根据学生已有的知识经验,借助启发性问题,通过口头问答的方式,引导学生通过比较、分析、判断等思维活动获取知识的教学方法。谈话法的基本形式是学生在教师引导下通过独立思考进行学习。谈话法的优点在于,能够比较充分地激发学生的主动思维,促进学生的独立思考,对于学生智力的发展有积极作用,同时也有助于学生语言表达能力的锻炼和提高。但谈话法也有其局限性,与讲解法相比,完成同样的教学任务,它需要较多的时间。此外,当学生人数较多时,很难照顾到每一个学生。因此,谈话法经常与讲解法等其他方法配合使用。

教师运用谈话法,应当注意以下几点。

(1) 做好充分的准备

围绕什么内容进行谈话?提出哪些问题?提问哪些学生?以及学生可能做出什么样的回答?怎样通过进一步的提问引导学生?等等,教师都应当在事前周密考虑和安排。

(2) 谈话要面向全体学生

尽管谈话只能在教师与个别学生之间进行,教师还是可以通过努力吸引所有的学生。首先,谈话的内容应当是能够引起全体学生注意的、在教学中具有普遍性和重要性的问题。其次,教师应当尽可能使得谈话对象有代表性,比如选择不同层次的学生。再次,在谈话时适时加以适当的解释、说明作为补充。

(3) 在谈话结束时进行总结

在谈话中学生的理解和掌握往往表达得不够准确、精练,因此在谈话的最后阶段,教师应当用规范和科学的表述对学生通过谈话所获得的知识加以概括总结,从而强化他们的收获。

(三) 练习法

练习法是学生在教师指导下,进行各种练习,从而巩固知识,形成技能技巧的教学方法。练习法的基本形式是学生在教师指导下的一种实践性学习。练习法的优点在于,可以有效地发展学生的各种技能技巧。大部分技能技巧都是通过练习形成、巩固和提高的,在教师指导下进行各种及时、集中的练习,能够在这方面比较迅速的取得效果。但是练习法绝不是机械的重复、盲目的练习,片面为了追求高分的"题海战术",反复机械重复的"错一罚百"等都是错误的、有害的、不可取的,这种练习只会起到相反的效果。真正能够使学生得到提高的练习法,是在教师的指导下进行的有目的、有计划、有效果的一种活动,有利于促进学生思维的发展和自学能力的培养。

教师运用练习法,应当注意以下几点。

(1) 明确练习的目的和要求

要让学生知道为什么进行练习,怎样才是达到了练习的要求,使学生的练习具有目的性和自觉性,避免练习的盲目性和机械性。

(2) 指导正确的练习方法

教师要在练习之前讲解和示范正确的练习方法,并且保证学生基本掌握,以便提高练习的效果。

(3) 合理安排练习层次

练习内容应当有计划地进行,先易后难,先单项后综合逐步提高要求,循序渐进。

(4) 科学掌握练习量

技能技巧的练习需要一定的练习量,但并不是越多越好,超过学生承受能力的练习会导致适得其反的结果。教师要根据小学生的身心发展特点来确定练习量。此外,一般来说,分散练习比过于集中的练习效果更好,将某种练习分成时间较短的几次完成要比一次性安排更为科学。

(5) 及时给予学生反馈

要使学生及时知道练习的结果,以便纠正错误和巩固成绩。

(6) 练习方式要多样化

要防止单一、重复的练习方式,根据教学任务和学生实际,将口头的与书面的、记忆的与操作的、课内的与课外的等不同方式结合使用。采取多样化的练习方式,可以保持学生的兴趣和注意,提高练习的效果。

(四)演示法

演示法是教师把实物或教具展示给学生观察,或通过示范性的实验,或通过现代教学手段,使学生获取知识的一种教学方法。经常与讲解法、谈话法一起配合使用,对提高学生的学习兴趣、发展观察能力和抽象思维能力有着重要作用。

运用演示法要注意几个方面。首先是明确目的,根据教学目的和学生特点选择使用恰当的教具;其次是演示用具的选择,要具有代表性和典型性,同时大小、色彩等问题也要注意;第三阐明有意注意对象,要告诉学生观察什么、如何观察、以及问题的思考等,指导学生思考的方向,使学生注意力集中,防止被无关因素过多地干扰;第四是面向全体,要力求使全班学生都能看清楚演示的对象,尽可能使学生的多种感官发挥作用,以便留下全面、深刻的感性印象,形成鲜明清晰的表象;最后是演示之后的及时总结归纳,使学生的感性认识提高到理性认识,得出规律或结论。

三、创造性教学法(以尝试教学法为例)

创造性教学方法,在学习和模仿各种综合性教学方法的同时,不断总结,有所创新,创造出具有自己个性特色的教学方法。尝试教学法是由江苏省常州市教育科学研究所邱学华最早设计和提出的。尝试教学法不是教师先讲,而是让学生在旧知识的基础上先来尝试练习,在尝试的过程中教师指导学生自学课本,引导学生讨论,在学生尝试练习的基础上教师再进行有针对性的讲解。与普通教学方法相比,尝试教学法改变教学过程中"先讲后练"的方式,以"先练后讲"的方式作为教学的主要形式。尝试教学法的教学程序可以分为以下几个步骤。

(一)出示尝试题

这一步的主要内容是提出习题形式的问题。尝试题一般同课本中的例题相仿,同类型同结构,以便于学生通过自己阅读课本去解决尝试题,激发学生的学习兴趣,明确学习内容。

(二)自学课本

尝试题使学生产生了解决问题的愿望,此时引导学生阅读课本例题就是最合适的契机。比如教师可以这样说:"若这道题还不会做,就请先看一看书上的例题是怎么解答的,再来想黑板上的题目应该怎么做。"自学中学生肯定会遇到困难,这时教师要鼓励学生提问,尽快解决心中的困惑。自学后学生心中有了底,就会跃跃欲试,此时即可进入第三步。

(三)尝试练习

学生通过自学课本,对所学的内容有了一定的了解和掌握后,就可以让学生试一试尝试题。一般采取让不同层次的学生板演,其他学生同时在草稿本上练习,教师巡回视察,及时了解练习情况。

（四）学生讨论

学生的尝试练习解答有对有错，教师根据学生板演的情况，引导学生评讲讨论，对不同的看法进行讨论。讨论中学生已在尝试分析演算原理，有利于发展学生的数学语言表达能力及分析推理能力。

（五）教师讲解

学生会做题目，并不一定懂得算理，还必须让他们理解知识的内在联系。为此，练习后教师应该有针对性地进行系统讲解，确保学生全面、系统地掌握知识。讲解内容可从学生普遍感到困难的地方或教材重点处入手。

以上五步是一个有机的整体，环环相扣。在具体的实施过程中，可能有一些变化和调整。增加一步或减少一步，也可能将一些步骤互换，如第二步与第三步就可一气呵成或者调换。出示尝试题后，学生不能先看课本，而是先做尝试题，练了以后，再让学生打开课本对照。这样安排，也是符合学生的心理特点，出示尝试题后，学生急于想试一试，就让他们尝试一下，由于没有课本例题的模仿，不受例题解法的约束，更有利于学生的思维发展。不过这两步的调换要有一个前提条件，即所学的内容不太难，学生的基础知识比较扎实，并且教师要预先估计学生在完成尝试题的时候出现的错误不会太多。无论怎样调整，其总思路是不变的，即"先练后讲"。

尝试教学法有利于培养学生的探索精神和自学能力，发展学生的智力。同时还有利于提高课堂教学效率，充分利用教学中的最佳时间，以较多的时间进行尝试性和巩固性的练习，也能提高教学质量，具有很强的可操作性。但是，尝试教学法也有一定的局限性。这种方法要求学生具备一定的数学基础和自学能力，因此在小学低年级不适合使用，而对于数学的概念原理学习以及可操作性较强的内容，尝试教学法都不适合运用。

第五节　小学数学教学手段

教学手段是教师和学生互相传递信息的工具、媒体或设备。随着科学技术的发展，教学手段经历了口头语言、文字和书籍、印刷教材、电子视听设备和多媒体网络技术等使用阶段。教学手段不同于教学方法，教学方法是教师和学生为了实现共同的教学目标、共同的教学任务，在教学过程中运用的方式与手段的总称。而教学手段是指在教学过程中所运用的教具等，包括现代教学手段和传统教学手段，如黑板、图片、模型、电视、电子计算机、幻灯片、收录机、小黑板、多媒体、实物展示台等。

一、小学数学常用教学手段

(一)常用的教具和学具

小学数学学具和教具是具有一定结构的操作材料和直观图形。它所具有的一定的结构一定与小学数学的某个知识相关联,因此它能够将部分抽象的数学知识形象化、具体化的呈现。例如,十个一捆的小棒就代表了一个十,从而达到将抽象的数学知识具体化、形象化的目的。在我国传统小学数学教学中,小棒、计数器、线段图等直观模型一直占有非常重要的地位。低段数学教学中,借助小棒、计数器、圆片、正方体、长方体等学具教学是非常普遍的。高段数学教学中,平面图形面积的推导,立体图形的认识,表面积、体积概念的理解及公式的推导等问题的解决都会借助直观模型来辅助教学。

(二)常用教具和学具的作用

在小学数学课堂教学中运用教具和学具具有以下几点作用:(1)促进学生数学概念的形成;(2)有助于学生理解数学计算中的算理;(3)有助于体现不同学生对数学知识的理解;(4)有助于激发学生的学习兴趣;(5)有助于学生数学能力的提高;(6)有助于发挥学生主体地位;(7)有助于培养学生的创新意识。例如,$11.2÷4$,让学生明白商的位置比较困难,老师引入购物情境,让学生操作人民币这个"实物"模型,首先 11 元去除,$11÷4$ 商 2 余 3,然后 3.2 元转换成 32 角,$32÷4=8$(角)$=0.8$(元),于是 $11.2÷4=2.8$(元),通过"实物"帮助学生自己理解算理。另一位教师让学生借助方格图的画圈操作来辨析算理。不管借助的是"实物"模型还是方格图这个直观图,小数除以整数的算理在课上学生都已经明白清楚了。

二、小学数学现代化教学手段

现代化教学手段是指各种电化教育器材和教材,即把幻灯机、投影仪、录音机、录像机、电视机、电影机、VCD 机、DVD 机、计算机等搬入课堂,作为直观教具应用于各学科教学领域。因利用其声、光、电等现代化科学技术辅助教学,又称为"电化教学"。

自 19 世纪末以来,幻灯、电影、电视机、计算机等相继发明,并不断地在教学领域推广使用。这些现代化的科学技术直接地为教学手段的现代化提供了技术基础,正是这些现代科技把教学手段现代化变成了现实。而且,由于现代化教学手段具有设备电子化、兼用形声呈现教学信息、对教学内容作一定的变换"处理"、教学的时间与空间适应性强等方面的特点,因此它的出现对教育产生深刻的影响:(1)拓展了教育的时空,使传统阶段教育向现代终身教育发展成为可能;(2)引起教育内部的深刻变革,促使教育思想、教育观念的转变;冲击传统的教育结构、制度,促使现代教育体系的确立;引起教师与学生的教学行为的变化;把传统的教师↔学生教学系统发展成为教师↔教学机器↔学生的新型教学系统;发展教育内容的表现形式,增强教育、教学的吸引力;改变教科书的概念。(3)提高了教育、教学的质量;降低了教育成本,增进了教育的效率。由此可见,教学手段现代化是一种历史的必然,它对促进教育现代化具有重要的作用。

(一)小学数学现代化教学手段的内涵

《课标(2011)》中明确指出:"信息技术的发展对数学教育的价值、目标、内容以及教学方式产生了很大的影响。数学课程的设计与实施应根据实际情况合理地运用现代信息技术,要注意信息技术与课程内容的整合,注重实效。"信息技术为教学方法和教学手段的变革带来了新的活力和生机,极大地丰富了学生的数学学习资源。同时,现代信息技术作为学生学习数学和解决问题的有力工具,有效地改进教与学的方式,使学生乐意并有可能投入到现实的、探索性的数学活动中去。由此可见,小学数学现代教学手段在改变教学方式、提高教学效率、开发与丰富学习资源、发展教师和学生的创新潜能等,具有重要的教育价值。

小学数学现代化教学手段,其内涵就是把以网络技术和多媒体技术为核心的信息技术自然地、恰如其分地融合到小学数学这一学科的教学活动中,根据小学数学课程学习内容的具体需要,利用信息技术,以灵活多样的方式向学生提供图形、表格、文字或数学符号等多种素材,把隐形的数学显性化,把抽象的数学具体化,从而为学生创设真实贴近生活、自主探究的数学学习环境,给学生提供发现数学规律、揭示数学本质的机会,使现代信息技术成为学生探究数学的重要工具。在使用小学数学现代化教学手段的过程中,教师和学生的地位与传统的课堂相比已发生了变化。对学生而言,教师将不再是课堂的主宰,而现代化教学工具将成为一种他们终生受用的学习知识和提高技能的认知工具。教师的主要职能不再是简单的传授知识,而是要具有学科课程整合的教学观念,强调在利用信息技术之前,必须清楚信息技术的优势和不足,以及数学学科教学的要求,设法找出现代信息技术与小学数学教学的最佳切入点,使小学数学教学与现代信息技术的结合水到渠成,让学生自然而然地接受。

此外,小学数学现代化教学手段的运用应该融入教学的各个层面,而不是仅仅用于强化和辅助课堂教学。而要使现代化教学手段与小学数学教学内容、教学设计、教学资源以及教学实施等融为一体,从而更好地完成教学目标,需要考虑现代信息技术对整节课、整个单元、甚至整个学期教学的作用,强调信息化教学的整体效果,因此,需要教师结合现代化教学手段,在新的教学环境中,重新对教材教法进行深入的分析,以确定现代化教学手段的使用原则和方法,并利用其有效地改善学生的学习方式,改善学习资源和学习环境,从而完成教学目标,提高教学质量,达到事半功倍的效果。

(二)小学数学现代化教学手段的功能

数学是研究现实世界中空间形式和数量关系的科学,这就决定了数学具有高度抽象性、严密的逻辑性和广泛的应用性等特点。而小学生主要以具体的形象思维为主,学习数学的动机和兴趣很大程度上取决于感性经验和学习活动本身。数学的特点与小学生学习动机之间的矛盾,成了小学生认识活动的障碍,而现代化教学手段的运用为解决这一矛盾提供了最佳途径。充分发挥教学与现代信息技术结合的功能,提高小学生学习数学的兴趣,有助于他们学习、理解、掌握数学基础知识,开发智力、形成能力。小学数学现代化教学手段主要具有以下几方面功能。

1. 现代化教学手段成为教师教学的工具

《课标(2011)》中指出:将信息技术作为教师从事数学教学实践与研究的辅助性工具。教师可以通过网络查阅资料,下载富有参考价值的实例、课件,并加以改进,使之适用于自身课堂教学;可以根据需要开发音像资料,构建生动活泼的教学情境;还可以设计与制作有关的计算机软件、教学课件,用于课堂教学活动研究等。

(1) 辅助教师进行教学设计

当今的社会正处在知识不断更新的时代,再加上互联网的发展和普及使学生的知识面越来越广,学生已经不再是教师教什么就学什么,不再满足课本上的知识。因此,教师如果仅仅参考课本上的内容进行教学设计,就很难激发学生的兴趣、满足学生对知识的需求。现代信息技术为我们提供了丰富的网络资源,教师在进行教学设计时,除了要依据课标、教材、教参之外,还应该根据学生的特点、兴趣与需要,通过互联网获取更多的与小学数学教学内容相关的课程资源。例如,人民教育出版社(http://www.pep.com.cn)的教学资源网(http://www.pepcbfx.com.cn)、小学数学专业网(http://www.shuxueweb.com/Index.html)、小学数学教学网(http://www.xxsx.cn)等许多网站不但为教师提供了教学设计的丰富资料,而且这些网站还设置有教育论坛专栏,教师可以通过发帖子的形式与其他一线教师或者专家共同讨论教学中所遇到的问题,开阔了教师的视野,扩展了教师进行教学设计的思路,也丰富了课堂教学的资源。同时,教师还可以利用互联网搜集一些有关课程内容的精品课件。例如精品教育资源城(http://www.jpcai.com),该网站就是一个专门提供课件服务的网站,教师可以通过这个网站轻松获取一些精品课件,拓宽学生的知识面,增强学生的学习兴趣。

(2) 辅助教师创设数学课堂教学情境

现代信息技术,例如,幻灯片、flash 动画等形、声、色、光俱全,可以向学生提供生动、形象、准确、直观的学习材料,具有多样性、趣味性、艺术性的特点。通过信息技术的运用创设情境,可以引起学生学习数学的兴趣、好奇心和求知欲,调动学生学习的积极性。同时,也可以帮助学生认识到数学与生产生活的密切联系,体会数学应用的广泛性。

教师可以通过小故事、视频、图画、动画来引入新的教学内容,例如,在一年级讲授"10 以内数的加减法"时,教师可以播放一段动画:在一条美丽清澈的小河上有 4 只鸭子在水面玩耍,一会儿又游来了 3 只,一会儿又游走了 2 只。观看完动画之后,教师可以让学生复述画面中发生的事情,从而调动学生学习兴趣,然后引导学生列式计算并教授新知识。教师还可以利用信息技术编辑影视片段,制作色彩斑斓的动态画面,呈现较生动的信息,例如,在空中飞舞的花蝴蝶、活泼可爱的小动物、高大的建筑物、神秘的大自然中的数学等,学生会被这些图案所吸引,希望去探索图案中蕴藏的数学规律。例如,在学习图形的旋转变换时,可以播放旋转的风车、在公园荡秋千的孩子、正在工作的电风扇等生活中的旋转现象。在学习轴对称图形时,可以利用现代信息技术收集到许多美丽的轴对称图形,例如,动物中的蜻蜓、蝴蝶、蜜蜂、知了、七星瓢虫等;植物中的向日葵、不同的树叶、花朵等;建筑物中的天安门、水立方等;还有服装、漫画人物等。

(3) 帮助教师突破教学难点、提高教学效率

合理、有效地使用计算机和有关软件,可以使抽象的概念具体化、形象化,进行动态展示,加强学生的直观印象,弥补传统教学方式难以进行的教学,达到事半功倍的效果,提高教学效益。例如,在讲解统计与概率这部分内容时,其一,可以利用 Word 和 Excel 绘制统计表和统计图,不仅比一般讲解方法节约时间,而且绘制的图表精确、美观;其二,可以利用计算机的随机模拟结果,引导学生更好地理解随机事件以及随机事件发生的概率。

同时,由于现代信息技术形、声、色、光俱全,能够充分发挥人的五个感官的协同作用,全面调动学生的精力和注意力,有助于获得更多的教学信息、保持更长久的记忆,进而方便教师进行教学,提高教学效率。例如,在二年级"时分秒的认识"的教学中,包括了对时钟的认识以及时、分、秒之间关系的认识,对于低年级学生单从书面的文字讲解很难理解。因此,可以利用幻灯片动静结合的功能,出示画有钟面,并且时针、分针、秒针可以旋转的幻灯片,增加了钟面的可视性,更加方便学生认识时、分、秒及其关系。这样就可以很好地完成教学任务,解决教学的重、难点。同时,运用动画放映,还可以展现几何图形的运动过程,例如旋转、平移等。此外,将多媒体运用于教学中,还可以帮助学生归纳、比较、整理所学知识,使零散、片段的知识条理化、系统化,便于学生理解掌握与延伸扩展,增大课堂的容量,达到优化课堂教学的目的。

需要强调的是,现代信息技术的作用不能完全替代原有的教学手段,其真正价值在于实现原有的教学手段难以达到甚至达不到的效果。不应在数学教学过程中简单地将信息技术作为缩短思维过程、加大教学容量的工具;不提倡用计算机上的模拟实验来代替学生能够操作的实践活动;也不提倡利用计算机演示来代替学生的直观想象,弱化学生对数学规律的探索活动。在应用现代信息技术的同时,教师还应注重课堂教学的板书设计。必要的板书有利于实现学生的思维与教学过程同步,有助于学生更好地把握教学内容的脉络。

2. 现代化教学手段成为学生学习的工具

小学数学现代化教学手段除了对教师的教学产生影响之外,还对学生的学习发挥着重要的作用。首先,现代信息技术可以提高学生的信息素养。信息素养是全球信息化需要人们具备的一种基本能力。它包括:能够判断什么时候需要信息,并且懂得如何去获取信息,如何去评价和有效利用所需的信息。通过教学与信息技术的整合,可以培养学生使用计算

机的兴趣和意识,让学生了解和掌握信息技术的基本知识和技能,了解信息技术的发展及其应用对人类日常生活的深刻影响,使学生紧跟时代的发展步伐。而且信息技术教学可以培养学生良好的信息素养,使学生学会用 IE 浏览器浏览网站、下载资料,学会用画图制表软件绘制各种图形、表格,学会用各种课程软件进行网络学习等。把信息技术作为支持终身学习和合作学习的工具,为适应信息社会的学习、工作和生活奠定必要的基础。

其次,现代信息技术作为学生从事数学学习活动的辅助性工具,可以有效地帮助学生进行数学学习。教师可以引导学生积极有效地将计算器、计算机用于数学学习活动之中。例如,在学生理解并能正确应用公式、法则进行计算的基础上,鼓励学生用计算器完成较为繁杂的计算;在探究活动中借助计算器(机)处理复杂数据和图形,对探究性问题进行主动实验、猜想、推断、发现、探索、验证新知识,发现其中存在的数学规律,培养学生解决问题的能力和创新意识、创新精神;使用有效的数学软件绘制图形、呈现抽象对象的直观背景,加深对相关数学内容的理解;通过互联网搜寻解决问题所需要的信息资料,帮助自己形成解决问题的基本策略和方法等。

同时,信息技术还为学生提供了丰富的学习资源,学生可以通过信息技术上网查阅资料,通过网络与其他学习者、在线专家等进行交流,突破教育环境的时空限制,用各种相关的课程资源来丰富封闭、孤立的课堂教学,扩展学生学习数学的知识领域。

3. 现代化教学手段成为师生互动、交流的平台

现代信息技术在课堂中的介入,让师生之间的互动不仅仅凭借书本、语言和黑板,而且还有呈现多形态的信息技术。信息技术不仅改变了互动的载体,而且改变了互动的方式。例如,教师制作的课件简洁而醒目,通过大屏幕投影显示后,再配以激光翻页笔、体态暗示和语言提示,随着指尖掌控自如,使传统的互动方式与信息技术互动方式有机融合,学生的思维就会更加顺畅,师生互动复杂了,但却照样可以自然而协调。交互式电子白板的教学应用,进一步促成了师生与大屏幕之间的无隙交互,教师可以在白板上呈现重点内容,通过熟练地圈划、批注、点击滑动等,与学生之间展开互动,教与学浑然一体。

此外,信息技术还可以使得相距千里的个体展开面对面交流。学生可以利用互联网,通过电子邮件、在线讨论、聊天室等方式实现师生之间、生生之间的交流。特别是在假期期间,学生可以利用以上方式针对自己学习过程中所遇到的问题,向老师或同学请教交流。教师可以为学生提供一些学习资源,学生可以利用互联网上传自己的学习成果,为学生提供展示的平台,也进一步增强师生之间的感情。

总之,一切有条件和能够创造条件的地区和学校,都应积极开发与利用计算机(器)、多媒体、互联网等信息技术资源,组织教学研究人员、专业技术人员和教师,开发与利用适合自身课堂教学的信息技术资源,以充分发挥其优势,为学生的学习和发展提供丰富多彩的教育环境和有力的学习工具、评价工具;为学生提供探索复杂问题、多角度理解数学的机会,丰富

学生的数学视野,提高学生的数学素养;为有需要的学生提供个体学习的机会,以便于教师为特殊需要的学生提供帮助;为教育条件欠发达地区的学生提供教学指导和智力资源,更有效地吸引和帮助学生进行数学学习。

(三)常用的数学教学软件及其应用

随着信息技术的发展,各种数学教学软件越来越多,Flash、Word、Excel等软件都可以应用于数学课堂教学中,特别是 PowerPoint 的应用较为广泛。另外还有《几何画板》、*Microsoft Math 4.0*、《超级画板》等专门用于数学教学的软件。

几何画板是适用于数学、平面几何的分析、函数作图的动态几何工具。软件是由美国 Key Curriculum Press 制作并出版的优秀教育软件,1996 年该公司授权人民教育出版社在中国发行该软件的中文版。几何画板能够画出点、线、圆、圆弧、扇形、三角形等多种几何图形,同时还可以让这些几何图形进行移动,能够动态地展现出几何对象的位置关系、运行变化规律。教师利用它可以根据教学需要编制教学课件进行教学,也可以让学生在计算机上进行探索,帮助学生理解抽象的几何概念、几何定理。

Microsoft Math 是一款为 Microsoft Windows 设计的教育软件,用于解决数学和科学问题。它由 Microsoft 开发和维护,是一款主要面向学生群体的学习工具。拥有非常强大的图形计算和数值计算功能。具有多种解方程、不等式或方程组的功能,具有常用数学与科学公式和方程库、向导式解答并提供相关计算,具有直观形象的图形计算器、三角形计算器、单位转换器等多种功能。

《超级画板》是为我国量身定做的基础教育数学教学软件,它是由我国张景中院士带领研究团队自主研制开发的数学教学软件,具有进行动态几何构图、动态图形变换、制作函数方程曲线、动态测量计算、符号运算编程、模拟随机事件、自动推理运算、课件制作等多种功能,是"数学工具+课程资源"式的智能教育平台,提供了数学探索、数学研究和数学创作的环境。超级画板包括平面几何、初中代数、平面解析几何、高中代数、立体几何、三角函数六个数学智能平台。其中的平面几何、立体几何软件对小学数学教学有直接帮助,能够在较短时间内给学生渗透比较深刻的数学思想,例如变换的思想、极限的思想、化繁为简的思想等。

总之,各种数学教学软件为我们的教学提供了方便,极大地简化了绘图、制表、复杂计算等程序,使得教师和学生有更多的时间和精力参与到数学探究活动中,并且,用电脑作图更加精确,更有利于学生对数学问题的研究。

第六节 小 结

一、本章焦点问题

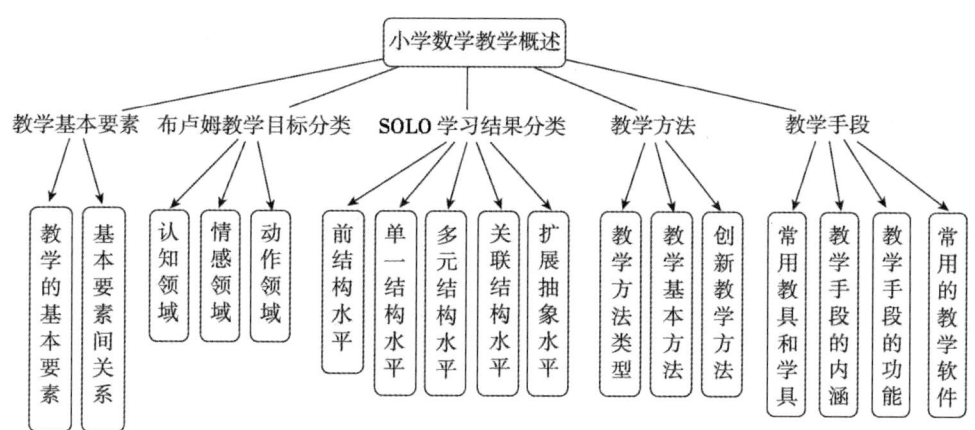

二、阅读导航

A. 普通图书

[1] 王本陆.课程与教学论[M].高等教育出版社,2009.

1. 突出情境性。教材中引入贴近现实教学的情境,引发读者的思考。

2. 增强实用性。充实了教学目标编写、课堂管理、教学评价、教学设计等章节。

3. 注意直观性。书中有图片、图表等直观性较强的表现方式。

4. 强化了对话交流特色。力求积极唤醒学习者的教育经验,提高学习效能。

5. 强调理论联系实际。

[2] [澳]比格斯(Biggs J B),科利斯(Collis K F).学习质量评价:SOLO分类理论(可观察的学习成果结构)[M].高凌飚,张洪岩,译.北京:人民教育出版社,2010.

SOLO意指"可观察的学习成果的结构"。SOLO分类评价方法是一种以等级描述为基本特征的评价方法,关注的焦点是"对儿童在问题反应中表现出的认知发展水平"。SOLO分类评价法目前在国际上已被广泛应用于各个学科和领域的考评上。

B. 期刊中析出的文献

[1] 刘京莉.以SOLO分类为基础的学生学习质量评价初[J].教育学报,2005(4).

以SOLO分类为基础的学生学习质量评价,将教育目标表述为对学生学习能力的要求,以测验的方式了解学生解决问题时表现出的认知发展水平。它不局限于考查学生掌握知识的量和类型,而是重视评价学生学习效果的质量。SOLO分类用结构特征解释学生对问题的五种结构反应,通过学生的反应与教师预设的教学目标的比较,分析影响学生学习效果的因素,为教师改进教学提供依据,帮助不同认知水平的学生在他们自身的基础上提高。

[2] 王晓东.试论信息技术与数学教学的整合[J].中国教育学刊,2014(6).

面对21世纪的挑战,学生数学方面发展的愿望和能力最重要的基础之一就是现代信息技术与新的数学课程理念的融合,现代信息技术为数学课程改革提供了切实可行的方案、方法和工具,营造了新的数学学习环境。

三、电子资源平台

[1] 中国教案网:http://www.jiaoan.info/

特点:提供大量的教材分析,教学设计可供参考、下载。

[2] 小学资源网:http://www.xj5u.com/

特点:提供大量的教学素材、案例、图片等,可供教师选用备课。

四、思考与练习

1. 简述小学数学教学基本要素之间的关系。
2. 简述布卢姆的教育目标分类对我们今天的教学目标研究有哪些意义。
3. 观察一节小学数学课(或视频),分析教师使用的教学方法。
4. 制作一节小学数学课的课件。

第五章　小学数学教学设计与实施

教学目标

1. 理解小学数学教学设计的基本流程
2. 完成小学数学教案设计
3. 理解小学数学教学策略

第一节　小学数学教学设计概述

一、小学数学教学设计的含义

教学设计是根据数学课程标准的要求和教学对象的特点,将教学诸要素有序安排,对各个教学环节进行具体计划,确定合适的教学方案的过程。一般包括教学目标、学情分析、教学重难点、教学方法、教学步骤与时间分配等环节。

教学设计的主要理论基础是学习理论和数学教学理论。通过教学设计,教师可以清楚地知道学生要学习什么内容,将出现哪些学习行为。教师依据教学目标和学习者特征,采用有效的教学模式,选择适当的教学媒体和方法,实施既定的教学方案,保证教学活动的正常进行。

教学设计要确定明确的教学目标,教学目标控制着教学活动的方向,也控制着教学活动的大致进程、内容、程序和活动中师生之间的动态关系,因此,教学设计具有明确的目标性。教学是由多种教学要素组成的一个系统,教学设计是对这诸多要素的系统安排与组合。无论教学设计指向什么样的教学目标,它都必须全面分析每一个教学要素,使所有的教学要素在达成一致教学目标的过程中实现有机的配合,所以,教学设计具有统整性。教学设计是对教学活动的预先规划和准备,教师对整个教学过程进行计划,从而使教师在实际教学过程中出现失误的可能性降到最低程度,因此教学设计具有可控性。教学设计要在理论指导下对各个教学环节(教学目标、教学条件、教学方法、教学评价等)进行具体的设计与计划,以及实施步骤,因此,教学设计具有可操作性。教学设计的过程,实际上也是教师在不断钻研教材的基础上,根据不同的教学目标、不同的学生的特点设计教学实施过程。教学设计也体现了教师个人的教学经验、风格、智慧,因而教学设计是一项创造性的工作。

小学数学课堂教学设计既是课堂教学设计理论在数学教学实践中的应用过程,又是具备学科特点的数学教学理论指导下的产物。它构建了数学教育理论与数学实践之间的桥梁,使每一位数学教师能把所学的数学教育理论融合在课堂教学实践中,从而达到理想的教学效果。

教学设计是随着课堂教学组织形式而发生、发展的。在不同的历史阶段,由于教育思想和教育理论的不断更新,课堂教学设计就有着不同的特点和要求。

二、小学数学教学设计的流程

小学数学教学设计主要包括如下环节。

(一)教学内容分析

(1)要从整体上掌握教材内容的知识结构。明确本单元或本节课所学内容在整个学段或学习领域中的地位和作用,把握相关数学知识的背景、发生和发展的过程,把握新旧知识的连接点和学生认知结构的生长点。(2)要思考教材呈现了什么教学内容。明确本课时或本单元要使学生学会哪些知识?熟练哪些技巧?培养什么能力?(3)要分析教材的重点和难点。通常教材中的定义、定理、公式、法则、数学思想方法、基本技能训练等,都是教学重点。这些重点在教材体系或课题结构中处于重要地位的内容,并且有较高的教育价值。难点是指学生接受起来比较困难的知识或难于形成的技能,往往是由于学生的认知能力、接受水平与新旧知识之间的矛盾造成的,也可能是学习新知识时对旧知识掌握不牢固造成的。教学难点知识一般都过于抽象,知识的内在结构过于复杂,概念的本质属性比较隐蔽等都是产生难点的因素。

(二)学情分析

分析学生是进行教学设计不可缺少的一个重要环节。分析学生要了解:(1)分析学生的原有认知水平与学习主题之间的关系,确定学生的起点水平;(2)分析学生的思维水平、认知特点、对数学的兴趣爱好程度;(3)分析学生在数学活动方面的群体差异,即班风、学风、合作精神和团队意识等;(4)还要对班级中特殊个体(如学习暂时困难的学生、特长生)进行分析。

(三)表述教学目标

一方面,教学目标应该表述为学生学习后会做什么和说什么,而不是表述成教师要做什么。另一方面,教学目标的表述应该简单、准确、具体,对于知识技能领域的教学目标应该具有可操作性,能够观察和检测。

在数学课程标准中,课程目标的陈述方式分为两类:一类是结果性目标的陈述方式,即明确告诉学生的数学学习结果是什么,所采用的行为动词要求明确、可测量、可评价,如"了解、认识、理解、掌握、灵活运用"等。这种方式指向可以结果化的课程目标,主要应用于"知识与技能"领域。另一类是体验性或表现性目标的方式,即描述学生自己的心理感受、体验或明确安排学生表现的机会,所采用的行为动词往往是体验性、过程性的。如"经历、感受、体会、探索"等。这种方式指向无需结果化或难以结果化的课程目标,主要应用于"过程与方法""情感态度与价值观"领域。

(四) 选择教学策略和方法

分析目标中包含的知识类型,根据不同的知识类型采取不同的教学方法。(1)某些内容适合有意义的接受学习,需要发挥教师的主导作用,教师要向学生说明、解释或者论证一些数学概念、计算法则时,可以采用讲解法,这样可以较为系统地、有根据地讲解数学知识;当知识较为抽象,需要配合使用一些直观教具或实物进行演示实验时,教师可以采用演示法;(2)某些内容适合发现学习,需要发挥学生的主体作用,让学生亲自经历知识产生的过程,就可以采用动手实践的方式,让学生在实际操作中观察、思考,参与到知识的探索过程中。

(五) 开发教学资源

教学资源是为教学的有效开展提供素材等各种可被利用的条件,可以理解为一切可以利用于教学的物质条件、自然条件、社会条件以及媒体条件,是教学材料与信息的来源。如教学挂图、教具、教学指导书、电子资源等,特别是在学生发现学习时,教师情境的创设,信息资源的提供是学生去发现的必不可少的辅助力量。

(六) 确定教学的组织形式

课堂教学的组织形式为集体教学、小组教学和个别指导。如果以有意义的接受学习为主,教学组织形式是以集体教学为主;如果发现学习为主,教学组织以小组合作和个别指导为主;如有必要可将不同的组织形式相结合。

(七) 呈现教学的操作步骤

将前面确定的各个教学要素,按照一定的时间顺序,以一定的结构关系组织起来,形成一个有序的教学流程。

(八) 教学设计的评价

主要指依据预先设计的教学目标,对学生是否达到教学目标进行评价,并提出改进教学的建议。

其实,在教学设计的整个过程中,这些环节大多数时候是同时进行的,并没有严格的顺序,而是灵活的。概括来说,分为前期准备、设计阶段和评价反馈三大步骤。在前期准备阶段,教材分析、课程标准分析和学生分析之间是交错进行、互相影响的。而在设计阶段,目标编写、教学策略的选择、教学资源的开发、教学组织形式的确定以及教学设计的呈现要遵循一定的先后顺序。最后要进行教学设计评价和反馈阶段,并且运用评价、反馈的结果调节整个教学设计,起到优化、促进教学的作用。参见图5-1。

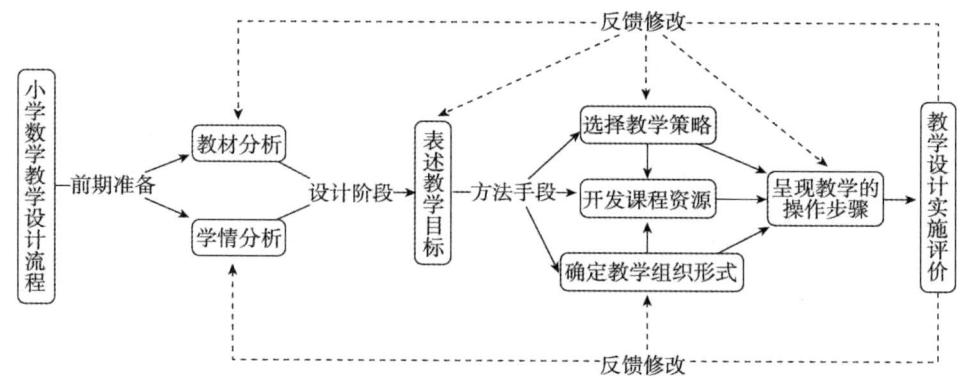

图 5-1 小学数学教学设计流程

三、教案设计

(一) 教案类型

小学数学教学依据不同的教学任务,有不同的课型去完成。一般分为新授课、练习课、复习课、测验课、讲评课和综合与实践课等。

1. 传统的新授课教学设计

(1) 导入新课。教师创设情境将学生的注意引导到新课内容上来。时间 5 分钟左右。

(2) 新课教学过程。时间 20 分钟左右。

(3) 巩固练习。时间 10 分钟左右。

(4) 小结并布置作业。时间 5 分钟左右。

由于教学内容不同,教学组织形式和学习方法的不同,新授课教学过程不尽相同,教学环节也不一样,教师要根据实际情况灵活设计。

2. 练习课教学设计

练习课是小学数学的一种主要课型,约占课堂教学总课时的 40%。练习课的主要任务是巩固和加深理解新授的知识,形成技能、技巧。"掌握"和"灵活应用"需要一定熟练的练习才能达到。练习课教学设计的一般流程如下:

(1) 复习有关知识;

(2) 阐明练习内容及要求;

(3) 分析以往练习错误的原因;

(4) 课堂练习,教师巡视反馈,个别指导;

(5) 作业评讲。

3. 复习课教学设计流程

复习课是将所学知识进行整理,形成知识系统,进一步理解所学教材及其重点和难点。不同的复习课关注点不同。其一,归纳整理知识。复习就是帮助学生找到已学过知识间的联系,这种归纳整理可以是教师带着归纳整理,也可以是让高年级学生自己整理复习。其二,重点复习,突破重难点。这是帮助学生查漏补缺的重要环节,启发学生弄清楚常见错误的原因。其三,通过综合性、思考性和趣味性的问题,培养解决问题能力。

(二)教学设计环节

1. 分析教材

案例 5-1

---

3 年级"长方形和正方形"教材内容分析

长方形和正方形是最基本的几何图形。教材在不同年级安排了与长方形和正方形相关的内容。见表 5-1。

表 5-1 长方形和正方形教材内容分析

册次	单元名称	主要内容	
一年级	认识图形	直观认识长方形、正方形,能够辨认和区分	
三年级	长方形和正方形	四边形	四边形的初步认识
			长方形、正方形的特征
		周长	周长的含义
			长方形、正方形的周长计算
四年级	平行四边形和梯形	从与平行四边形的关系角度进一步认识长方形、正方形	

从表 5-1 可看出,长方形和正方形不是新知识了,一年级已经让学生能直观感受过长方形、正方形了;三年级学生对图形的认识已经由直观辨认水平发展为依据特征的初级概念判断水平,因此新增的知识是长方形和正方形的特征和周长计算;四年级将从四边形对边和角的特点进一步认识长方形和正方形。

通过上述分析,三年级长方形和正方形的教学重点是"长方形、正方形的特征"。教学难点是"用语言概括、描述图形的特征"。

---

2. 学情分析

学情分析就是课前了解学生,包括对学生的学习知识基础、学习态度、学习能力、思维发展阶段、性格特点、学习方式等方面进行分析。

案例 5-2

> 二年级在"9的乘法口诀"教学时,王老师作了学情分析,班里70%的学生课前就会唱九九乘法口诀歌,24%的学生会唱部分的口诀,只有6%的学生没有任何基础。这个内容对绝大多数学生都是比较熟悉的。王老师抽出几句口诀进一步了解情况,如四九=? 六九=? 五九=? 发现会唱九九乘法口诀歌的学生有很多人也不知道,他们只会唱歌,但不熟悉算式及答案。于是王老师确定了本课的起点从4×9等于几的算理和算法开始教学。

3. 编写教学目标

一般教学目标的编写,有三种表达方式,即行为目标、内部心理与外显行为相结合的目标、表现目标。

(1) 行为目标

行为目标是一种具体的、可观察的教学目标。梅杰(R. F. Mager)系统地提出了使用行为术语陈述教学目标的理论与方法,强调必须以具体明确的表达方式,说明学生完成学习任务以后应该达到的行为指标。行为目标的编写,一般包含四个要素:① 行为主体,行为目标描述的应是学生的行为而不是教师的行为。② 行为动词,行为动词是描述学生所形成的可观察、可测量的具体行为,如"写出""列出"等。③ 行为条件,在5分钟内,能口算40道题等。④ 表现程度,指学生对目标所达到的最低标准,如至少写出两种解题方法等。

行为目标比较适合陈述具体的知识技能的教学目标,而对于情感目标等难以从某个单一的行为中表现出来的教学目标,不适合用行为目标来表达。

(2) 内部心理与外显行为相结合的目标

这是美国学者格伦兰(N. E. Crounlund)提出的方法。为了使教学目标陈述得足够具体,达到可以观察的目的,在描述内在能力和情感变化之后,同时要提供内在变化已经出现的行为样例。如四年级"线段、直线、射线与角"的教学目标之一是"通过画一画、比一比、想一想、说一说等活动,使学生经历分析归纳的过程,培养分析问题和解决问题的能力"。

(3) 表现目标

高级教学目标要经过长期教学才能实现,如高级认知策略的形成、反省力的提高等。在这种情况下,教师只需规定学生必须参加的活动,而无需精确规定学生从活动中得到什么。这种陈述的目标叫表现目标。[①] 它的侧重点在于确立学生所经历的情境,而不在于学生接受教育后所达到的行为结果。如在五年级"循环小数"的教学目标之一是"在猜想、验证过程中清晰地表述自己的观点和理由,培养交流的意识和能力",这指出了学生的活动,但并未指定学习结果。

---

① 皮连生.智育心理学[M].人民教育出版社,2001:232.

表现性目标强调学生个性发展和创造性表现,强调学生的自主性和主体性。其缺点是编写的教学目标过于模糊,很难起到教学导向作用。

(三)教学设计参考格式(表5-2)

表5-2 教学设计参考格式

教学基本信息	
课题	
课型	
教学背景分析	
教材内容分析	
学情分析	
教学目标(含重、难点)	
教学目标	
教学重点	
教学难点	
教学要素	
教学方法	
教具、学具	
教学流程图	
教学过程	
教学活动	设计说明
学习效果评价设计	
学生课堂表现评价	
学生学习效果评价	
教学反思	

第二节 小学数学教学实施

一、小学数学教学实施的理念

(一)教学设计与教学实施的结合

在具体的教学设计和教学实施过程中,往往容易出现设计执行"两极化"的现象。一种情况是设计与执行出现双轨现象。事实上,教学设计只是一个方案,而具体执行中则需要处理种种我们意想不到的突发事件,这就需要教师灵活的思维和丰富的经验。建议年轻教师在进行教学设计时要注意做到:思考多、书写细、课件精、方法活。思考多是指在创新层面需要多下功夫;书写细是指把具体的每节课的教学设计都当做科研任务来完成;课件精是指不要把课件纯粹当做记忆的弥补品和提高课堂所谓效率的工具,而是要体现课件具有提纲挈领和对学生掌握知识具有画龙点睛的作用;方法活是指除了随机应变能力之外,教师还要克服长期形成的教学方法定势的弊端,经常换换方法,观察学生的变化和教学效果,使得自己的教学不断提升。

(二)让学生主动参与教学过程

在进行课堂教学时,对于一些问题的解法教师已经知道,而学生并不知道,就会出现与学生信息不对称的现象,造成学生与教师的不同心理反差。教师往往宏观把握、明察秋毫,而学生却丢三落四,粗心大意。成功的数学教师并不是靠信息不对称来教育学生。因此,数学教师必须调整好心态,要经常站在学生的立场去教学。现代教学论认为,课堂教学过程是师生共同探索新知的发展性活动体系,学生作为与教师平等的主体,他不是在教学中被动地接受外界的影响,而是在与教师的交往中积极主动地去选择、形成和建构自己的知识体系。学生具备一定的参与意识,在教师创设的参与条件下,从情感、认知、行为等方面表现出正向的态度,积极主动地投入课堂教学活动的过程。

(三)将差异作为教学资源

学生学习水平的差异最初被认为是一个带有消极意义的概念,现在有很多人认识到差异是有价值的。因为差异能提供反馈,学生可以借助这个机会看到别人的长处,学习正确的策略,采取有效的步骤。正视差异的合理性,将差异作为教育资源已经成为了一种新的教学策略。罗增儒教授认为解题中出现的错误与疏忽是提高解题能力、完善认知结构的一个极好机会。他提出了四个基本态度:(1)解题错误的产生总有其内在的合理性,解题分析首先要对合理成分做充分的理解;(2)要通过反例或启发途径暴露矛盾,引发当事者自我反省;(3)要正面指出错误的地方,具体分析错误的性质;(4)作为对错误的对比、补救或纠正,给出正确解法是绝对必要的。[①] 从教学的角度帮助教师对待学生的错误,合理运用出现的问题,通过教学互动、讨论交流等途径,相互启发,让有的学生理解数学知识,有的学生锻炼表达、说理能力,使每个人都得到发展。

二、小学数学教学实施策略

(一)教学目标多元化

《课标(2011年)》:"义务教育阶段的数学课程,强调从学生已有的生活经验出发,让学生

---

① 罗增儒.解题分析——谈错例剖析[J].中学数学教学参考,1999(12):32-33.

亲身经历将实际问题抽象成数学模型并进行解释与应用的过程,进而使学生获得对数学理解的同时,思维能力、情感态度与价值观等多方面也得到进步和发展。"基于这样的理念,数学课程从知识与技能、数学思考、解决问题、情感与态度等四个方面树立多元化的教学目标。数学教学不仅要关注知识技能,也要关注情感态度,也要将智力因素和非智力因素放在同等重要的位置上。数学教学不仅要关注问题解决的结果,也要关注数学思考过程,将结果和过程放在同等重要的位置上。

(二)教学情境生活化

《课标(2011年)》指出:数学课程"不仅要考虑数学自身的特点,更应遵循学生学习数学的心理规律,强调从学生已有的生活经验出发……,数学教学活动必须建立在学生的认知发展水平和已有的知识经验基础之上"。这就是说,数学教学活动要以学生的发展为本,要把学生的个人知识、直接经验和现实世界作为数学教学的重要资源。如教师在《时、分、秒》教学时编:钟妈妈有三个孩子,大哥时针又胖又矮,二哥分针中等身材,小弟吃饭挑食,又细又瘦。三兄弟淘气极了,老是不停地跑,结果跑的怎样呢?孩子们听了童话,学了知识,初步感知了时针、分针、秒针的特征。同时大大地激发了学生的学习兴趣,为掌握新知识架设了台阶。这种生活化、趣味化的情境有助于激发学生的学习兴趣,使学习成为一种乐趣,成为学生的一种自觉行为。

(三)教学内容开放化

数学学习并不是单纯的解题训练,现实的和探索性的数学学习活动要成为数学学习内容的有机组成部分。开放性的教学内容首先表现在开放题的应用上,以开放题为载体来促进数学学习方式的转变,弥补了数学教学开放性、培养学生主体精神和创新能力的不足。数学开放题的类型很多,如在2,4,6,7,10这五个数中,哪一个与众不同?(这是一道结论开放题)再如,现有三个整数,问这三个数具备什么条件时,它们的和能被3整除?(这是一道条件开放题)等等。除了运用开放性的试题之外,教师还可以拓宽教材,使用生活中的教学资源,选择有趣的、具有参与性的、探索性的生活事件、实践活动、成长经历等资源,丰富教学内容。

(四)教学方法多样化

学生是数学学习的主人,教师是数学学习的组织者、引导者与合作者。教师应激发学生的学习积极性,向学生提供充分从事数学活动的机会,帮助他们在自主探索和合作交流的过程中真正理解和掌握基本的数学知识与技能、数学思想和方法,获得广泛的数学活动经验,这就要求教学中教师要采用多样性教学方法。

(五)教学过程参与化

教学不仅重视知识技能目标,还特别强调过程性目标,注重学生的学习体验和探索感受。因而,充分展开学生参与学习的过程非常必要,为顺利有效地展开这一过程,首先,应该提高学生的自主意识。展开过程的前提是学生应主动参与过程,这就要求学生有较强的自主意识,把学习当作自我的一种主体行为,要实现这一目标,教师就应尊重学生主体,给他们个体活动的机会,并且在活动中体验感受,享受成功,获取收获。其次,要求教师激励主体参与。学生学习不是接受灌输的过程,而是主动获取的过程,只有促使学生主体参与学习过程,才能得到更好的学习成效。最后,要重视主动评价。评价作为杠杆,不仅决定学生学习的结果,也决定学习的行为。作为学习主体,学生对学习的兴趣不仅依靠教师的评价,很大程度上也与学生主体对自我的评价相关。在学习中,教师应给学生参与学习过程评价的机会,参与结果评价的权力,学生主动参与了学习过程与结果的评价,就能加强其学习的主动性,使学习成为自觉、快乐的行动。

第三节 小   结

一、本章焦点问题

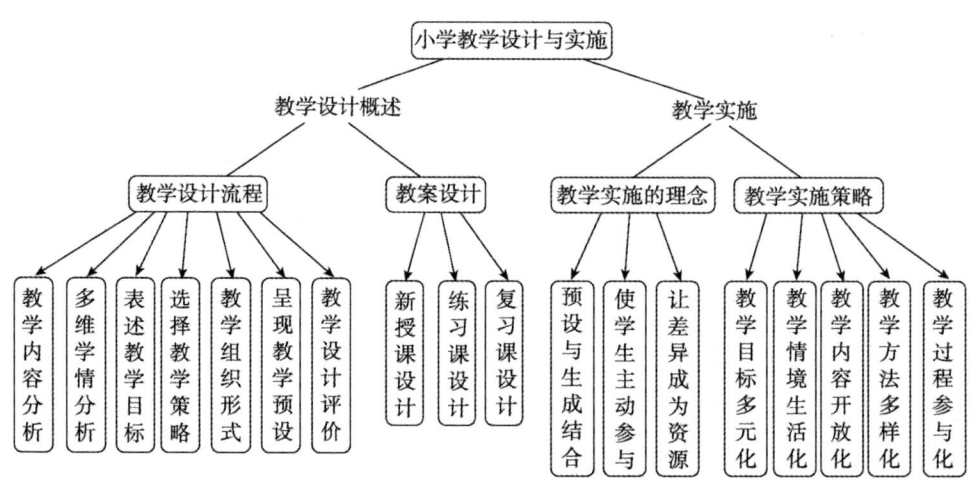

二、阅读导航

A. 期刊中析出的文献

[1] 李晓梅. 如何进行有效的小学数学教学设计[J]. 课程·教材·教法,2007(2).

教学设计既是一门科学,也是一门艺术。有效的小学数学教学设计应主要围绕三个基本问题展开:确定恰当的教学目标;合理分析与组织教学要素;正确评价教学效果。

[2] 郑毓信. 数学思想、数学活动与小学数学教学[J]. 课程·教材·教法,2008(5).

将"基本(数学)思想"与"基本(数学)活动经验"明确纳入"数学课程目标"之中有一定的合理性。以小学数学教学为背景对此做进一步分析:我们不仅应当针对不同的教学对象对此做出更为具体的界定,从而切实防止简单移植的现象,而且也应很好地处理具体知识内容的学习与基本数学思想的学习以及过程与结果之间的关系,而不应将此绝对地割裂开来。

[3] 张晓英,张润芝,杨开城. 论教学设计理论发展的新领域——问题设计[J]. 中国电化教育,2008(11).

教学设计的理论研究从萌芽至今先后受到工程学、行为主义、认知主义、建构主义等理论及各类媒体技术的影响,尤其是知识论、系统论等哲学思潮的转向,形成了多种研究定位和研究取向。然而在理论与教育实践之间建立良好桥梁作用的初衷被"理论与实践相脱节"的抱怨挫伤。任务设计一直是教学设计的重要过程环节,却没有得到应有的重视。这是教学设计理论在实践中受到冷落的根本原因之一。问题设计是任务设计的核心内容之一,教学实践的需求以及理论发展的内在逻辑,将使问题设计成为教学设计理论研究的新领域。

[4] 吴宝莹,陈敏. 数学教学设计的取向与定位[J]. 数学教育学报,2012(3).

教学设计的取向与定位决定了教学设计的路径与结果。教学设计的结果要经过实践的检验,要及时总结反思,从而对原来的教学取向与定位矫正完善,产生新的路径与结果,再反思、完善,形成取向—定位—路径—结果—反思螺旋上升的教学设计"五步"循环曲。考虑到课程标准教学理念和教育教学的实际,提倡走"中庸之道"——兼顾数学知识取向和数学文化取向的教学设计。

三、电子资源平台

国家基础教育资源网http://www.cbern.gov.cn

特点:有学术权威,小学数学教学案例与课程资源丰富。

四、思考与练习

1. 简述小学数学新课教学设计流程。
2. 简述小学数学课堂教学的类型。
3. 简述小学数学教学设计策略。
4. 设计一节小学数学教案。

第六章　小学数与代数的教学研究

教学目标

1. 了解小学数与代数教学内容要求和结构
2. 了解小学生计算错误的原因
3. 通过案例分析,理解教学情境的作用、学生课堂活动类型、教师教学方法的选择、教学内容不同认知水平的层次安排,提高教学研究能力

第一节　小学数与代数的教育价值

小学"数与代数"是小学数学教学内容的主体,涉及的核心概念主要有数感、符号意识、运算能力、推理能力和模型思想,这些都是研究数量关系和变化规律的数学内容,帮助人们从数量关系和变化规律的角度认识和描述现实世界。数与代数部分是小学数学课程中的经典内容,它在义务教育阶段的数学课程中占有相当重要的地位,同时也有着重要的教育价值。主要体现在下两方面。

一、获取科学的思维能力

学生的思维能力、思想方法、习惯、情感和态度,影响着他们对于生活中事物的判断和解决问题的能力。在"数与代数"的学习过程中,学生通过数的概念的建立、扩充以及数的运算,公式的建立和推导,方程的建立以及求解等探究活动,逐步对现实世界中的数量关系和变化规律有了进一步的认识,认识到数字、数学符号是刻画现实世界数量关系的重要语言,公式、方程等是描述现实世界的数学模型,它们为数学的表达和交流提供了有效的途径。数与代数帮助人们更加准确、清晰地认识、描述、把握客观世界,从而掌握科学的思维能力。

在数的运算、公式的推导、方程的求解学习活动中,学生通过对现实情境中数量关系及其变化规律的探索,提高创新精神和实践能力。正数与负数、精确与近似、已知与未知等概念中蕴涵的对立统一思想,变量和函数概念中蕴含的运动、变化思想等,能够促进学生们用数学、科学的观点认识现实世界。

二、学会用合理的方式解决问题

数与代数是小学教学内容的重要基础,主要涉及了整数、分数、小数和百分数的认识;四则运算的口算、笔算和估算;时间、面积、长度、重量等及其单位认识;以及列简易方程等内容。这些知识本身就与现实生活密切联系,教材中对于数与代数内容的呈现采用了大量丰富的现实背景,把生活经验数学化,使学生体会到数学就在身边,从中感受数学的现实价值。

在数与代数教学中安排了"解决问题"的内容,教师要引导学生将实际问题抽象为数学问题,学习用画图、语言描述等方式表征数学问题,建立与运算意义之间的联系,选择合适的运算解决实际问题。学生们通过学习,熟悉解决问题的步骤,提高分析、解决问题的能力。因此通过数与代数的教学,学生不仅学到了知识,更重要的是学习到了解决问题的方式方法。

第二节　小学数与代数的内容

一、小学数与代数的课程内容

在小学阶段,数与代数的内容占了很大一部分,在《义务教育阶段数学课程标准(2011年版)》中,对数与代数的内容进行了合理、细致的安排,包括数的认识、数的运算、常见的量、式与方程、比与比例、探索规律等内容。具体见表6-1、表6-2。

表 6-1　《课标(2011)》第一学段课程内容

	数的认识	数的运算	常见的量	探索规律
第一学段	1. 在现实情境中理解万以内数的意义,能认、读、写万以内的数,能用数表示物体的个数或事物的顺序和位置。 2. 能说出各数位的名称,理解各数位上的数字表示的意义,知道用算盘可以表示多位数。 3. 理解符号<,=,>的含义,能用符号和词语描述万以内数的大小。 4. 在生活情境中感受大数的意义,并能进行估计。	1. 结合具体情境,体会整数四则运算的意义。 2. 能熟练地口算20以内数的加减法和表内乘除法,能口算百以内数的加减法和一位数乘除两位数。 3. 能计算三位数的加减法,一位数乘三位数、两位数乘两位数的乘法,三位数除以一位数的除法。 4. 认识小括号,能进行简单的整数四则混合运算(两步)。	1. 在现实情境中,认识元、角、分,并了解它们之间的关系。 2. 能认识钟表,了解24时记时法;结合自己的生活经验,体验时间的长短。 3. 认识年、月、日,了解它们之间的关系。 4. 在现实情境中,感受并认识克、千克、吨,能进行简单的	探索简单的变化规律

续表

数的认识	数的运算	常见的量	探索规律
5. 能结合具体情境初步认识小数和分数,能读、写小数和分数。 6. 能结合具体情境比较两个一位小数的大小,能比较两个同分母分数的大小。 7. 能运用数表示日常生活中的一些事物,并能进行交流。	5. 会进行同分母分数(分母小于10)的加减运算以及一位小数的加减运算。 6. 能结合具体情境进行估算,并会解释估算的过程。 7. 经历与他人交流各自算法的过程。 8. 能运用数及数的运算解决生活中的简单问题,并能对结果的实际意义做出解释。	单位换算。 5. 能结合生活实际,解决与常见的量有关的简单问题。	

表6-2 《课标(2011)》第二学段课程内容

	数的认识	数的运算	式与方程	正比例、反比例	探索规律
第二学段	1. 在具体情境中,认识万以上的数,了解十进制计数法,会用万、亿为单位表示大数。 2. 结合现实情境感受大数的意义,并能进行估计。 3. 会运用数描述事物的某些特征,进一步体会数在日常生活中的作用。 4. 知道2,3,5的倍数的特征,了解公倍数和最小公倍数;在1~100的自然数中,能找出10以内自然数的所有倍数,能找出10以内两个自然数的公倍数和最小公倍数。 5. 了解公因数和最大公因数;在1~100的自然数中,能找出一个自然数的所有因数,能找出两个自然数的公因数和最大公因数。	1. 能计算三位数与两位数的乘法,三位数除以两位数的除法。 2. 认识中括号,能进行简单的整数四则混合运算(以两步为主,不超过三步)。 3. 探索并了解运算律(加法的交换律和结合律、乘法的交换律和结合律、乘法对加法的分配律),会应用运算律进行一些简便运算。 4. 在具体运算和解决简单实际问题的过程中,体会加与减、乘与除的互逆关系。 5. 能分别进行简单的小数、分数(不含带分数)加、减、乘、除运算及混合运算(以两步为主,不超过三步)。 6. 能解决小数、分数和百分数的简单实际问题。	1. 在具体情境中能用字母表示数。 2. 结合简单的实际情境,了解等量关系,并能用字母表示。 3. 能用方程表示简单情境中的等量关系(如 $3x+2=5, 2x-x=3$),了解方程的作用。 4. 了解等式的性质,能用等式	1. 在实际情境中理解比及按比例分配的含义,并能解决简单的问题。 2. 通过具体情境,认识成正比例的量和成反比例的量。 3. 会根据给出的有正比例关系的数据在方格纸上画图,并会根据其中一个量的值估计	探索给定情境中隐含的规律或变化趋势。

续表

数的认识	数的运算	式与方程	正比例、反比例	探索规律
6. 了解自然数、整数、奇数、偶数、质（素）数和合数。 7. 结合具体情境，理解小数和分数的意义，理解百分数的意义；会进行小数、分数和百分数的转化（不包括将循环小数化为分数）。 8. 能比较小数的大小和分数的大小。 9. 在熟悉的生活情境中，了解负数的意义，会用负数表示日常生活中的一些量。	7. 在具体情境中，了解常见的数量关系：总价＝单价×数量、路程＝速度×时间，并能解决简单的实际问题。 8. 经历与他人交流各自算法的过程，并能表达自己的想法。 9. 在解决问题的过程中，能选择合适的方法进行估算。 10. 能借助计算器进行运算，解决简单的实际问题，探索简单的规律。	的性质解简单的方程。	另一个量的值。 4. 能找出生活中成正比例和成反比例关系量的实例，并进行交流。	

二、小学数与代数的知识结构分析

小学数与代数的知识包括关于小学数与代数的相关数学知识内容，小学数学教材中数与代数的知识内容，以及这些知识之间的关系。下面就将小学数与代数的知识内容做一个梳理，方便我们对小学数与代数的知识有一个完整的认识。

（一）小学数与代数部分知识结构

小学数与代数部分知识结构如图 6-1 所示。小学数与代数部分共分为数的认识、数的运算、常见的量、式与方程、比与比例、探索规律六部分内容。其中，数的认识包括了整数、小数、分数、百分数、负数的认识；数的运算包括了口算、笔算和估算等内容；常见的量包括了认识时间、人民币、质量单位等；式与方程包括了用字母表示数和简易方程等。这些共同构成了小学数与代数的知识内容，下面就以知识结构图的形式把数与代数的各部分内容及其联系呈现出来，以人民教育出版社出版的教材为例，知识结构图中用"1 上""3 下"等字样简明标出了知识出现的各年级上册或下册，以供大家参考借鉴。

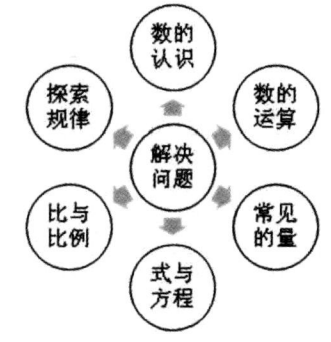

图 6-1 数与代数知识结构图

1. 数的认识

从图 6-2 可以看出，整数的认识是螺旋上升的，从认识 20 以内的数、100 以内的数、万以内的数扩展到大数的认识，不论是读数、写数、求近似数，还是比较数的大小,基础都是计数单位和数位概念。低年级时,读"个""十";"个位""十位"进行渗透,随着大数的出现,学生认识了新的计数单位,了解这些计数单位所占数位的过程。通过整理数位顺序表,对数有更深刻的认识。因此,计数单位、数位是数的认识的核心内容。

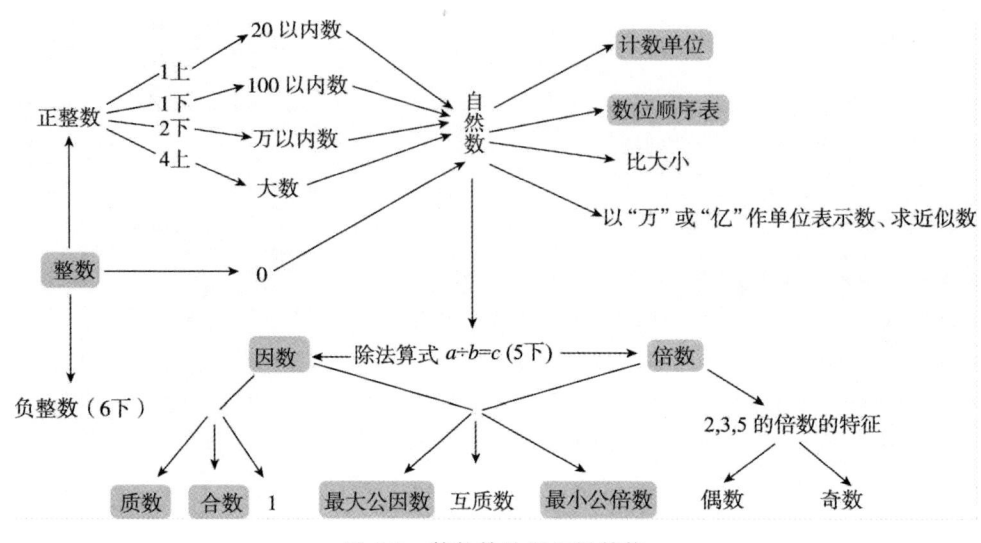

图 6-2　整数的认识知识结构

因数、倍数、最大公因数、最小公倍数、质数、合数、奇数、偶数等是数论的基础知识,是分数约分、通分的必备基础,这些概念的来源是由两个数的整除引出的,$a÷b=c$,a 是 b、c 的倍数,b、c 是 a 的因数。根据是否能被 2 整除,整数又分出了偶数和奇数。

从图 6-3 可以看出,在三年级时渗透小数概念,四年级是小数认识的重要时期,以小数数位顺序表为基础呈现了小数的意义;小数具有与整数不同的特有性质:小数末尾可填上"0"或去掉"0";小数乘除法必备的知识:小数点移动引起小数大小的变化。五年级由小数除法引出了有限小数、无限小数、循环小数和不循环小数,学生初步认识这些概念就可以了。

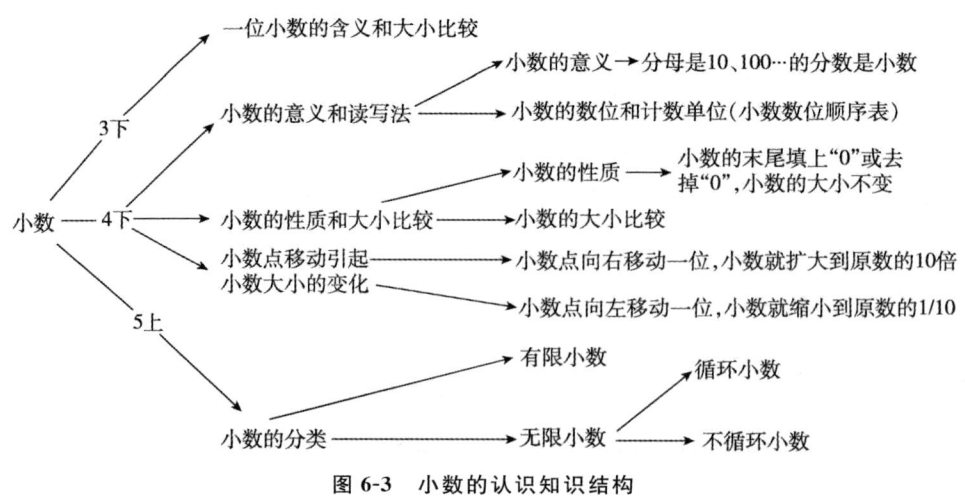

图 6-3　小数的认识知识结构

从图 6-4 可以看出三年级渗透分数概念。五年级是分数教学的重要时期,单位"1""分数单位"是分数认识的基础。由于分数运算的需要,引出了分数的基本性质。这些是分数认识的重点内容。

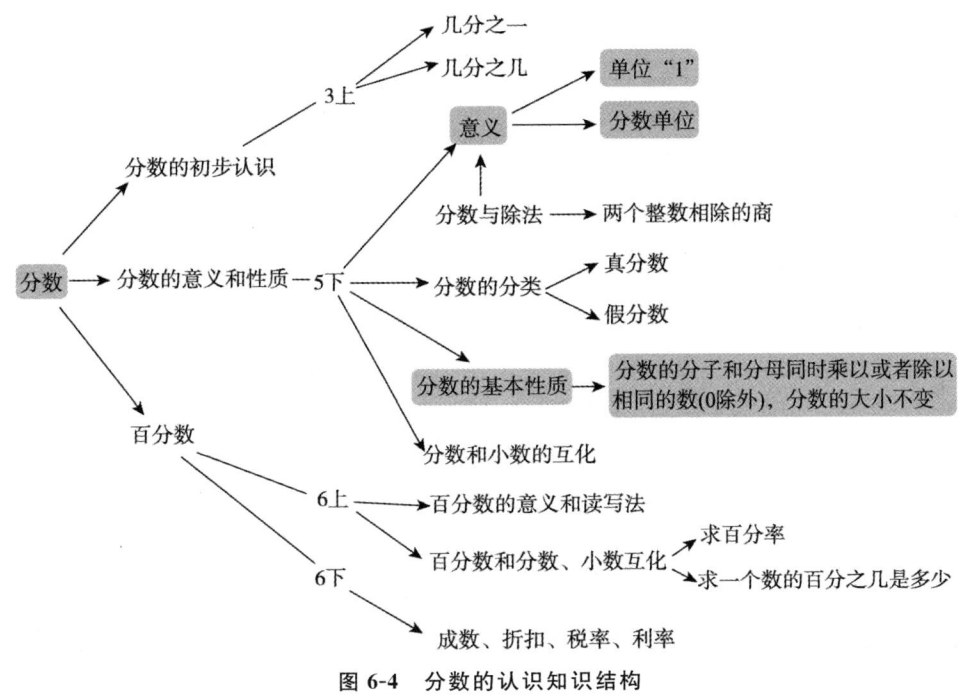

图 6-4　分数的认识知识结构

在小学对于负数的要求是:在熟悉的生活情境中,了解负数的意义,会用负数表示日常生活中的一些量。图 6-5 为负数的认识教学内容结构。

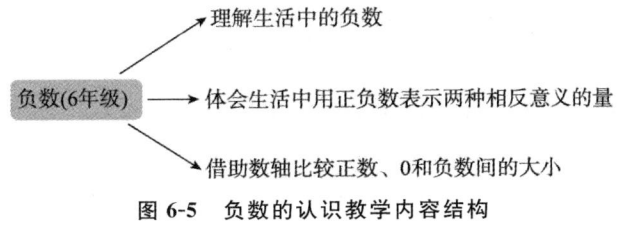

图 6-5　负数的认识教学内容结构

2. 数的运算

图 6-6 中,一年级 20 以内数的加减法,包括进位加和退位减,以及二年级的表内乘除法是口算的重点内容,这两部分内容是计算教学的基础,一定要熟练掌握。100 以内数的加减法、整十、整百、整千的乘除运算,可转化为 20 以内数的加减法和表内乘除法,只要注意整数末尾 0 的个数就可以了。乘法口诀是乘除法运算的基础,须熟练掌握。

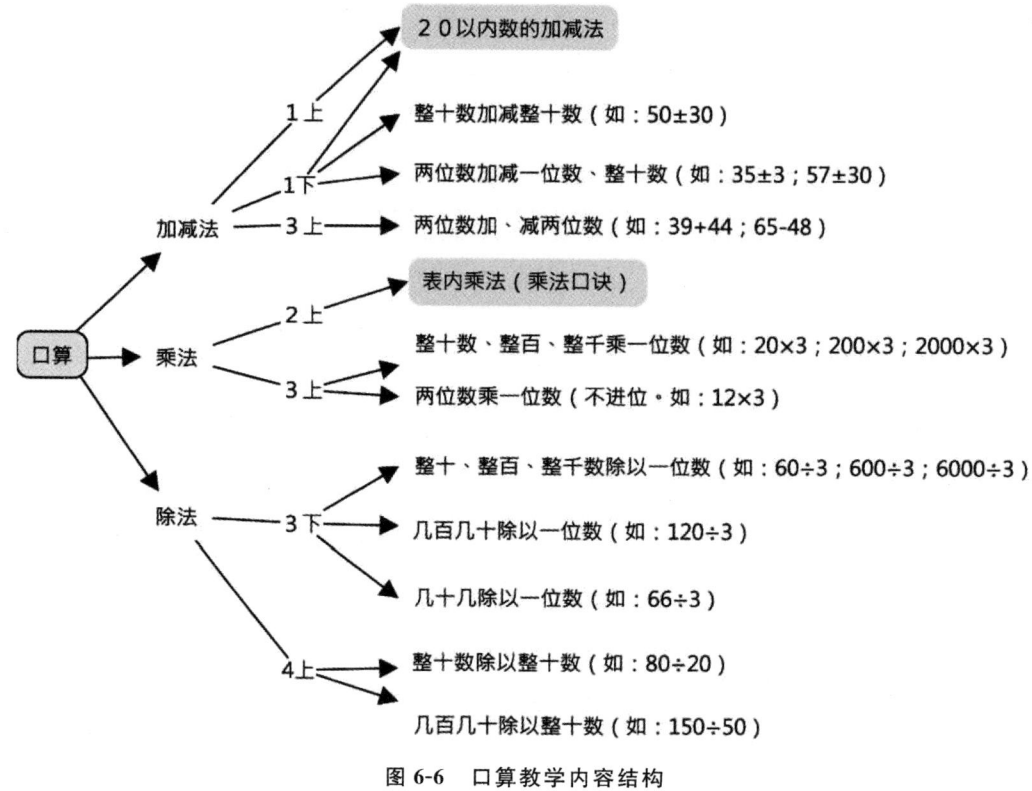

图 6-6 口算教学内容结构

人民教育出版社小学数学教材将估算作为一种解决问题的策略，以是否解决了问题作为调整估算方法的标准，因此，估算内容与实际生活紧密结合。估算方法是凑整。图 6-7 为估算教学内容结构。

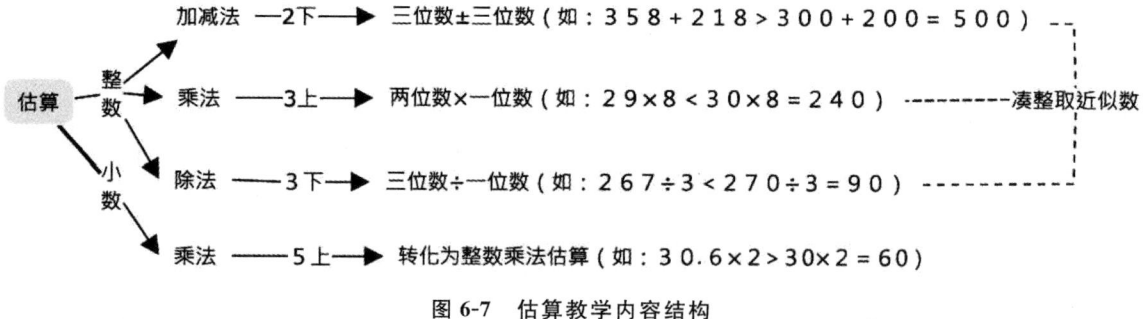

图 6-7 估算教学内容结构

对于加法估算的方法是：两个加数可同时上估凑整、同时下估凑整和一个加数上估，一个加数下估凑整，如 358，218 同时下估凑整，300＋200＝500，所以 358＋218＞500。

乘法估算：如果两位数乘以一位数，如 29×8，如果将 29 凑整为 30，乘积多一个 8，但如果将 8 凑整为 10，乘积就多了 2 个 29。因此，两位数乘一位数估算时将两位数凑整。

除法估算：如果三位数除以一位数，如 267÷3 通常只变被除数，除数不变，270÷3＝90。

小数乘法估算：一个乘数向上估，取过剩近似整数值，而另一个乘数向下估，取不足近似整数值。如某人买了 0.8 千克肉，每千克 26.5 元，26×1=26（元）；还买了 2 袋大米，每袋 30.6 元，30×2=60（元），合计大约 84 元。

整数、小数、分数的笔算加减法算理都是计数单位要相同才能相加、减，特别的，如果分数的分母不同，说明分数单位不同，两个异分母的分数相加减一定要通分。对于整数乘法，如多位数乘以一位数，算理是用一位数分别去乘以另一个乘数的每一位，再把所得的积相加；两位数乘以两位数重点是乘的顺序及各部分积的书写位置，这些内容是笔算乘法的重点，它的算理是更高位乘法及除法的基础。

运算定律是运算体系中具有普遍意义的规律，是运算的基本性质，可作为推理的依据，加法交换律、加法结合律、乘法交换律、乘法结合律和乘法分配律在数学中具有重要地位。图 6-8 为笔算教学内容结构。

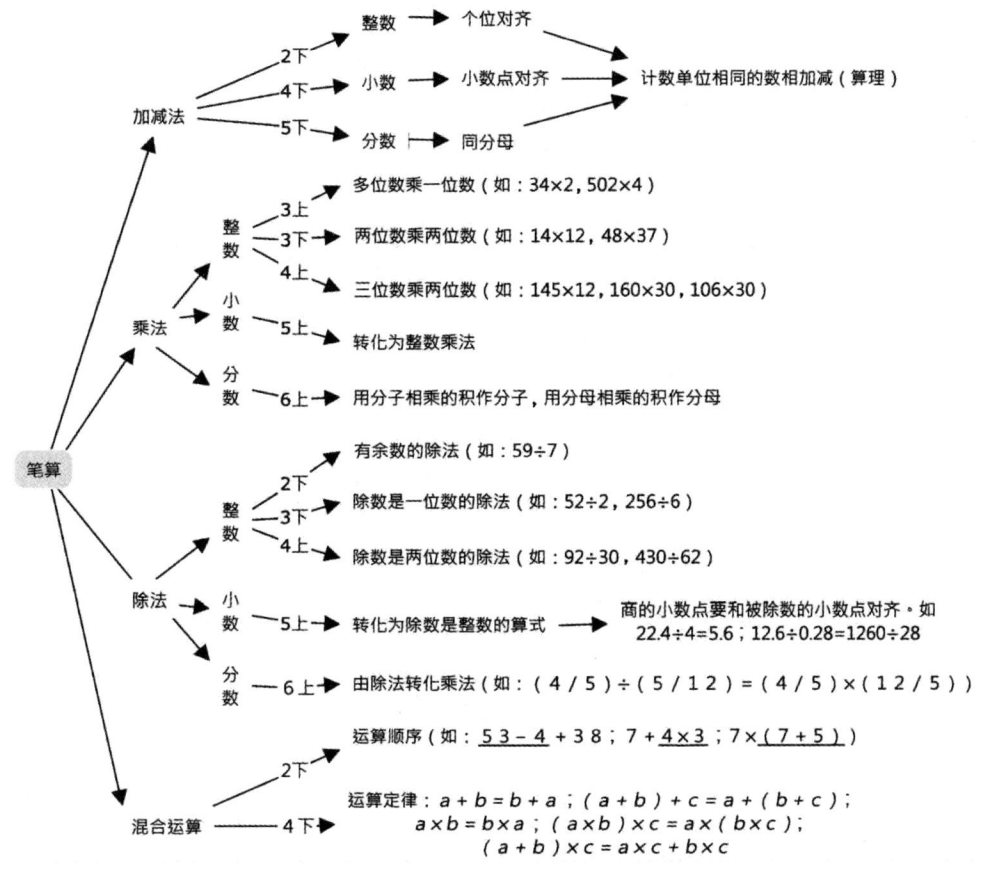

图 6-8　笔算教学内容结构

3. 常见的量

常见的量指的是时间、人民币和质量单位，在第一学段学习。由于小学生在这一学段的认知特点,每一个常见的量又细分在不同年级学习。图6-9为常见量知识结构图。

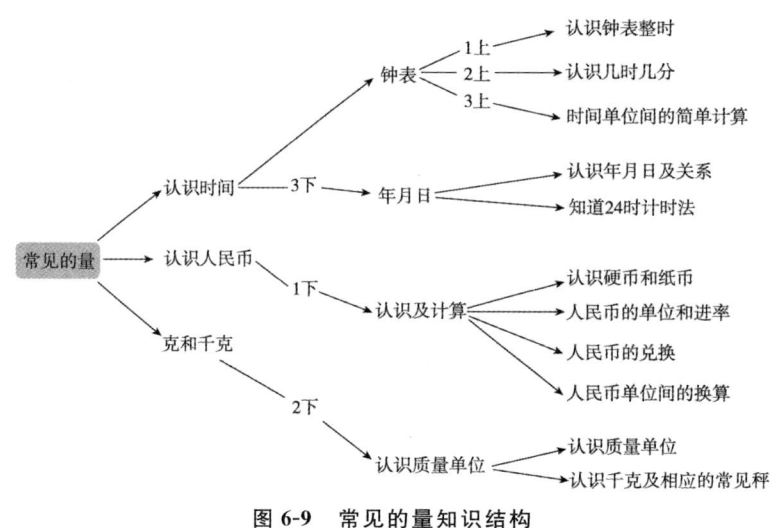

图6-9 常见的量知识结构

4. 式与方程

小学生从确定的数过渡到用字母表示数是认识上的一个飞跃,学生理解并运用字母表示数、数量关系和数学规律,进入到初等代数学习的新阶段。列方程和解方程是解决问题的重要数学工具。用字母表示公式表述简明易记,便于学习。这部分内容是中小学数学的衔接点。式与方程两部分内容的关系是:用字母表示数是学习方程的基础,方程的意义与等式的性质是学习解方程的基础。见图6-10。

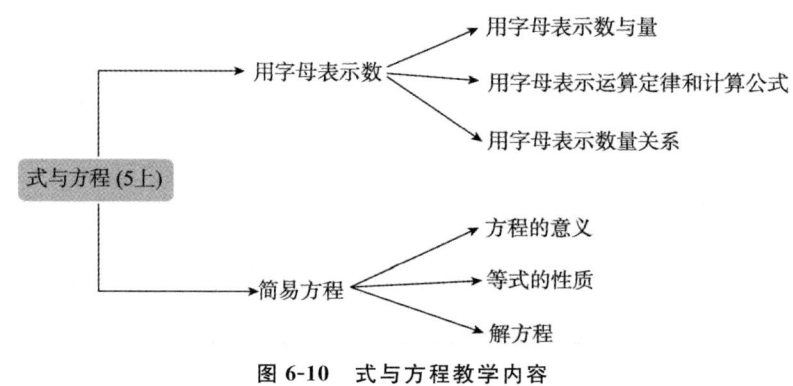

图6-10 式与方程教学内容

5. 比与比例

在"比"的教学内容之前,有除法的意义与商不变的性质、分数的意义与基本性质、分数与除法的关系等知识,"比"的内容中求比值、化简比和按比分配等知识与分数乘、除法的计算密不可分。比的基本性质与分数的基本性质、商不变的性质是在不同情境下的同一运算性质。"比"强调量与量之间的倍比关系,比可同时表示两个、三个乃至更多的量之间的被比关系,"比"可以是同类量,也可以是不同量的比,如路程和时间的比。

比例的意义是学习正、反比例知识和用比例解决问题的基础;比例的基本性质是解比例和进一步研究比例问题的基础。正比例和反比例是小学阶段首次接触到的基本函数关系,而函数关系是数学研究最基本的也是非常重要的内容。图 6-11 为比和比例的教学内容结构。

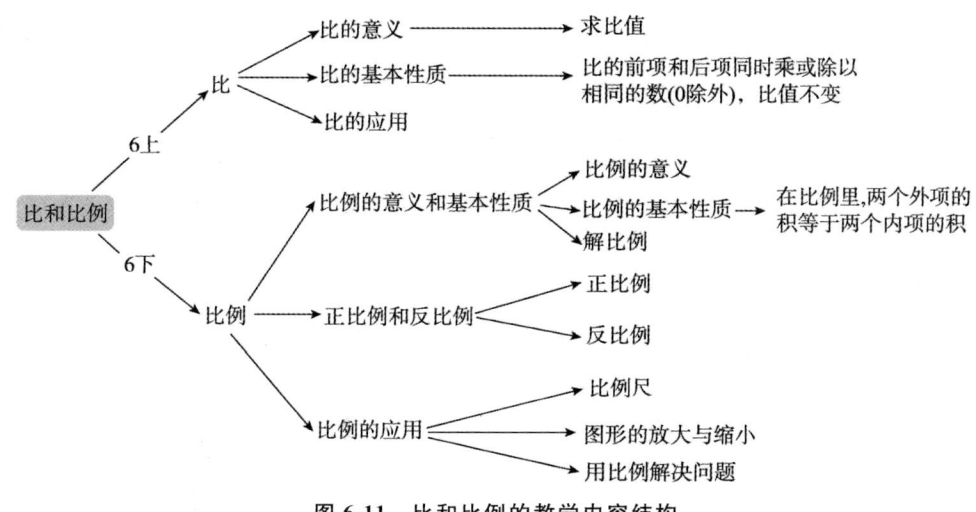

图 6-11 比和比例的教学内容结构

6. 探索规律

探索规律在不同年级以各种形式出现,如图 6-12 所示。

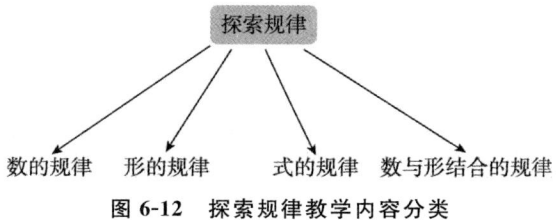

图 6-12 探索规律教学内容分类

(二) 数与代数部分常见疑难问题

1. 自然数的"基数意义"和"序数意义"有什么不同

当自然数 0,1,2,… 用来表示有限集合中元素的个数时,这样的数叫做"基数",如"这幢楼有 5 层"。当自然数用来表示事物的排列次序时,这样的数就叫做"序数",如"我住在这幢楼的第 5 层"。

2. "1 个十"与"10 个一"有什么区别

"十"和"一"是计数单位,"1 个十"表示十位上是 1,写作 10;"10 个一"表示是个位上的数,因为我们用十进制表示数字,所以"10 个一"就是"1 个十"。如"3 个一和 1 个十"就是 13。

3. 20 以内数退位减法的算理是什么

我们可以采用"破十法"来解释 20 以内数退位减法的算理。

案例 6-1

"矩形"概念的形成过程

用图示表示 13－9 的算理。

解作图 6-13。

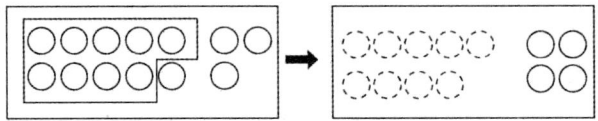

图 6-13 13－9 的算理

被减数 13 是 1 个十,3 个一,减 9,个位上的数字 3 不够减,这时候需要破十,10 由 9 和 1 组成,即可以用 10－9＝1,再用 1 加上个位上的数字 3:1＋3＝4,得出最终得数,即 13－9＝4。

4. 除法算式与平均分有什么关系

除法算式包含了被除数、除数与商,表示的是一种算式关系,但同时又包含了平均分的过程,如 60÷3＝20,表示把 60 平均分成 3 份,每份是 20,所以除法算式就是平均分。

5. 分别将图 6-14 中的三个单位"1"平分,请问分数单位分别是什么

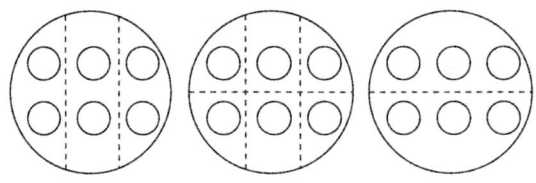

图 6-14 平分单位"1"

上面三个单位"1"是一样的,第一幅图平均分为 3 份,分数单位是 $\frac{1}{3}$;第二幅图平均为 6 份,分数单位是 $\frac{1}{6}$;第三幅图平均分为 2 份,分数单位是 $\frac{1}{2}$。

6. 小数乘法的算理和算法是什么

小数乘法的算理和算法类似整数但又有不同,例如 2.4×0.8,它的算理是:两个因数都乘以 10,即变成 24×8＝192,得到的数就等于原来的积乘以 100,要想得到原来的积,就要反过来把现在的积除以 100,即 192÷100＝1.92,即从积右边起数出两位,点上小数点。

它的算法是:①先按照整数乘法算出积,再点小数点;②点小数点时,看因数中一共有几位小数,就从积的右边起数出几位,点上小数点。

7. 当被除数、除数的小数位不同时,以谁作为标准转化为整数的除法

在小数除法中,如果被除数、除数的小数位不同时,例如 3.62÷0.2,这时应该以除数为

标准进行转化,即以 0.2 为标准,把 0.2 扩大十倍变成 2,同时也把 3.62 扩大十倍变成 36.2,然后再进行计算。

8. 分数乘法(两个分数相乘)的算理是什么

两个分数相乘,如图 6-15,$1\times\frac{1}{2}$ 就是将 1 平均分为 2 份,取其中的 1 份,再平均分成 5 份,$\frac{1}{2}\times\frac{1}{5}$ 就是 $\frac{1}{2}$ 平均分成 5 份,取 1 份,即单位"1"先分成 2 份再分成 5 份,共分成 2×5 份,取其中的一份得 $\frac{1}{10}$。

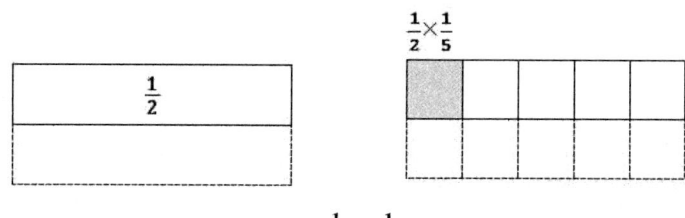

图 6-15　$\frac{1}{2}\times\frac{1}{5}$ 的意义

分数的乘法,通过借助直观图和分数的意义,归纳、总结分数乘法的算法:分数乘以分数用分子相乘的积做分子,用分母相乘的积做分母。

9. "量"和"数"有什么区别和联系

"量"是数学中的一个基本概念。测定量的过程叫做"计量"。计量时需要用"计量单位"表示。量就是通常所说的长度、重量和速度,它们的"计量单位"是米、千克、米/秒。

而数是没有计量单位的,表示事物的多少,数量是计量单位的倍数。用数和计量单位来表示这个量的大小。如一条公路长 10 千米,公路的长是"量";计量单位是"千米",10 表述"数",10 千米就是数量。

10. "除法""分数"和"比"有什么区别与联系

它们的区别是:除法是一种运算,它是乘法的逆运算,要解决的基本问题是如何求出这种运算的结果——商。分数是一个数,也可以表示两个数相除。比表示两个数相除。

它们之间的联系是除法的商和比值都可以用分数表示。如"3∶5"可以表示为"$\frac{3}{5}$";3÷5 所得的商也可以表示为"$\frac{3}{5}$"。因此 3∶5=3÷5=$\frac{3}{5}$。

第三节　小学数与代数的教学

小学数与代数的教学内容主要包括了数的认识、数的运算、常见的量、比与比例、式与方程和探索规律。这些内容也就构成了教师在数与代数部分的教学时应该抓住的几条重要主线,在这些主线中有几点教学中的重难点,本节将重点介绍。

一、数的认识关键点

(一) 计数单位

1. 整数的计数单位

一(个)、十、百、千、万……亿都是计数单位,在用数字表示数的时候,这些计数单位要按照一定的顺序排列起来,它们所占的位置叫做数位。亿以内的数位顺序表,见表6-3。

表6-3 亿以内的数位顺序表

亿级		万级				个级				数级
…	亿位	千万位	百万位	十万位	万位	千位	百位	十位	个位	数位
…	亿	千万	百万	十万	万	千	百	十	一(个)	计数单位

学生在四年级学习大数的认识时,亿以内数的每个计数单位都学过了,应该懂得读数的本质就是读出每个计数单位的个数。在读一个万以上的大数时,先看这个数有几级,例如,211000有六位数字,后四位是个级,所以,它近似21万;还要看千位上数字1<5,211000≈21万;218000,千位上数字8>5,218000≈22万。

2. 小数的计数单位

小数的计数单位是十分之一、百分之一、千分之一……小数的数位顺序表,见表6-4。

表6-4 小数的数位顺序表

	整数部分					小数点	小数部分			
数位	…	万位	千位	百位	十位	个位	●	十分位	百分位	千分位	万分位	…
计数单位	…	万	千	百	十	一(个)		十分之一	百分之一	千分之一	万分之一	…

例如0.6的计数单位是十分之一,6个0.1就是0.6;0.06的计数单位是百分之一,6个0.01就是0.06。

根据小数具有这样的性质:小数的末尾添上"0"或去掉"0",小数的大小不变。虽然0.8,0.80,0.800的大小相等,但是其小数的计数单位是不同的,0.8的计数单位是十分之一,是8个

0.1；0.80 的计数单位是百分之一，80 个 0.01；0.800 的计数单位是千分之一，800 个 0.001。

3. 单位"1"

一个物体、一个计量单位或是一些物体等都可以看作一个整体，把这个整体分成若干份，这样的一份或几份都可以用分数来表示。一个整体可以用自然数 1 表示，我们通常将它称为单位"1"。

4. 分数单位

如果把单位"1"平均分成 n 份（$n \neq 0$），表示这样的一份叫做"分数单位"；表示这样的 m 份的数记做"$\dfrac{m}{n}$"；"$\dfrac{1}{n}$"叫做"$\dfrac{m}{n}$"的分数单位。如，"$\dfrac{2}{3}$"的分数单位是 $\dfrac{1}{3}$，$\dfrac{3}{4}$ 的分数单位是 $\dfrac{1}{4}$。注意单位"1"与分数单位是两个不同的概念。

不同的分数具有不同的分数单位。学生理解了分数单位的含义有助于他们进行有关分数的比大小、加法、减法的运算。在这类运算中，异分母分数通分是关键。通分就是将分母不同的分数化为分数单位相同的数，例如 $\dfrac{1}{10}$ 与 $\dfrac{3}{40}$ 比较大小，因为这两个分数的分数单位不一致，所以要先把它们转化成相同的分数单位 $\dfrac{1}{40}$，然后再比较。

需要强调的是，有的分数大小相等，分数单位却不一定相等。例如图 6-16 所示，$\dfrac{1}{4}$ 的分数单位是 $\dfrac{1}{4}$，$\dfrac{2}{8}$ 的分数单位是 $\dfrac{1}{8}$。

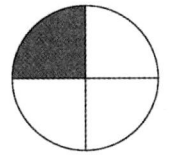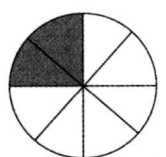

图 6-16　分数单位不同的两个分数

再例如 $\dfrac{2}{3}$，$\dfrac{4}{6}$，$\dfrac{8}{12}$ 的分数值一样，但是它们的分数单位不同，随着分数单位变小，所占的份数变大，如图 6-17 所示。

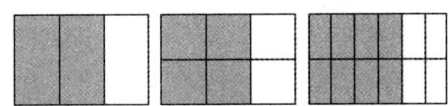

图 6-17　用不同的分数单位表示的数

由此可见，一个分数可以用不同分数单位的分数表示；利用分数单位可以比较分数大小，已知部分可以求整体。

案例 6-2

(1) 甲 $=\dfrac{1}{3}$，乙 $=\dfrac{1}{5}$，比较甲与乙的大小。

解：由分数单位的意义比较 $\dfrac{1}{3} > \dfrac{1}{5}$。

(2) ○○○○是甲的 $\dfrac{1}{3}$，是乙的 $\dfrac{2}{3}$，甲＝？ 乙＝？

解：由直观图，甲＝○○○○○○○○○○○○；乙＝○○○○○○。

案例 6-3

每张大饼平均分成了 4 份，小明和小伙伴们每人吃 1 份，共计 5 份，问他们吃了多少张饼？

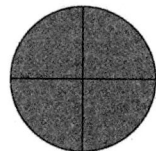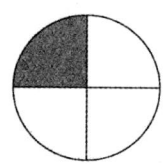

图 6-18　5 份大饼

分析：首先要清楚单位"1"是一张饼；分数单位是一张饼的 $\dfrac{1}{4}$，吃了 5 份，就是 $\dfrac{5}{4}$ 张而不是 $\dfrac{5}{8}$，见图 6-18。解题过程就是讲算理的过程。

案例 6-4

a 与 b 的长度见图 6-19，用分数表示 a 与 b 的关系。

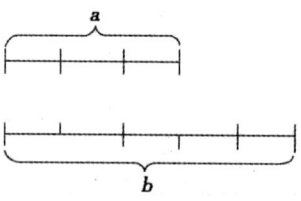

图 6-19　a 与 b 的长度

解 把 b 看做单位"1"，将 b 平均分成了 5 份，a 是 b 的 $\dfrac{3}{5}$。

（二）数位

在用数字表示数的时候,这些计数单位要按照一定的顺序排列起来,它们所占的位置就是数位。在一个自然数中,从右到左依次是:个位、十位、百位、千位、万位等;最右边的那个数位是个位,任何一个自然数都有个位;而最左边的那个数位是最高位。如 23 和 345,它们最左边的数位分别是十位和百位,它们最高位上的数字分别是 2 和 3。

另外,记到哪个数位上的数就表示几个这样的数,例如"8"记在个位上,表示八个一,记在十位上,就表示八个十,记在百位上,就表示八个百,依次类推。这里要注意的是,数位和位数是两个不同的概念,数位是某个数字的位置,如在 3,31,346 中,3 所在的数位分别是个位、十位、百位;而位数是一个自然数的数位个数,如在 3,31,346 中数位的个数分别是一个、两个、三个,所以它们的位数分别是一位、两位、三位。

二、数的运算探究

（一）算理和算法探究

1. 加减运算计数单位要相同

掌握小数的计数单位有助于进行小数加减法运算,在进行小数加减法运算时,要把小数小数点对齐,目的就在于统一计数单位,例如:

(1) $5.55+0.02=5.57$

$$\begin{array}{r} 5.55 \\ +0.02 \\ \hline 5.57 \end{array}$$

(2) $5.55+0.2=5.75$

$$\begin{array}{r} 5.55 \\ +0.2 \\ \hline 5.75 \end{array}$$

(3) $5.55+2=7.55$

$$\begin{array}{r} 5.55 \\ +2 \\ \hline 7.55 \end{array}$$

(4) $24.74-8.6=16.14$

$$\begin{array}{r} 24.74 \\ -8.6 \\ \hline 16.14 \end{array}$$

(5) $30.2-22.1=8.1$

$$\begin{array}{r} 30.2 \\ -22.1 \\ \hline 8.1 \end{array}$$

(6) $27.78-27.38=0.4$

$$\begin{array}{r} 27.78 \\ -27.38 \\ \hline 0.4 \end{array}$$

由此可见,在进行小数教学时,要先让学生清楚小数各个数位上的数所代表的计数单位的含义,然后再学习相应的运算,可以提高教学的效率。

2. 乘除运算要关注"数位"

数位的教学从一年级就开始了,学生先认识个位、十位、百位,在此基础上再认识千位、万位及更大的数位。单纯认识数位的教学并不难,但是学生在之后学习乘法和除法运算时,如果对数位的理解不到位,就会导致运算时,尤其是列竖式运算时,把数放错位置的情况。如学生在计算 34×12 时,就会出现如下错误:

$$\begin{array}{r} 34 \\ \times 12 \\ \hline 68 \\ 34 \\ \hline 102 \end{array}$$

把第二步中的 34 与 10 相乘错误地理解为了 34 与 1 相乘。其原因就是学生没有理解

12中1代表的是一个十。再例如,学生在计算30024÷3时出现如下错误:

$$\begin{array}{r} 18000 \\ 3{\overline{\smash{)}30024}} \\ \underline{3} \\ 0 \end{array}$$

把24理解成了2400,而把千位上的0和百位上的0忽略了,但实际上它们还是占了两个数位。这样的错误在小学数学的课堂上并不少见。因此数位作为整数的基础知识,不仅有助于学生认识整数,而且对于学生能正确地、熟练地进行整数运算具有重要的意义。教师在教数位时一定要多列举一些特殊的例子,如305,100450,340027等让学生全面理解数位的含义。

(二)9的乘法口诀

乘法是小学数学中一种重要的数学运算,我们可以简单地认为它是加法运算的升级,当一个数字需要重复相加多次时,便产生了乘法。小学数学中乘法所占比重较大,不仅因为其为除法奠定了基础,更是因为它在学生之后的数学学习中扮演了非常重要的角色。

乘法口诀的教学是我国数学教育的传统和特色,在小学数学乘法教学内容中,乘法口诀的教学是至关重要的。

"九九表"全称"中国九九乘法口诀表",在古代天文著作《周髀算经》中,曾记载着西周王与大夫商高有关数学的起源及应用的讨论,其中就有"矩出于九九八十一"的乘法口诀。在春秋战国时代的《战国策》等许多先秦典籍中都有提到"九九"乘法口诀。从现存的古代文献资料及研究看,较为完整的"九九表"形成并广泛得到应用,是在春秋时期,距今大约2700年。[①] 在古代,"九九"既作为乘法口诀的简称,又作为当时实用算术的代名词,可见其重要地位。

也正是因为乘法表的重要性,以及乘法口诀在小学数学实际学习中的重要辅助作用,所以将小学数学的乘法口诀教学定位为教学重点。同时,一些较大数字之间的相乘口诀、以及反向口诀的背诵被视为是教学的难点。因此,小学数学九九乘法表被认为是最基础的小学数学教学内容和学生继续学习的工具,乘法口诀的教法应该采取多种形式,从不同的角度加强学生的练习才能使学生达到脱口而出的程度。

教师还可以用一些典型例题帮助学生掌握、巩固乘法口诀,例如:填□
(1) $6\overline{\smash{)}\square 4}$ (2) $\square\overline{\smash{)}5\square}$ (3) $4\overline{\smash{)}5\square}$ (4) $6\overline{\smash{)}4\square}$

(1)、(2)两道题都是对表内除法,第1题是运用6的乘法口诀,第2题是运用5的乘法口诀,(3)、(4)两道题则是多位数的除法,需要确定商是几位数。

伸出双手,从左到右将手指头依次编号为1到9,如2×9就将左手的无名指弯下来,以

---

① 刘娟娟.小学数学计算教学改革中的继承与发展——"9的乘法口诀"的教学对比研究[J].南京晓庄学院学报,2012(02):45-49.

无名指为界限,无名指左边的指头一个代表"10",无名指右边的指头一个代表"1",数出来数字之后,将数字相加就是最终的答案。见图6-20。

单纯的背诵记忆乘法口诀会给学生带来枯燥的感觉,因此乘法口诀的教法应该采取多种形式,从不同的角度加强学生的练习才能使学生达到脱口而出的程度。

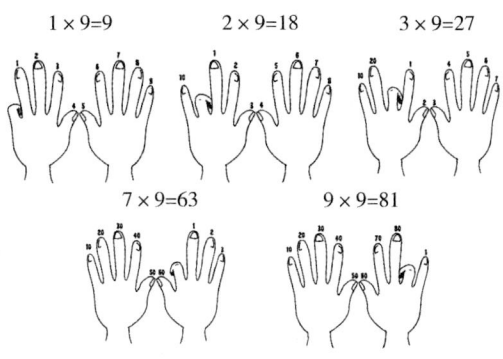

图6-20 九的乘法口诀手势

关注学生活动,调整教学方式。例如,在教学设计中,要备教法,更重要的是备学法,要从学生已有的生活经验出发设计,从"以教定学"转换到"以学定教"的教学准备思路。对于口诀练习的部分,主要遵循的是"找规律,巧记忆,抓难点,对比练""难记的口诀要重点练、多练""容易混淆的口诀要对比练""积相同的口诀联想练""做游戏,经常练"等技巧。

(三)运用数学模型揭示笔算的算理

小学数学教材中有多种模型,帮助学生经历、感受模型替代原型,帮助学生理解数学的案例。小学数学模型分类见图6-21。

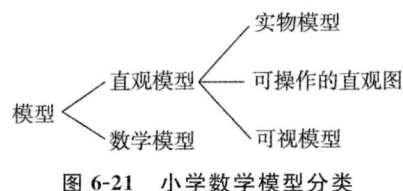

图6-21 小学数学模型分类

实物模型如:十根一捆的小棒、计数器、几何立体图形等。

可操作的直观图如:"数尺"、数轴、百数表等。

可视模型如:呈现在屏幕上的图形;数学的概念、法则、公式、性质、数量关系等。

小学生的思维水平以具体形象思维为主,逐步向初步的抽象逻辑思维过渡,用模型来进行教学小学生可以从实物(形象)经历半形象、较抽象到抽象的过渡,更有助于他们的思维发展。其次,小学生的数学学习心理过程也同样要经历由实物操作到形象表象、抽象符号,最后形成逻辑关系的过程。操作实物,即通过对具体实物的摆弄,借助具体的动作来认识数学对象的初始形态。形象表象,即通过脑袋里想动作操作或者画出图像来直观形象地认识和理解数学对象。抽象符号,即利用数学语言(比如文字、算式、符号、公式等)抽象地描述和刻画数学对象。最后,从数学的角度,深层次地揭示数学对象背后的含义,将相关对象联系在一起,形成逻辑关系。下面以笔算除法中的有余数除法为例,具体看看这一过程。

教师运用实物模型教学生 7÷3,首先是豆子游戏,见图 6-22。教师发给学生 7 颗豆子和 3 个盘子,让学生把豆子分到盘子里。要求每个盘子分到的豆子一样多;剩下的豆子尽可能少。这一过程中,学生有很多方法:①一颗一颗的放,到最后剩下一颗;②两颗两颗的放,剩下一颗;③三颗三颗的放,最后发现不行,再调整。

这一阶段,有的学生脑袋里面回想着刚才分豆子的操作过程,最后得到每个盘子放 2 颗,还剩下一颗;有的学生画出图像,用图像表示结果。随后教师带领学生用除法式子表示分豆子的结果,有横式和竖式两种形式。

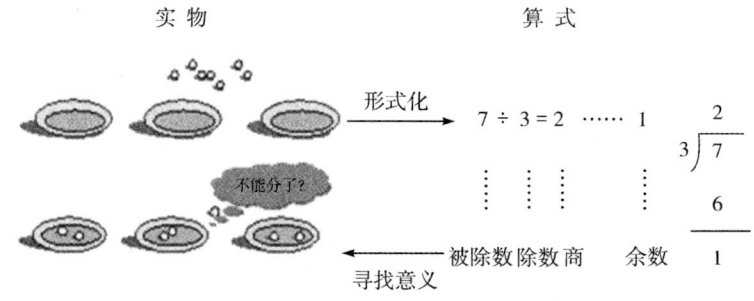

盘子中试放几颗豆子……试商的过程

剩下的豆子数小于盘子数……商小于除数

图 6-22 通过实物模型列算式

随后,教师又带领学生将刚才的除法算式用其他形式表示,比如:7=3×2+1(0<1<3)。最终,得到一般规律,带余除法的运算规则:被除数=除数×商+余数(其中 0<余数<除数)。

这一过程中,学生运用分豆子的模型为对算理的理解架起了一道思维的桥梁,起到支撑作用。将学生的思维、模型的操作与数学的表达有机结合。在教列竖式计算乘法、除法的时候也要借助一些直观的模型、实物操作,让学生明确算理,知道为什么这样算。例如,学生在计算 140÷30 时,总会出现这样的错误:

$$\begin{array}{r}4\\30\overline{)140}\\\underline{120}\\20\end{array}$$

把 140÷30 的商的位置写在了十位上。教师面对这样的情况就可以采用如下教学模型,见图 6-23。

选择 10×14 的方格子作为代表 140 的模型,选择 10×3 的方格子代表 30 的模型,140÷30 就是看 140 里有几个 30,教师为学生提供这样的方格子就可以让学生在方格子上画一画,30 个方格一圈,一共有四个圈,还剩余 20 格,这样就直观地表现出来 140÷30 的商是 4,还余 20。这样学生就容易理解商是 4,有 4 个 30,余数是 20,明白了为什么在竖式里要把商写在个位上而不是十位上。

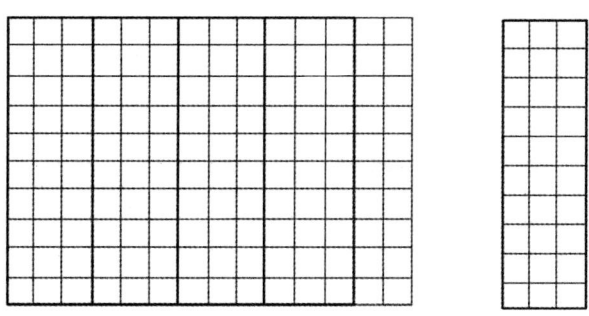

图 6-23　在方格纸上 140÷30 的意义

格子乘法的计算方法就是画格子,几位数就画几个格子,从右上向左下连接每个格子的对角线,将各自上方和右侧的因数相乘,积写在对应的格子里,最后相加得到最终的乘积,见图 6-24。

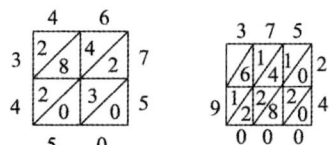

图 6-24　用格子乘法计算"46×75""375×24"

通过这些乘法运算,我们可以看到人的创新能力是无穷的,看似已经深深印在我们脑海中的乘法运算,却还有这么多不同的方法。总结这些方法,它们的算法不同,但是算理是一样的。算理,就是运算的道理,说明的是为什么这样算,它通常较为直观,运用模型和实物操作来说明。算法,就是关于怎样算的一套方法,表现出来的往往是较为抽象的形式。算理为计算提供了正确的思维方式,保证了计算的合理性和正确性。算法为计算提供了快捷的操作方法,提高了计算的速度。所以,在明白算理的情况下,进行算法的创新是可以培养学生的创新能力的。

(四)凑整的估算方法

估算是人们在日常生活、工作和生产中,对一些无法或没有必要进行精确测量和计算的数量所进行的近似或粗略估计的一种方法。估算可以用于平时的计算,在计算前对结果进行估算,可以使学生合理、灵活地用多种方法去思考问题。在计算后对结果进行估算,也是一种检验结果的方法。

《课标(2011)》中明确规定,学生在第一学段中要"能结合具体情境进行估算,并会解释估算的过程",在第二学段中要"在解决问题的过程中,能选择合适的方法进行估算"。这体现了小学阶段学生估算要达到的两个水平,其一是能在具体情境中估算,其二是会优选方法进行估算。在进行估算教学中,让学生知道"凑整计算"是估算的一个重要方法。例如,学校要购买987本图书,如果图书的价格是每本8元,带8000元钱够不够?这道题的目的是希望学生了解在什么样的情境中需要估算,学会用"凑整计算"的方法。学生估计的结果可能比实际的结果多一些或者少一些,取决于学生将题中给出的数据加上几后凑整还是减去几后凑整。教师要引导学生运用自己的语言解释估算过程。学生还可能根据自己生活中的经验,将优惠或者其他消费等都考虑在内,只要学生解释合理,教师都可以给予支持。

1. 三种加法、乘法的估算

(1) 两个数向上估(或1个不变,另一个上估)。

① 9.9×6.9 比70小吗?

根据"凑整计算",可以把 9.9×6.9 凑整成 10×7,估算结果比70小。

② $185+95$ 比300大还是比300小?

根据"凑整计算"把95估大到100与185相加,其结果比300小。

案例 6-5

> 选择:$54.8 \times 0.8 =$ (   )。
> A.43.86　　　　　　B.438.4　　　　　　C.43.84
> 根据"凑整计算"的估算策略,把算式估算成 $55 \times 1 = 55$,说明得数是两位数,然后再根据尾数 $8 \times 8 = 64$,说明得数末尾是4,选择出最终答案为C。

(2) 两个数向下估(或1个不变,另一个下估)。

$\frac{1}{2} + \frac{4}{7}$ 比1大吗?

因 $\frac{4}{7}$ 比 $\frac{1}{2}$ 大,所以 $\frac{1}{2} + \frac{4}{7}$ 比1大。

案例 6-6

> 选择:$9.25 \times 31 =$ (   )。
> A.286.75　　　　　　B.268.75　　　　　　C.2687.5
> 根据"凑整计算"的估算策略,把算式估算成 $9 \times 30 = 270$,把两个数都估小了,因此实际得数应该比270大,因此选择A。

(3) 1个数向上估,1个数向下估。

108+198 比 300 大还是比 300 小?

108+198 可以从 108 中的数取 2 个数给 198 凑成整数 200,这样就变成了 106+200,显然其结果比 300 大。

2. 减法、除法的估算

600-128 比 300 大还是比 300 小?

600-128 可以把 128 估大到 200, 600-200 等于 400 显然大于 300。本题一个数不变,另一个估大。

案例 6-7

下列哪些算式的乘积大于 12,哪些小于 12?

①12×1.7　　②6×1.98　　③24×0.51　　④4.3×3.8　　⑤3.7×2.8

根据"凑整计算"的估算策略:

算式①估算成 12×2,肯定比 12 大;

算式②中 1.98 比 2 小,乘积肯定比 12 小;

算式③0.51 比 0.5 大,乘积比 12 大;

算式④中 4×3=12,而 4.3 比 4 大,3.8 比 3 大,所以乘积大于 12;

算式⑤中 3.7 比 4 小,2.8 比 3 小,乘积小于 12。

案例 6-8

选择正确的算式:

(　　)×(　　)=17.28。

①4.2×4.7　　②2.8×8.16　　③3.6×4.8　　④3.6×6.8 (排除法)

这道题也是考查学生对估算策略使用的灵活程度,首先根据末尾数是 8,可以排除选项①。然后根据凑整估算,选项④可以估算成 3×6=18,明显大于 17.28,因此排除选项④。然后再根据乘积的位数,可以排除②,因此最终答案为选项③。

同理,选择正确的算式:

(　　)×(　　)=17.□□。

① 5.□×4.□　　② 4.□×4.□　　③ 3.□×3.□

这道题也是考查学生对估算策略的灵活运用,算式①根据凑整计算,估算成最小 5×4=20,大于 17,不是正确答案。算式③,估算成最大 4×4=16,小于 17,也不是正确答案,因此答案为②。

估算可以方便我们进行简单的计算,并且根据不同的需要,估算的方法也是不一样的。

培养学生的估算意识是估算的首要方面,教学中应设计适当的情境,使学生体会估算的必要性。然后,鼓励学生尝试根据问题需要运用不同的方法进行估算。通过交流,学生将发展自己的估算策略。估算的方法并不是固定的,而是要在具体的实际情景中来进行选择。

不同的学生可能有不同的估算方法,教师应鼓励学生交流,看哪种估计比较接近准确值而且又容易估算。让学生们在自己的交流与讨论中,充分感受不同估算方法的优劣,从而学会在情境中选择方法。

三、超越算术的式与方程

（一）不同年级的符号算式

一年级和二年级数的加减法以及表内乘除法有：

$\triangle+\triangle=4, \bigcirc-\triangle=3, \triangle=, \bigcirc=$；

$\triangle \times \bigcirc=24, \triangle-\bigcirc=2, \triangle=(\quad), \bigcirc=(\quad)$；

$3+1=\square$。

三年级（下）学习长方形和正方形的面积：$S=a \times b, S=a \times a(a^2)$；

四年级（下）运算律：$a+b=b+a, (a+b)+c=a+(b+c)$，

$(a+b) \times c=(a \times c)+(b \times c)$；

五年级（上）简易方程：用字母表示数，$ax+bx=c$。

学生已经逐步掌握了由符号"△、○、()、□"既可表示填写数的空位,也可用来表示数的符号,逐渐过渡到图形面积计算公式和一些运算定律的知识,为正式学习字母表示数做好了铺垫。由 $25+(\quad)=18+(\quad)$ 等算术或代数的结构关系式进行呈现与渗透,体现代数知识的结构特征与代数思维的关系性等。如此形成从不同层面的情境、不同层面的知识、不同层面的思维进行前置性渗透,为学生后继式与方程的学习奠定基础。

（二）探索规律中的式与方程

式与方程也是数与代数领域的教学内容,式与方程要学习代数初步知识,包括用字母表示数、简易方程和列方程解决简单的实际问题。式与方程这一领域的内容既是小学数学由算术过渡到代数的第一个知识模块,又是数学在知识内容、思想方法与思维方式上的一次飞跃,作为一个关键节点的知识模块,其内容本身及其与前后知识的衔接对小学生的数学学习、数学思维的过渡与发展均具有重要影响。

比如,学生学习用字母表示数一般都是先通过简单的问题情境,让学生先理解字母可以表示数,进而逐步提升原有问题情境的复杂性,循序渐进地引导学生熟练地使用含有字母的式子表示各种基本的数量关系。其中的例题大多数采用了归纳的思想方法,通过特例、由算式表示数量等,启发学生归纳出一般的规律,而这个一般规律需要用含有字母的式子来表

示。见图 6-25。

图 6-25 三角形个数与总边数的关系

摆 1 个三角形用 3 根小棒；

摆 2 个三角形用小棒的根数是：2×3；

摆 3 个三角形用小棒的根数是：(　　　)×3；

摆 4 个三角形用小棒的根数是：(　　　)×3；

……

摆 a 个三角形用小棒的根数是：(　　　)×3。

问题：你知道这里的 a 可以表示哪些数吗？

这里首先学生要经历从特殊到一般的过程，明确 a 可以表示 1、2、3、4 等数，也可以表示更大的数，代表的意义是三角形的个数，有几个三角形 a 就代表几。这样，在求摆三角形所需的小棒数的时候，就可以用 $a×3$ 来表示，这个式子代表了所有三角形的情况。

接着再学习化简形如 $ax+by$ 这样含有字母的式子，这部分需要列出的含有字母的式子已经达到了以三步运算为主，是后继学习形如 $ax+by=c$ 式方程的基础。

因此，教师在教学中可以充分利用学生已经掌握的知识基础进行教学，在此基础上丰富教学案例，加深学生对知识的理解。

四、对关系的探讨——正比例与反比例

正比例与反比例是小学最后阶段学习的内容，这部分内容是学生学习数学的重要转折点，从对数量的理解转向对关系的探讨。《课标(2011)》指出本部分知识的学习需要：通过具体情境认识成正比例的量和反比例的量。此外，还明确提出要会根据给出的有正比例关系的数据，在有坐标系的方格纸上画图，并会根据其中一个量的值估计另一个量的值。

例如，在讲授学习正比例图像时，以"向杯子中倒水"的情境引入教学，如表 6-5 所示。

表 6-5 杯中水的高度与相应的体积

高度/厘米	2	4	6	8	10	12
体积/立方厘米^3	50	100	150	200	250	300

让学生判断体积与高度之间成不成比例，成什么比例？并说明理由。

也可用图像的方式表述，用横轴表示水的高度，纵轴表示水的体积，那么"杯中水高 2 厘米时，水的体积有 50 立方厘米"，见图 6-26。由于学生学习过统计图、用数对表示位置等知识，所以能够顺利地找到高 2 厘米与体积 50 立方厘米的交叉点，接着学生独立尝试将表中

数据在图中逐一进行描点,完成描点。之后再追问学生:"如果杯中水高 14 厘米,体积将是多少呢?你认为应该用 A、B、C、D 中的哪个点表示?"

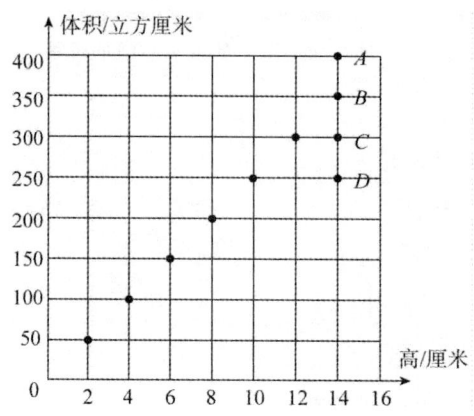

图 6-26 水杯水的高度与体积的关系

当杯中水高为 14 厘米时,体积应是 350 立方厘米。通过这样的问题,进一步加深学生对正比例、反比例的理解,在小学正比例图像的教学中,绝不是机械地描点、连线,而应该通过数形结合使变量之间抽象的关系可视化,从而加深学生对正比例关系的理解,并渗透函数思想。

五、数与代数领域学生常见错误分析

小学生在数与代数领域经常会出现笔算上的错误,学生出现错误的情况多种多样,有些错误甚至反复出现。下面我们就从学生在笔算的错误中发现一些带有规律性的问题,从中解析学生造成笔算错误的原因,为提升学生计算能力提供帮助。

(一) 小学生常见的笔算错误类型及原因分析

1. 知识层面的原因

小学生笔算错误的原因之一是自身知识储备的欠缺,主要表现在对小学数学概念的本质理解不准确、对运算的算理不理解、基本口算不熟练、重复计算、以偏概全等。常见的主要有以下几类错误。

(1) 进位、退位错误。

进位错误多发生在计算多位数加法的时候。原因是学生没有理解十进位位值制计数法。十进位位值制计数法包括十进位和位值制两条原则,"十进"即满十进一;"位值"则是同一个数位在不同的位置上所表示的数值也就不同,如三位数"321",右边的"1"在个位上表示 1 个一,中间的"2"在十位上就表示 2 个十,左边的"3"在百位上则表示 3 个百。由于没有熟练掌握"满十进一"等运算法则而造成的错误。例如,计算 27+8,学生对满十进一的运算法则掌握不熟练,不知道个位上的 7 和 8 相加得 15,需要向十位进 1,而直接得出 25,造成计算的错误。

退位错误,主要指在计算多位数的减法时,当被减数的某一数位上的数字不够减时,学生不知道该从哪一位退位或者退位错误而造成的。如果学生没有理解十进位位值制,那么对加法的逆运算减法也会出现错误。例如,在计算301－99时,不知道301个位上的1减9不够时应该怎么办,也不知道301十位上的0减9不够时应该怎么办,而直接用9－1、9－0,最后得出308的错误结果。

(2) 不理解算理的错误。

算理是运算的道理,说明了为什么这样算,它通常较为直观,运用模型和实物操作来说明;算法是运算的方法,说明了怎么算,比较抽象。学生只有在充分理解了算理的基础上才能够熟练掌握算法。不理解算理的错误主要就是指,学生只是死记硬背掌握了算法,而不明白为什么这样算,这样一旦算法记错,就会出现计算的错误。例如,计算76×3时,学生得出结果是88,算法是6×3得18,然后进一位,70＋18＝88。究其原因,就是学生不明白算理,只是死记硬背记住了算法,而且算法还记错了。因此,教师在教学中一定先借助于模型和实物操作,让学生明白算理,然后在此基础上总结算法,不然学生可能知其然,而不知其所以然。

(3) 四则混合运算的法则不明确。

四则混合运算是小学阶段常见的运算类型,四则混合运算作为教学内容在小学二年级下整数的四则运算中出现过,在四年级下教材中,运算步骤增多且增加了小括号、中括号的四则混合运算。四则混合运算顺序是关键。同级运算的运算按从左往右的顺序计算加减或乘除。含有两级运算的运算顺序是按数学上的规定进行:在没有括号的算式里,如果有乘、除法,又有加、减法,要先算乘、除,后算加、减法;算式里有括号的,要先算括号里面的。而对于这个数学上的规定,教材上通过算式案例说明这个规定保证了结果唯一以及数学表达简洁,使学生理解混合运算顺序规定的合理性。但学生原有的从左往右的计算顺序的思维定势,往往影响了学生对四则混合运算顺序的规定运用。例如,计算120＋30÷5,很多学生算成这样:120＋30÷5＝150÷5＝30。这说明学生还没有养成计算要先确定运算顺序的习惯。因此,教师要指导学生,做题一定要先审题,不能盲目地计算,逐步养成先确定运算顺序的好习惯。对于让学生掌握运算顺序的方法,可以多练习让学生只说先算什么,再算什么,促使学生熟练地进行混合运算。

此外,在讲运算法则的时候,"先乘除后加减"这样的简短概括也有可能让学生产生误解。例如,在计算450－200＋25时,可能有的学生先算加法,再算减法造成错误。这也是在教学中应该注意的地方。

(4) 运算中与"0"有关的错误。

运算中与"0"有关的错误主要是指,在计算多位数的运算时,0的数位不同代表的意义就不同,学生没有充分理解其含义而造成的错误。主要有以下几类:

① 被减数中间有0的连续退位减法。

案例6-9

计算 403－158。

分析：403 个位上的 3 减 8 不够减时，向十位借，而十位是 0，也不够，这时学生就不知道怎么减了。其实应从百位退 1 作 10 个十，从退下的 10 个十中退 1 到个位 10 个一，这时十位上是 9，9－5＝4。

解
$$\begin{array}{r} 403 \\ -158 \\ \hline 245 \end{array}$$

② 多位数乘法中因数中间或末尾有0。

案例6-10

计算 106×30。

分析：有学生得出 106×30＝480，忽略了 106 中的 0，直接用 16×30。而正确的算法是列出竖式时末尾"非0"数字对齐，末尾有几个 0，积写几个 0；因数中间的 0 应与另一个因数相乘。

解
$$\begin{array}{r} 106 \\ \times\ 30 \\ \hline 3180 \end{array}$$

③ 除法的商中有0

案例6-11

计算 5.6÷7。

当被除数比除数小，例如计算 5.6÷7，有学生得 5.6÷7＝8。而正确的算法是整数部分不够商 1 时，要在商的个位上用 0 补足。

在除法中整数最高位不写 0，如 56÷7，而小数除法时，有时要用 0 占位，5.6÷7，有时还要在小数末尾添 0，如 27.0÷15。

解

$$\begin{array}{r} 8 \\ 7\overline{)56} \\ 56 \\ \hline 0 \end{array} \qquad \begin{array}{r} 0.8 \\ 7\overline{)5.6} \\ 5\ 6 \\ \hline 0 \end{array} \qquad \begin{array}{r} 1.8 \\ 15\overline{)27.0} \\ 15 \\ \hline 120 \\ 120 \\ \hline 0 \end{array}$$

其中,120表示120个十分之一。如果商的个位商0后,十分位仍然不够商1的情况,例如:1.35÷15=0.09,除到商的哪一位不够商1,就商0。此外,还有商中间有0的情况,例如计算459÷15,学生得459÷15=36,忽略了商的个位是0,而正确的算法是459÷15=30.6。

（5）分数计算中的常见错误。

分数是小学教学中的重点和难点,大多数学生对分数概念的理解比较困难。例如,图6-27中哪个图形的阴影部分能用$\frac{1}{4}$表示？学生如果不理解分数是将整体平均分得出的分数单位,就很容易出现错误。

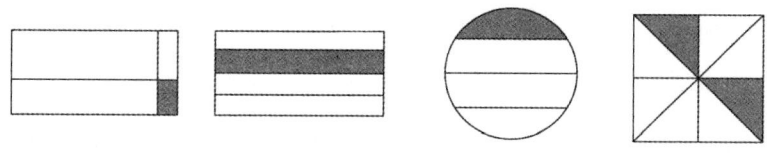

图6-27 哪个图形的阴影部分是$\frac{1}{4}$

再例如,在图6-28中用阴影表示出1公顷。

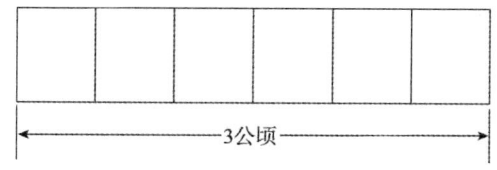

图6-28 表示1公顷的大小

很多学生涂出1格。其实,这道题的单位"1"是3公顷,6个格,而1公顷是单位"1"的,即是6个格的,因此,需涂2个格的阴影才可以。

2. 心理层面的原因

（1）小学生感知发展的不平衡。

小学阶段,学生的感知水平正处在发展阶段,从笼统、不精确地感知事物的整体渐渐发展到能够较精确地感知事物的各部分,并能发现事物的主要特征及事物各部分间的相互关系。小学生感知的发展主要在视觉、听觉、运动觉等方面。在数学计算中,小学生通过感官来感知数据与符号所组成的算式,即看题、读题、审题。由于小学生的身心发展水平还不成熟,因此对事物特征的感知不够精确,比较笼统,而计算题本身又没有一定的情境,形式单调,不易引发学生的兴趣,因此,就容易造成小学生看错题的情况,例如将56都成65,将109写成190等。

除此之外,学生的感知还伴有浓厚的感情色彩,具有较强的选择性,从而忽略个别,达不到全面、整体的认知水平。例如,在计算25×4÷25×4时,学生直接用100÷100=1,而并没有按照运算顺序进行计算;计算 100－100÷4＋20,学生先算了 100－100＝0,再算 0÷4＋20,最后得出 20。这都是由于学生的从情感上希望出现 100－100＝0,使计算简单。教师可以利用小学生感知发展不平衡来加强对易错点的教学,例如可以用红色字体标出易错点,用特殊符号标注难点等,通过这些醒目的标记引起学生的注意,从而达到纠错的目的。

（2）小学生注意力发展的不稳定。

注意是指心理活动时对一定事物的指向和集中程度。小学生大多生性好动,注意力很容易发生转移,心不在焉的现象比较突出。随着年龄增长,小学生调节注意的控制能力虽然逐渐得到发展,但是注意力仍不够持久,易分散,注意力顾及的面也不宽,要求他们在同一时间内,把注意分配到两个或两个以上的对象上时,往往出现顾此失彼、丢三落四的现象。小学生还容易被其他因素所吸引,表现出多方面的兴趣,从而影响正常的学习。例如,学生在计算 4300÷300 时,得出错误的算式 4300÷300＝14…1,忽略了 4300÷300＝14…100 算式中的余数 100。因此,在进行运算练习时,为了防止学生出现这样的错误,教师可以引导学生进行辨析和讨论,以加深学生的印象。

（3）小学生短时记忆发展薄弱。

记忆是人脑对经历过的事物的反映。通常指人们过去听过的、见过的、嗅过的、尝过的、思考过的、体验过的对象及动作等在头脑里留下的痕迹,在以后需要的时候还会再现或回忆出来。记忆可以储存信息,更重要的是能够及时准确地提取信息。短时记忆是指信息第一次呈现后,保持在一分钟以内的记忆。短时记忆中信息保持的时间一般在 0.5～18 秒钟,不超过 1 分钟。一般成年人的短时记忆的广度平均值为 7±2 个单位,而小学生的身心由于正处于发展阶段,短时记忆能力还比较弱,不能准确记忆信息。例如,在口算 7×8＋7 时,由于不能记住 7×8 得 56,而将得数算错,得出 66＋7＝73。因此,在口算教学中,可以引导学生先将每一步的计算结果说出来,再逐步过渡到不说出结果的心算。

（4）思维定势的干扰。

思维定势,也称"惯性思维",是由先前的活动而造成的一种对活动的特殊的心理准备状态,或活动的倾向性。思维定势的积极作用是可以促进知识的迁移,消极作用则会干扰新知识的学习,造成学生对某一知识的记忆与另一知识的记忆相互混淆,互相干扰。

在计算方面,主要表现在原有运算法则对新的运算法则的干扰。例如,学生在计算 $\frac{1}{4}+\frac{3}{8}$ 时,直接进行了这样的运算 $\frac{1}{4}+\frac{3}{8}=\frac{1+2}{4+8}$,这就是因为在学习时,整数加法法则对分数加法法则造成了干扰。

（5）小学生的情感发展不全面。

小学生入学以后,由于生活、学习环境的变化,在情感的内容、稳定性和自我调节等方面都有了进一步的发展,表现出新的特点。情感的自控性逐渐增强,情感逐渐稳定,不再容易冲动、外露。同时,情感的内容日益丰富和深化,学习的成败、在集体中的地位、与同伴的关系等,使他们产生各种各样的情感体验。他们不仅体验着游戏所带来的欢乐,也体验着学习、集体活动所带来的快乐、幸福。教师的表扬与批评、同学之间的议论与评价、学校中所发生的事件等,都成为小学生体验新的情感的内容。

在做数学计算题时,学生也会受到自己情感的影响。运算时,由于学生希望很快能算出结果。当遇到计算题里的数据较大、较为陌生,算式的外形显得过繁时,就会产生排斥心理、抵制情绪,不能耐心审题、认真分析,无法选择合理的算法,造成计算的错误。或者由于精神的紧张、情绪的不稳定,导致有些学生对旧知识的回忆受到抑制,无法利用已有知识解决新问题。

(二) 小学生笔算错误的对策

错误最初被认为是一个带有消极意义的概念,应尽量"避免错误"。现在很多学者认为,错误是有价值的。国外文献中涉及学生错误时常用的词 obstacle,difficulty,都是指困难、障碍;obstacle 相对于目的而言;difficulty 相对于主体的能力或者状况而言。其实学习本身就必然是一个会经历犯错—改错—再犯错—再改错……循环往复的过程,学生只有以积极的态度对待自己的错误,才能在不断地扩充经验后反思并更正已有认知的过程中学习。教学中教师应理解错误的合理性,分析解题过程性错误的原因,采取积极的方式教学。

1. 重视首次感知

对于一年级的小学生而言,教师与学生的初次见面,特别是第一堂数学课给学生留下的印象往往是非常深刻而强烈的。因为学生对新接触的教师都有一种新鲜感,想认识和了解教师,对教师充满了好奇,注意其一言一行。同样,教师在新教授某一个知识点时,学生起初也会充满了求知欲和好奇心。新的内容、新的信息、新的知识在学生的首次感知中如果留下良好的印象,则非常有益于学生今后的学习。首次感知,也就是第一印象。第一次没有感知准确的事物,以后即使重复多次,也难以消除已经造成的模糊印象。小学生对新的数学概念、法则等的学习,在很多情况下都要经历首次感知的过程。所以,在新教授某项知识的时候,从一开始,教师就要为学生提供充分而准确的感知材料,安排科学的感知程序,鲜明感知对象的信息。

在进行计算教学的时候,教师首先要提供充分的感性材料,低年级学生首次接触数的运算,正处于直观形象为主的思维阶段,他们是有所感才有所思,然后才有所知。对于清晰鲜明的对象,他们感知了一定的数量,感知到一定的程度,抽象思维才逐渐开始。教师在讲运算法则时,就要多举例子,可以用形象的实物代替抽象的数字进行讲解。其次,还可以调动学生的多种感官共同参与,摆一摆、画一画、说一说等多种教学活动结合,将直观和言语结合,使感知带有明确目的。最后要强调的是,如果学生对首次感知的事物之前一无所知,那么,第一印象的形成则完全受其直接提供信息的影响。但是,如果学生在接触感知对象前,曾经间接地获知了关于对象的信息,则这些信息将成为首次感知中的重要因素。教师要了解学生已经具备了哪些数学现实,一方面思考如何充分利用学生从生活中或通过预习获得的信息进行教学,促进归纳和概括;另一方面则要帮助学生排除有悖于新知识的负面信息,加以辨别,以减少它的负面影响。

2. 加强数学概念、运算法则的对比辨析

在进行运算教学时,对复杂的概念、法则要注意逐层剖析,由表及里、加深认识。例如,在教学"小数点位置移动引起小数大小的变化"时,有必要让学生明确其中的两层含义:小数点向右移动,原来的数就扩大;小数点向左移动,原来的数就缩小。在每一层含义中必须要指出:①所移位数与扩大(或缩小)位数要相对应;②小数末尾的 0 要去掉,位数不够时用"0"补足。经过对知识点剖析,才能加深学生的理解,避免由于理解不到位引起的计算错误。

此外,学生在小学阶段学习的计算法则较多,如四则运算的运算法则、分数加减法、分数乘除法、小数加减法、小数乘除法等,众多的运算法则对于思维还正处于发展阶段的学生来说,很容易混淆,因此教师在教学中可以将法则进行适当对比辨析,通过这样的方式让学生抓住法则的特点,不出现计算上的错误,如表 6-6 所示。

表 6-6 分数四则运算过程与结果分析

	运算过程	结 果
分数加、减法	通分,分母除通分外,不参加运算	能约分的要约分
分数乘法	不通分,分母参加运算	

将分数加减法与分数乘法进行对比,突出两种运算的异同点,让学生对此加以区别。

3. 教师要及时反馈

教师对学生计算结果的反馈越及时,提升学生计算能力的效果就越显著。因此,我们不能把计算错误笼统地归咎为"粗心大意"。要培养学生良好的计算习惯,例如,认真审题习惯、仔细计算习惯、自觉检验习惯、规范书写等习惯。要及时将结果反馈给学生,及时纠错,这样就会起到事半功倍的效果。

教师的及时反馈不仅是对学生课下作业的批改与反馈,还包括了对课堂上学生的学习情况的反馈,要将课上与课下的反馈紧密结合。教师要重视学生在课堂上学习数学概念、规则、进行计算的情况,在课堂教学过程中发现学生的错误,并找到错误的原因,及时纠正。同时,还可以在高年级学生中尝试采用错题整理的策略与方法。一方面纠正学生的错误,重视对学生错误的分析、判断、纠正和整理,选择性地进行错误匹配练习;另一方面也可以提高学生自主学习的能力。

笔算教学要杜绝"粗心、疏忽"的简单归因。从心理的角度分析,学生的错误是与其注意力分配能力等因素紧密相关的。要重视规律性错误,防止一般化。规律性错误的根源在于学生做了不恰当的一般化,也即是由于学生把先前所学到的知识和方法等做了不恰当的推广。通过对规律性错误的解释,可以更好地识别错误,从而评价学生的学习困难,提出消除错误的教学建议。教学过程中应注重引导,着重引导学生建立新旧知识之间的联系,从本质上理解新知识。在教给学生解题方法时,要告诉他们何以用这种方法,其合理性所在,而不是机械地教给学生一种模式或套路。另外一方面,教师在备课时也要多注意学生易犯错的地方,在讲课中给以适当的提示和澄清。承认错误的合理性并利用错误进行教学,只有充分地了解小学儿童的认知特点,了解他们所犯错误的根本原因,认识到其合理性所在,教师才能端正自己的态度,客观地对待学生和教学,并且积极地看到错题的价值与意义,利用其对学生进行指导。

第四节　小　　结

一、本章焦点问题

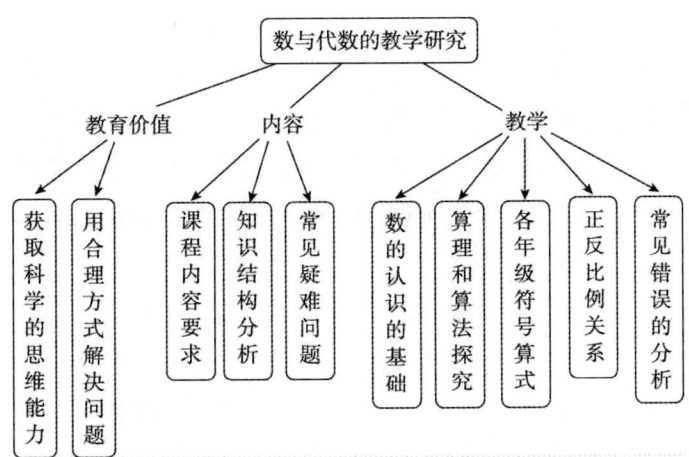

二、阅读导航

A. 学位论文

[1] 郭民. 小学生数感的发展与特征研究[D]. 长春:东北师范大学,2009.

自从 Dantzig 于 1954 年正式提出数感(Number sense)这一概念以来,"数感"已成为心理学界和数学教育界广泛探讨的一个前沿课题,国外对数感问题的研究已有几十年的历史。本研究力图从课程的角度出发,分析小学生数感的内涵及其构成要素,考查小学生数感发展的规律与特征,划分小学生数感的发展阶段,并对小学数学课程设置和教材建设以及数感培养提出有价值的建议。

[2] 王东岳. 新课标下小学生运算能力的培养研究[D]. 武汉:华中师范大学,2013.

培养运算能力有助于学生理解运算算理,寻求合理简洁的运算途径解决问题。运算能力的培养不仅仅在于帮助小学生快速地解题,而且为培养学生的其他数学能力——推理能力、求证能力和独立掌握数据的能力奠定基础。此外,运算能力的培养还可以锻炼学生的动手能力,使他们养成认真细心的习惯,这对他们日后的生活工作都有帮助。在新课程标准的背景下,有的教师却还停留在以往的要求、以往的模式,如此对小学生运算能力的培养肯定是存在误区的。本文通过对比新旧课标对运算能力要求的不同来作分析比较,继而根据实际情况提出自己的建议——即在新课程标准背景下有效培养小学生运算能力的途径。

B. 期刊中析出的文献

[1] 叶蓓蓓. 对数感的再认识与思考[J]. 数学教育学报,2004(2).

数感是我国新一轮课程改革中"数学课程标准"里的一个重要概念,许多专家学者对"数感"给出了各种定义。对学生"数感"的培养应从以下几方面着手:(1)注重概念教学,在概念教学中注意教学情境的创设;(2)培养学生的估算能力;(3)让学生学会用自己的语言解释数学,同时用数学的语言去解释现实问题。

[2] 曹一鸣,王竹婷. 数学"核心思想"代数思维教学研究[J]. 数学教育学报,2007(1).

全美数学教师理事会关于"为每个人的代数"的报告,促使了越来越多的数学教育专家开始关注代数思维的教学研究,提出了代数核心思想作为贯穿整个中小学代数教学的主线。代数思维的教学主要涉及两个方面:发展数学思维工具和基本代数思想的学习。代数核心思想包括:数、运算方法和关系、性质、比例、等价、比较、变量、模式、关系和函数、方程和不等式。

[3] 金晶. "数与代数"教学中如何培养学生的推理能力[J]. 数学教学研究,2011(10).

"数与代数"具有培养学生演绎推理和合情推理能力的作用。运算本身就是演绎推理,运算的学习有助于培养学生的演绎推理能力;"数与代数"中概念、性质、法则的发现主要依靠合情推理,这些内容的学习有助于培养学生的合情推理能力。在"数与代数"的教学中,可以通过数学概念、性质的教学,数学知识的应用,数学规律的探索等来培养学生的推理能力。

三、电子资源平台

[1] 人民教育出版社小学数学同步教学资源平台:http://www.pep.com.cn/xxsx/jszx/tbjxzy/xslajxzy/

特点:可阅读教学课件、教学设计。

[2] 莲山课件试卷网:http://www.5ykj.com/shti/

特点:可下载小学数学数与代数练习题。

四、思考与练习

1. 简述数与代数的教育价值。

2. 自选一节数与代数的新课,依据教学内容结构进行教材分析。

3. 简述小学生常见计算错误分析。

4. 分析一份教案,对教学情境的作用、学生课堂活动类型、教师的教学方法、教学内容是如何逐层递进安排的提出自己的看法。

5. 设计一节数与代数新课。

第七章　小学图形与几何的教学研究

> **教学目标**
>
> 1. 了解图形与几何各部分知识结构
> 2. 了解小学生学习图形与几何的心理
> 3. 理解图形与几何的教学方法

第一节　小学图形与几何的教育价值

数学是研究数量关系和空间形式的科学。数和形是数学的基本内容,而研究形的分支学科叫做"几何学"。随着国际数学教育界对几何教育研究的日趋深化,几何课程由传统的几何内容发展为图形与几何,其价值也在不断提高。

一、理解生存空间

人们认识周围世界的事物,常常需要描述事物的形状、大小,选择恰当的方式表述事物之间的关系。直观图形、几何模型以及几何图形的性质是准确描述现实世界空间关系,解决学习、生活和工作中各种问题的必备工具。通过学习相关知识,以及在测量和绘图等活动中运用有关知识,从而帮助学生逐步学会从几何的角度去观察生存空间中的事物和认识他们的特性,培养学生应用数学的意识和运用图形知识去解决简单的实际问题的能力。例如学习"垂直与平行"相关知识,学生在生活中通过对双杠、单杠等的观察,积累了丰富的感性经验,再根据感性认识找出事物的外形特征,形成对"垂直与平行"的直观认识。如此便将学习内容与实际生活有机融合,同时也使学生更好地认识、理解和把握生存空间。

二、培养思维能力

图形与几何的教学中,可以培养学生初步的比较与分类、分析与综合、抽象与概括、判断与推理等逻辑思维的能力。对图形特征的认识,需要对感性材料进行分析和比较;研究概念之间的关系,在分析的基础上比较事物的异同,根据概念的定义和图形性质进行推理,作出判断。例如,数学课堂上借助数轴认识小数的意义,利用直观图理解异分母分数加减法先通分的必要性,学生借助直观图,从洞察和想象的内部源泉入手。可见,对于学生的数学学习而言,用图形说话、用图形描述问题、用图形讨论问题等,可以形成生动表象并借以形成概念、发展规律,促进抽象思维的发展,因此图形与几何的教学为学生打下坚实的基础,培养并促进其思维能力的不断发展。

三、发展空间观念

"空间观念"是在空间知觉的基础上形成的、关于物体的形状、大小和位置关系的表象。空间与图形教学的内容、情境、方式等对于学生形成空间观念都具有重要的价值,而发明创造最基本的要素是空间观念,因此空间观念的培养也是义务教育阶段培养学生初步的创新精神和实践能力的一个重要学习内容。图形与几何的学习对于发展空间观念具有非常重要的作用,根据小学生的年龄特点,通过观察、动手操作、自主探索等方法进行学习,建立初步的几何概念,并以学生的空间感觉和体验为基础进一步加强。图形与几何的价值,只有达到发展空间观念的目标才能算是全面充分的得以体现。

第二节　小学图形与几何的内容

一、图形与几何的课程内容

作为课程内容的一个领域,在《课标(2011)》中提到图形与几何的主要内容为空间和平面基本图形的认识;图形的分类和度量;图形的平移、旋转、轴对称;运用坐标描述图形的位置和运动。而这些内容是按照"图形的认识""测量""图形的运动"和"图形与位置"四大板块进行阐释的,这四方面内容以图形为载体,以培养空间观念和推理能力,以及更好的认识和把握我们赖以生存的现实空间为目标,具体内容见表7-1、表7-2。

表7-1　《课标(2011)》第一学段图形与几何内容

	图形的认识	测量	图形的运动	图形与位置
第一学段	1. 能通过实物和模型辨认长方体、正方体、圆柱和球等几何体。 2. 能根据具体事物、照片或直观图辨认从不同角度观察到的简单物体。 3. 能辨认长方形、正方形、三角形、平行四边形、圆等简单图形。	1. 结合生活实际,经历用不同方式测量物体长度的过程,体会建立统一度量单位的重要性。 2. 在实践活动中,体会并认识长度单位千米、米、厘米,知道分米、毫米,能进行简单的单位换算,能恰当地选择长度单位。 3. 能估测一些物体的长度,并进行测量。	1.结合实例,感受平移、旋转、轴对称现象。 2.能辨认简单图	1. 会用上、下、左、右、前、后描述物体的相对位置。 2. 给定东、南、西、北四个方向中的一个方

图形的认识	测量	图形的运动	图形与位置
4. 通过观察、操作，初步认识长方形、正方形的特征。 5. 会用长方形、正方形、三角形、平行四边形或圆拼图。 6. 结合生活情境认识角，了解直角、锐角和钝角。 7. 能对简单几何体和图形进行分类。	4. 结合实例认识周长，并能测量简单图形的周长，探索并掌握长方形、正方形的周长公式。 5. 结合实例认识面积，体会并认识面积单位平方厘米、平方分米、平方米，能进行简单的单位换算。 6. 探索并掌握长方形、正方形的面积公式，会估算给定简单图形的面积。	形平移后的图形。 3. 通过观察、操作，初步认识轴对称图形。	向，能辨认其余三个方向，知道东北、西北、东南、西南四个方向，会用这些词语描绘物体所在的方向。

表7-2 《课标(2011)》第二学段图形与几何内容

	图形的认识	测量	图形的运动	图形与位置
第二学段	1. 结合实例了解线段、射线和直线。 2. 体会两点间所有连线中线段最短，知道两点间的距离。 3. 知道平角与周角，了解周角、平角、钝角、直角、锐角之间的大小关系。 4. 结合生活情境了解平面上两条直线的平行和相交（包括垂直）关系。 5. 通过观察、操作，认识平行四边形、梯形和圆，知道扇形，会用圆规画圆。 6. 认识三角形，通过观察、操作，了解三角形两边之和大于第三边、三角形内角和是180°。 7. 认识等腰三角形、等边三角形、直角三角形、锐角三角形、钝角三角形。 8. 能辨认从不同方向（前面、侧面、上面）看到的物体的形状图。	1. 能用量角器量指定角的度数，能画指定度数的角，会用三角尺画30°、45°、60°、90°角。 2. 探索并掌握三角形、平行四边形和梯形的面积公式，并能解决简单的实际问题。 3. 知道面积单位：平方千米、公顷。 4. 通过操作，了解圆的周长与直径的比为定值，掌握圆的周长公式；探索并掌握圆的面积公式，并能解决简单的实际问题。 5. 会用方格纸估计不规则图形的面积。 6. 通过实例了解体积（包括容积）的意义及度量单位（立方米、立方分米、立方厘米、升、毫升），能进行单位之间的换算，感受1立方米、1立方厘米以及1升、1毫升的实际意义。 7. 结合具体情境，探索并掌握长方体、正方体、圆柱的体积和表面积以及圆锥体积的计算方法，并能解决简单的实际问题。	1. 通过观察、操作等活动，进一步认识轴对称图形及其对称轴，能在方格纸上画出轴对称图形的对称轴；能在方格纸上补全一个简单的轴对称图形。 2. 通过观察、操作等，在方格纸上认识图形的平移与旋转，能在方格纸上按水平或垂直方向将简单图形平移，会在方格纸上将简单图形旋转90°。 3. 能利用方格纸按一定比例将简单图形放大或缩小。 4. 能从平移、旋转和轴对称的角度欣	1. 了解比例尺；在具体情境中，会按给定的比例进行图上距离与实际距离的换算。 2. 能根据物体相对于参照点的方向和距离确定其位置。 3. 会描述简单的路线图。 4. 在具体情境中，能在方格纸上用数对（限于正整数）表示位置，知道数对与方格纸上点的对应。

续表

图形的认识	测量	图形的运动	图形与位置
9.通过观察、操作,认识长方体、正方体、圆柱和圆锥,认识长方体、正方体和圆柱的展开图。	8.体验某些实物(如土豆等)体积的测量方法。	赏生活中的图案,并运用它们在方格纸上设计简单的图案。	

图形与几何教学内容的特点如下:

(1) 关注问题情境的设置。

成功的情境设置能迅速吸引学生,内容的呈现也基本是从设置情境开始。贴近学生日常生活的情境设置,学生在观察、操作、推理等活动中,获得对空间形体的直观经验,认识它们的形状、大小、位置关系及变换。力求将"图形与几何"的学习过程变成有趣、充满想象和富有推理的活动。

(2) 削减单纯的计算。

单纯的周长、面积和体积的计算对于学生发展空间观念,以及培养学生的推理能力作用并不大。而对于更侧重于演绎推理的初中数学来说,这些计算有助于更好地进行中小学数学衔接。

(3) 增加与生活的联系性。

学生通过观察物体、认识方向、制作模型、设计图案等活动发展空间观念,通过用坐标、变换、推理等多种方式认识现实空间和处理几何问题,初步了解"图形与几何"与人类生活密不可分的联系。

(4) 提倡探索性活动。

学生通过自主探索,认识和掌握图形的性质与特征,发展空间观念和推理能力,倡导"动手实践、自主探索、合作交流"的学习方式。

二、图形与几何的知识结构

小学图形与几何的知识包括多方面的内容,为了更加清晰直观的了解这些内容及其之间的关系,下面就将小学图形与几何的知识内容做一梳理,利用结构图的形式帮助我们更好地学习这部分内容。

(一) 图形的认识

一年级通过活动,直观感知长方体、正方体、圆柱体和球、长方形、正方形、平行四边形、三角形和圆(见图 7-1)。

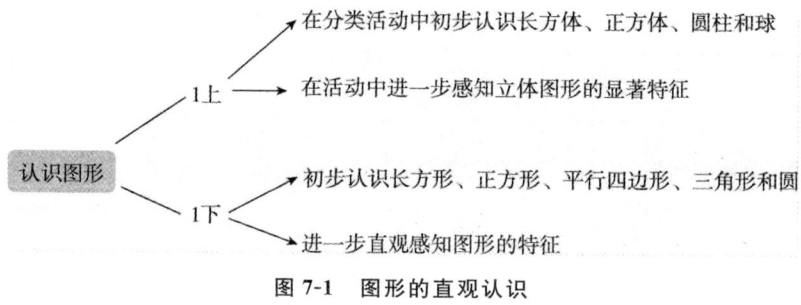

图 7-1　图形的直观认识

小学有关线段、射线和直线是用直观、描述的方式来说明的,教材上将某实物或实物的边"看作""看成"线段,在线段认识的基础上,得到射线和直线,并提供直观形象的图片,如手电光、汽车灯光、探照灯光帮助学生理解(见图 7-2)。

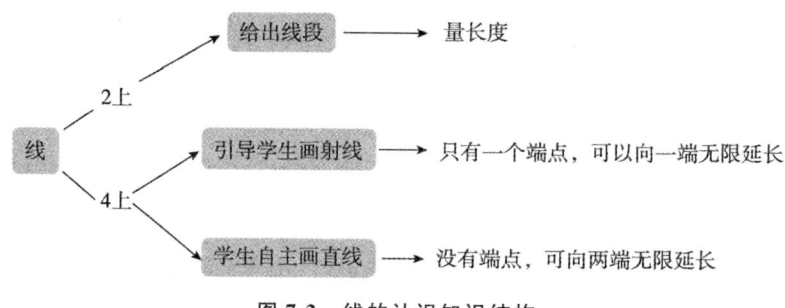

图 7-2　线的认识知识结构

二年级教材结合生活情境,利用学生已有的生活经验和知识基础,结合多种活动及动手操作,感知角,并分类认识直角、锐角和钝角。四年级"角的度量"和"画角"属于操作技能的知识,教材提供了量角的步骤和画角的步骤,提示学生明确操作步骤,再加以一定量的练习,提高技能水平。角的分类将锐角、直角、钝角、平角与周角的关系联系到一起,强化了对角概念的系统认识。图 7-3 为角的认识知识结构。

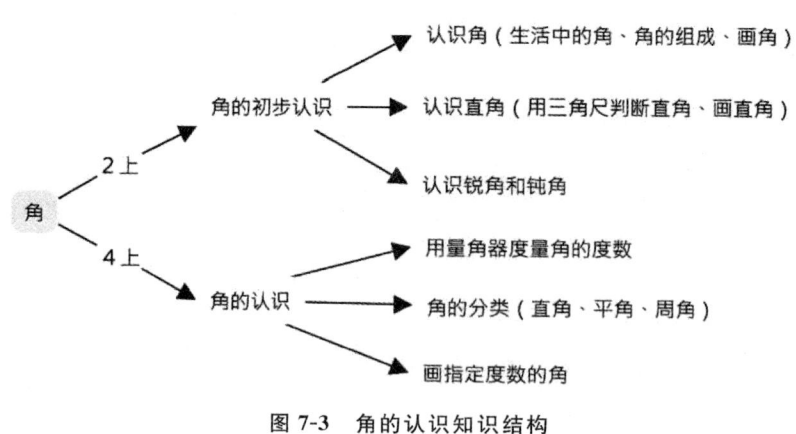

图 7-3　角的认识知识结构

在四年级上学期，教材呈现了平行四边形、梯形的特征与正方形、长方形的关系，还说明了梯形与平行四边形的联系和区别。四年级下学期，教材呈现了三角形的内容。由于两个全等的三角形可拼成平行四边形，所以，三角形可转化为平行四边形，三角形的面积也可由平行四边形的面积推导得来。三角形的相关知识包括三角形概念的内涵、三角形的构成要素及特征、三角形的稳定性、三角形的内角和以及三边关系。圆是小学阶段的最后一个平面图形，它与长方形、正方形、三角形、平行四边形、梯形等直线图形不同，是曲线图形。教学内容蕴涵"化曲为直""等积变形""极限"等数学思想方法。圆的认识包括用圆规画圆的方法，并由此认识圆心、半径、直径以及半径、直径的关系。图7-4为平面图形的教学内容结构图。

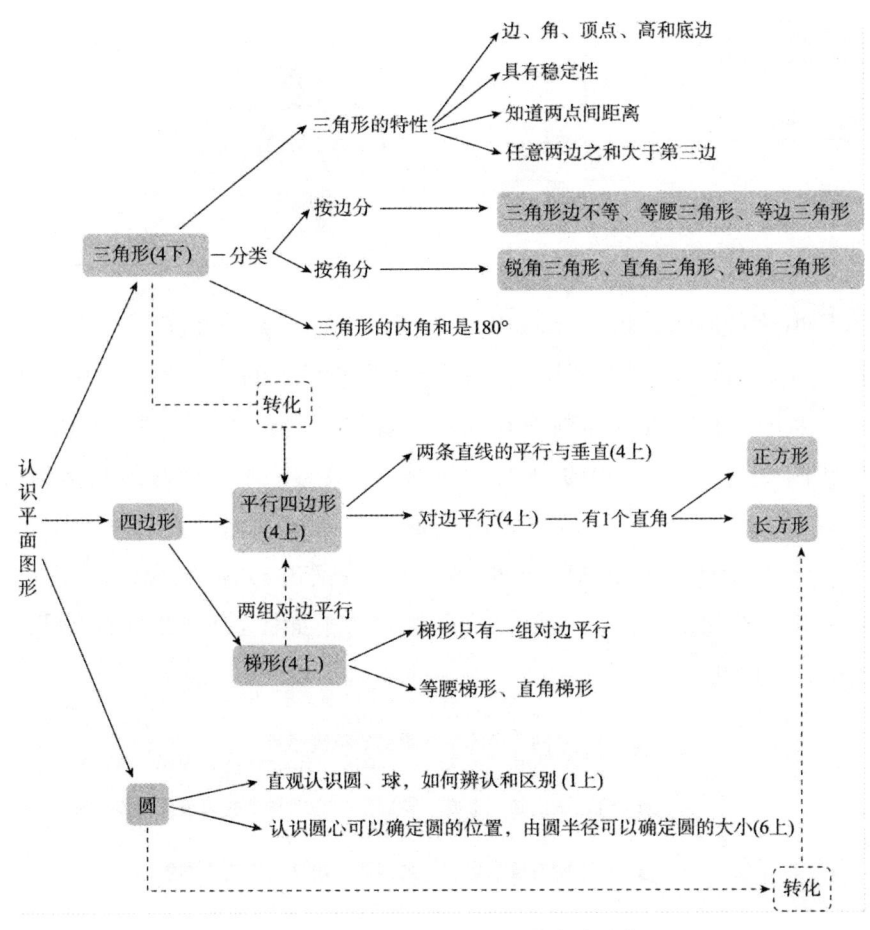

图7-4　平面图形的认识教学内容结构

在小学一年级有直观认识感知球的内容。作为立体图形的认识系统的学习,五年级下学期安排了长方体和正方体,包括长方体、正方体的认识和展开图;六年级下学期安排了圆柱的认识和展开图,圆锥的认识(见表7-3)。

表7-3 立体图形与展开图

名称	长方体	正方体	圆柱	圆锥
图形				
展开图				

观察物体是小学图形的认识内容,如图7-5所示。二年级初步了解从不同位置观察同一物体(或几何体),所看到的形状图不同。教材呈现为前面、后面、左面、右面的某一位置观察物体(几何体)形状图,想象、推理和判断其他位置观察到的物体形状图。即从一个位置的物体(几何体)形状图 → 另一个位置的物体(几何体)形状图。四年级摆出几何组合体,判断观察平面图的位置(上面、左面、前面),或画出上面、左面、前面看到的平面图。即给出(或摆出)几何组合体 → 判断观察平面图的位置;或给出(或摆出)几何组合体 → 画出不同位置看到的平面图。五年级给出从一个或多个方向观察到的平面图,拼搭出相应的几何组合体,即给出平面图 → 拼搭出几何组合体。

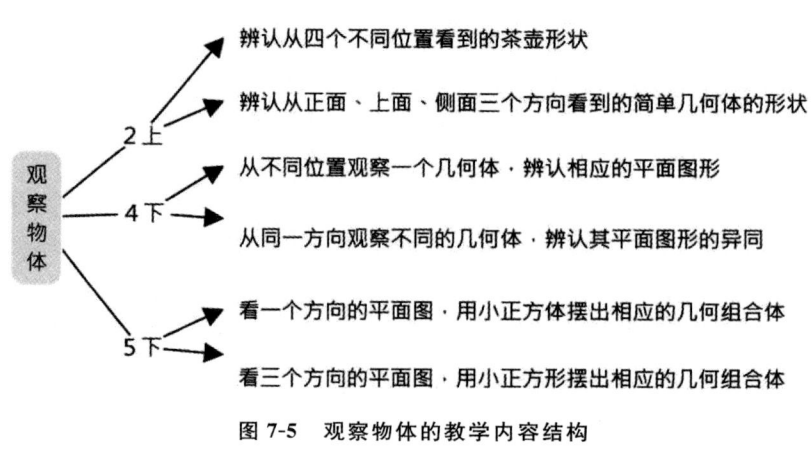

图7-5 观察物体的教学内容结构

(二)测量(度量单位)

在 2 年级、3 年级度量单位用汉字表示;4 年级一般用汉字表示度量单位,教材中也有用数学符号表示的(km^2);5 年级用数学符号表示度量单位(见图 7-6)。

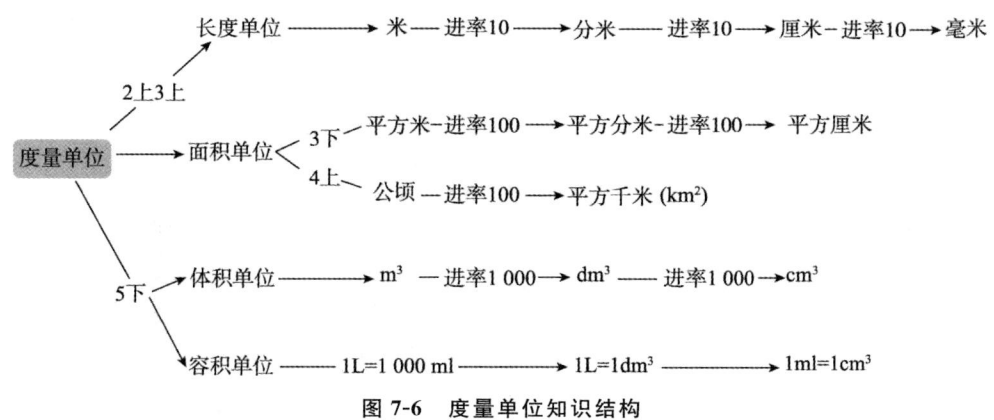

图 7-6 度量单位知识结构

小学共计学习了四个立体图形正方体、长方体、圆柱和圆锥的体积和表面积公式,如表 7-4。

表 7-4 立体图形的表面积和体积

名称	正方体	长方体	圆柱	圆锥
字母意义	(图)	(图)	(图)	(图)
字母意义	a—棱长	a—长 b—宽 c—高	r—底面半径 h—高 C—圆的周长	r—底面半径 h—高
表(侧)面积 S	$S=6a^2$	$S=(ab+ah+bh)\times 2$	$S_{侧}=Ch=2\pi rh$ $S_{表}=S_{侧}+2S_{底}$	
体积 V	$V=a^3$	$V=abh$	$V=S_{底}h=\pi r^2 h$	$V=\dfrac{1}{3}S_{底}h$ $V=\dfrac{1}{3}\pi r^2$
		$V=S_{底}h$		

(三)图形的运动

在小学图形的运动包括轴对称图形、平移、旋转三个内容,二年级侧重于整体感受现象,在活动中直观理解、直观感知、辨认轴对称图形、平移、旋转的特点。四年级侧重于通过画图等方式,体会轴对称、平移的特点。如在方格纸上画出简单的轴对称图形及补全简单的轴对称图形,能在方格纸上画出一个简单图形沿水平方向、竖直方向平移后的图形。五年级在方格纸上画出一个简单图形旋转 $90°$ 后的图形，认识图形旋转的特征和性质，如图 7-7 所示。

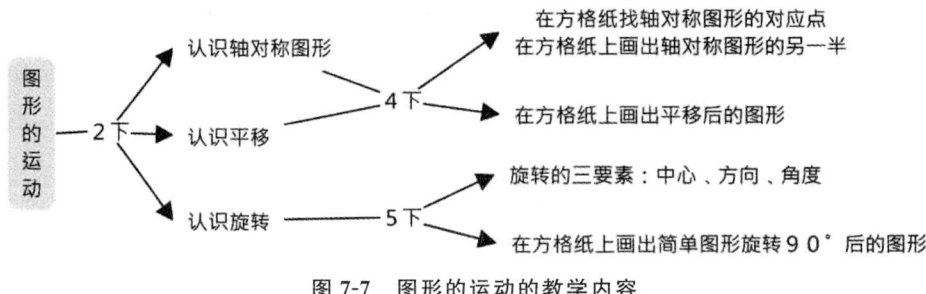

图 7-7　图形的运动的教学内容

（四）图形与位置

小学一年级初步感知在一条直线上的两个物体之间具有的相对位置关系，常用的方位词为"上、下""前、后""左、右"。这些词描述的是两个物体的相对位置，与观察者和参照物有关。三年级用"东、南、西、北、东北、西北、东南和西南"描述某一个物体的方向，不受观察者的影响，只与参照物有关。某一个物体（或某点）的位置，五年级用"数对"表示，六年级利用方向与距离两个参数确定，如图 7-8 所示。

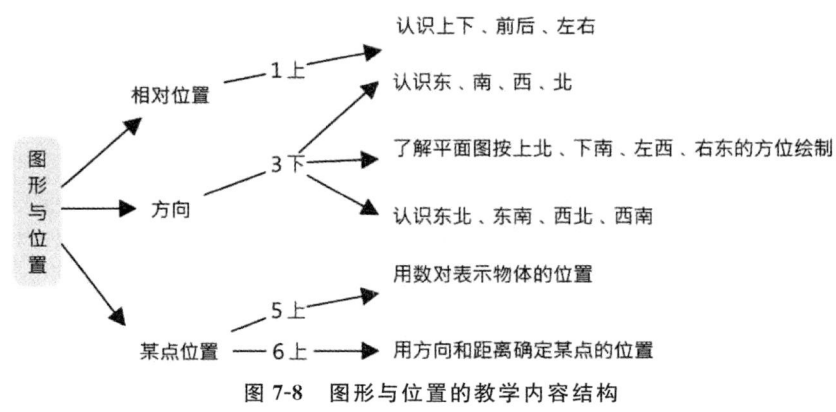

图 7-8　图形与位置的教学内容结构

三、常见疑难问题

1. 辨认别人的左、右

"左、右"是一个相对概念，通常被安排在一年级，它是学生学习的一个难点。瑞士皮亚杰曾对儿童的左右概念进行过实验研究，研究发现，5～7 岁的儿童大部分已能辨认自己的左右手，但不能辨别对面人的左右。大概 7 岁的儿童会把自己手脚的左右关系运用到物体左右关系上。7～9 岁的能以别人的身体为基准辨别左右，有时还能辨别两个物体的左右关系。9～11 岁的能比较灵活地概括左右概念，能正确指出三样并排放着的物体的相对位置。因此一年级的学生以具体思维为主，抽象思维与空间想象力不发达，他们对过大或过小的空间或时间的概念不易理解。这种情况需要随着他们的成长，思维发展之后，才会消失，儿童从具体的左右知觉上升到左右概念需要经历较长一段时间,而且处于该阶段的学生还具有以"自我为中心"的心理特点,他们很难处在别人的位置去看待某事物。因此在教学中,教师需要注意在一般情况下,观察事物时,左右的定位要求是:(1)无论观察的是照片还是其他物体,在没有特别说明的情况下,均以自我为观察主体来确定左右,如从左往右数,第三个是小狗。(2)以什么为参照物,视题目要求而定。(3)在书面考试中要慎重对待左右类型的考题。因为左右的标准十分麻烦,观察左右时,有些题目会模糊学生的正常思维。对于"方向与位置"等类型的知识,教师更要重视它的过程性目标,也就是说要求学生在现实生活中会运用即可。

2. 等腰三角形变了位置还是等腰三角形吗

要回答这个问题,首先需要了解等腰三角形的定义。等腰三角形是指在同一三角形中,有两条边相等的三角形。例如图7-9和图7-10,学生经常会认为图7-9是等腰三角形,图7-10不是等腰三角形。这是因为在教学过程中,教师没有展示过类似于图7-10的等腰三角形。

 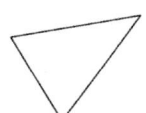

图7-9　等腰三角形标准式　　图7-10　等腰三角形的变式图形

而事实上,图7-10的等腰三角形只是旋转了一定的角度,它的本质并没有改变,它仍然是等腰三角形。在这里涉及一个概念"变式"。变式是指通过变更对象的非本质特征而形成的表现形式。通过变式的概念,我们可以知道这些图形变的只是非本质的和表面的形式,因此我们仍然可以说这是等腰三角形。在几何形体概念的教学中,我们可以充分运用变式来帮助学生获得更精确、更稳定的概念。这就要求教师在教学的过程中除了展示标准式的图形外,还要展示变式的图形,这样才能够帮助学生全面了解等腰三角形的形式。对一些标准位置的标准图形,小学生在观察时,就比较容易发现其特征,也容易理解其中的一些关系,他们偏重标准图形。

另外在学三角形做高的时候,也经常会遇到以下情况。例如,教师在讲授锐角三角形的底边上的高以后,没有进一步探讨其他三角形如何画高,导致学生在位置或形状有了变化的三角形中找错高、画错高。因此,在画三角形的高时,不仅要在锐角三角形中进行,还要在直角三角形、钝角三角形中进行。引导学生分析、比较,找出它们的相同点和不同点,从而帮助学生从不同方面全面理解"三角形的高",明确"三角形的高"的本质特征(见图7-11、图7-12、图7-13)。

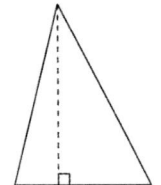 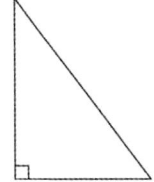 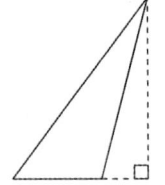

图 7-11　锐角三角形的高　　　图 7-12　直角三角形的高　　　图 7-13　钝角三角形的高

综上所述,其实变式图形只是改变了图形的形式,其本质还是保持不变的,因此学生在解题的时候,最重要的还是要谨记概念的本质,因为"万变不离其宗",只有这样才能不被题目的形式所迷惑。

3. 三角形的"高"究竟指的是特定的"线段",还是指该"线段的长度"

在认识图形时,常常需要画出某个三角形或平行四边形或梯形的高。这时的"高"指的是一条垂直线段,是一种图形。而在计算面积时又会用到高,这时"高"指的是一条线段的长度,是一种数量。

在三角形中,从一个顶点向它的对边所在直线作垂线,顶点和垂足之间的线段叫做三角形的"高线",简称"高"。垂足所在的边叫做这个高对应的"底"。在平行四边形中,从平行四边形任意一条边上的任意一点作对边的垂线,这点和垂足之间的线段叫做平行四边形的高,垂足所在的边叫做平行四边形的这个高对应的底。在梯形里,互相平行的一组对边叫做梯形的底(通常把较短的底叫做上底,较长的底叫做下底),从上底的一点到下底引一条垂线,这点和垂足之间的线段叫做梯形的高。

事实上,通常也把三角形、平行四边形或梯形的"高"理解为从底部到顶部(顶点或平行线)的垂直线段的长度。也就是说,"高"有两种不同的含义:表示一个图形(符合特定条件的一条线段);或者指一个数量(该线段的长度)。根据上下文,一般都可以判定其中所说的"高"指的哪一种意义。比如,说"三角形的面积等于底乘高的积的一半"时,这里的"高"是指三角形某边上的垂线段的长度。由于小学教学教材中,仅仅是将"高"定义为图形中的垂线段,因此在求面积的公式时,可补充说明:公式里的"高"实际上是指垂线段的长度,以便学生对"高"有一个更完整的认识。

4. 圆形和圆一样吗

圆是一种几何图形,指的是平面中到一个定点距离为定长的所有点的集合。这个给定的点称为圆的圆心。作为定长的距离称为圆的半径。当一条线段绕着它的一个端点在平面内旋转一周时,它的另一个端点的轨迹就是一个圆。而圆形是圆的轨迹所围成的整个面,因此圆和圆形是两个不同的概念,圆是一圈圆周,而圆形不仅包括圆周也包括圆面。

5. 用数方格的办法求一个图形的面积,它的理论根据是什么

用数方格的办法来求图形面积的理论根据有两点:

(1)因为每个小方格表示的正方形和表示 1 cm² 的单位正方形全等,所以每个方格表示的面积都是 1 cm²。

(2)(假设方格图上有两个图形,面积分别为 12 cm² 和 10 cm²)因为两个图形分别是由 12 个和 10 个这样的正方形拼成的,所以它们的面积分别等于 12 个和 10 个正方形面积的和,即分别为 12 cm²,10 cm²。

通过数方格求图形的面积,就是把这个图形的面积直接和面积单位比较,应用了"全等形等积"和"面积的可加性"。

6. 火车车厢的运动是"平移"吗?火车车轮的运动是"旋转"吗

运行中的火车车厢仅当铁路线是直线时才是平移。如果铁路线是曲线(线路有高低起伏或转弯),则火车车厢的运动就不是平移。

行进中火车车轮的运动并不一定是旋转。如果以地面为参照系,车轮就不是旋转,而是平移加旋转,因为车轮上每一点的运动轨迹并不是圆,而是旋轮线。但是,如果以火车车厢为参照系,车轮的运动就是旋转。因此,在不同的参照系下,物体的运动是不一样的。

7. 两个图形的"轴对称"和轴对称图形有什么区别

两个图形的"轴对称":表示两个平面图形之间的一种位置关系。"轴对称"也表示一种图形变换。

"轴对称图形":如果一个图形关于某直线成轴对称的图形,那么这个图形就叫"轴对称图形"。

前者指两个图形之间的关系,而后者是一个图形。

第三节 小学图形与几何的教学

人们常说这个世界是图形的世界,我们生活在图形当中。的确,自然界的物体大多以各种形状存在着,而人类对形的认识和研究与人类对数的认识和研究几乎是同步的,通过对各种物体的形状加以比较,区分直曲方圆才逐渐形成了对形的认识,而这些初步概念,他们的不断积累和日益丰富,是几何学赖以提炼和生成的基础。关于"图形与几何"的教学,要从学生实际出发,力求达到观察与想象相结合,操作与体验相结合,动与静相结合,学生在获得相关知识与技能的同时,积累数学活动的经验,体会数学思想方法,促进思维的发展与数学素养的形成。本节将挑选该部分一些重难点进行重点阐释,力求使此部分内容更易让学生接受。

一、图形的认识

对于图形的认识与学习,小学生一般比较容易理解直观的几何图形与概念,对一些较为抽象的几何概念尚不能直接理解,要借助直观的演示才能理解。这是因为小学生的思维特点是以形象性和具体性为主。结合学生的现实生活,以动手操作、直观演示为教学基本手段,让学生获得比较丰富的直观体验。在此基础上,逐渐归纳出一些基本的几何事实,形成初步的空间观念。

在小学,图形的直观化是通过直观模型实现的。直观模型是指具有一定结构的操作材料和直观图形,包括:①手里直观操作的学具(材料),如米尺、钉子板等。钉子板一般是由正方形木板(或塑料板)制成,板上立一些无头钉,排成方阵,横行、竖行中每两个相邻的钉子间的距离都相等。可以用橡皮圈在钉子上围成各种图形,用来认识图形的特征,计算图形的周长和面积,还可以通过实际操作发现某一规律。此外,使用与钉子板结构相近的点子图纸进行教学,有助于学生学习画图。见图7-14。②画在纸上的学具(材料)图,如方格图、数轴等,学生能在上面圈画。③呈现在屏幕上的学具(材料)图。从直观模型的含义中得出,它不同于一般的实物和图形,它所具有的一定的结构与数学的某个知识相关联,从而达到将抽象的数学知识具体化、形象化的目的。

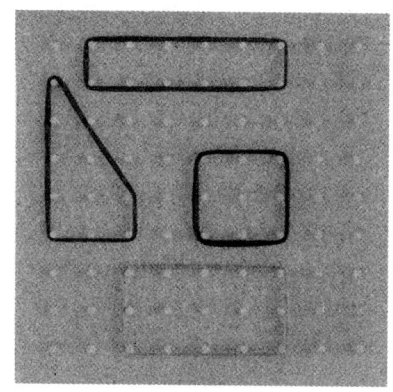

图 7-14　钉子板上作图

(一) 不同角度观察物体

皮亚杰在提出认知发展理论时,就已经做过有名的"三山实验"。见图7-15。要求儿童从 A、B、C、D 不同方位观察三山模型,然后让儿童看四张从 A、B、C、D 四个方位拍摄的沙丘的照片,并且指出和自己站在不同方位的另外一人(实验者或娃娃)所看到的沙丘情景与哪张照片一样。结果表明儿童在前运算阶段会认为别人和他看到的是一样的,具有以自我为中心的特点。

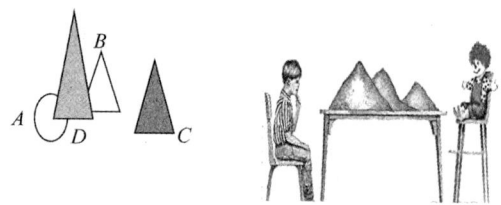

图 7-15　皮亚杰三山实验示意图

《义务教育数学课程标准(实验稿)》有下面的案例。

案例 7—1

有四个小朋友从不同的位置看同一个茶壶,他们所看到的图形是怎样的呢?将他们与他们所看到的茶壶的图形连接起来。见图 7-16 和图 7-17。

图 7-16 四位同学从各自的方向观察一个茶壶

图 7-17 不同方向看到的茶壶形状

这个知识点是二年级学的内容,和皮亚杰做的"三山"实验很相似,都是想象别人所看到的图形是怎样的。但是事实上,二年级的学生年龄大概是在 7~8 岁,正处于从自我中心到去中心化的过渡时期。有些小学生还是很难猜测出其他人看到的图形是怎样的,作为教师,我们要帮助学生寻找解决问题的突破口,我们看到的茶壶能明确指示方向的是茶壶嘴,因此茶壶嘴的方向是解决问题的关键点。从图 7-16 中我们可以看出小敏看到的茶嘴在右边,应该与图 7-17 中第一幅图相连。以此为根据,小明看到的与小敏相反,茶嘴在左边,应该与图 7-17 第三幅图相连。小亮他所看到的茶壶应该是茶壶把儿,茶壶嘴背着他,应该与图 7-17 第四幅图相连。小红看到茶壶嘴对着她,应该与第二幅图相连。因此做这类题目,学生如果感觉难度太大了,教师完全可以教学生只抓住一个突破点或关键点来解题。这道题的关键点在于茶壶嘴或者茶把儿的方向,只要抓住这二者中的任何一点,进行推理,问题就迎刃而解。

（二）三角形三条边的关系

三角形是由三条线段顺次首尾相连,组成的一个闭合的平面图形。三角形三边的关系对于学生来说,是一个难点,并且借用纯数学知识来证明也有一定的复杂性。因此,借用贴近学生的生活案例来具体说明一下这个定理。

案例 7-2

如图7-18所示,你认为小明从家到学校,经常走的是哪一条路?并说明理由。

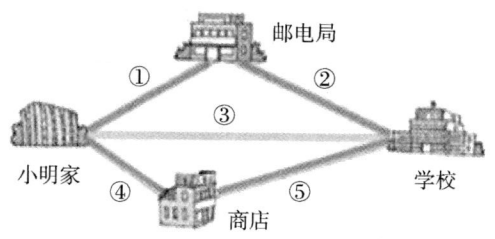

图 7-18　小明家附近的路线图

首先从图中我们可以看出③路线大于①、②、④、⑤这四条路线。小明从家到学校的方案主要有三种:

第一种,小明先到达邮电局,再到学校。路线:①＋②。

第二种,小明直接到达学校。路线:③。

第三种,小明先到达商店,再到学校。路线:④＋⑤。

根据生活经验判断,小明经常走的是第③条路线,因为这条路线比①＋②或者④＋⑤这两条路线要近,直接到达学校。在三角形中可以将这些路线表示出来:三角形 ABC 和三角形 ACD,见图7-19。

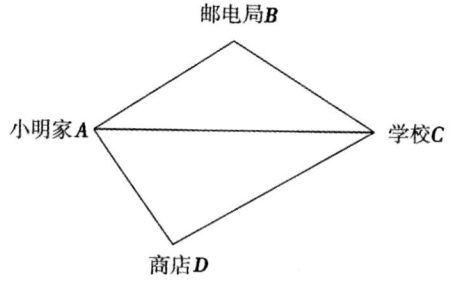

图 7-19　小明家附近的线段图

在三角形 ABC 中,主要是①②和③路线之间的比较。根据刚才③这条路线比①到②的路线要近这个信息,可以得出 $AB+BC>AC$。

在三角形 ACD 中,主要是④⑤和路线③之间的比较。根据刚才③这条路线比④到⑤的路线要近这个信息,可以得出 AD+DC>AC。

综上所述,三角形最大的边小于其他两边的和。因此可以推出:三角形任意两边之和大于第三边。

运用生活实例去帮助学生理解、巩固知识。问:姚明的腿长 1.4 米,问姚明能不能一步迈 3 米?

见图 7-20,姚明的两条腿长分别用 AB、AC 表示,它们的总长度是 AB+AC=1.4+1.4=2.8(米),即姚明横跨一步时最长是 2.8 米<3 米。因此,姚明不能一步迈出 3 米。

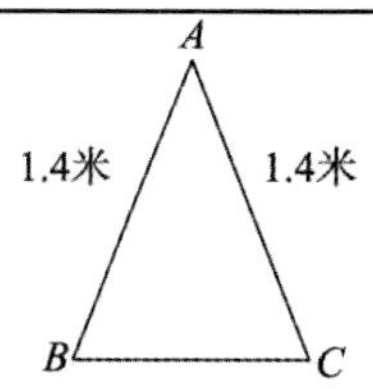

图 7-20 人腿长和步距线段图

二、测量

"测量"是实践性较强的内容,需要学生在操作中充分地体验和感知。实际测量活动中要选择恰当的长度单位,正确地操作测量工具并准确地读出测量结果。动手操作和认真思考相结合。

(一)长度的测量

测量不规则图形(如一片树叶,见图 7-21)的周长,要选择合适的测量工具。

分析:树叶是一种不规则的图形,因此我们要借用一定的工具才能测量它的周长。比如借用绳子沿着树叶外边围绕一圈,做好标记,然后用尺子测量出绳子的长度就是树叶的周长。

同时学生要掌握长度单位的使用,如下填写适当长度单位:

1 米约相当于_____根铅笔长;北京到南京的铁路长约 1000 _____。

图 7-21 树叶的周长

(二)面积的测量

1. 长方体表面积的计算

长方体、正方体表面积,需要将三维长方体、正方体转换为二维的长方形、正方形,由立体图形想象其展开图,学生在自主探索表面积的计算方法时,可以把 6 个面相加,也可以根据长方体、正方体的特征,通过观察长方体的长、宽、高的关系,采用适当的方法,解决问题。

案例 7-3

一个长方体,它的表面积是 112cm²,底面积是 30cm²,底面周长是 26cm,求 h。

分析:学生作答此题需要作图,然后将已知的数据放进图中,寻求已知与未知之间的桥梁,最后求出未知项。需运用的公式:长方体表面积等于六个面积之和或者等于上下底面面积加侧面积。

解:长方体示意图 7-22,其侧面展开图见图 7-23。

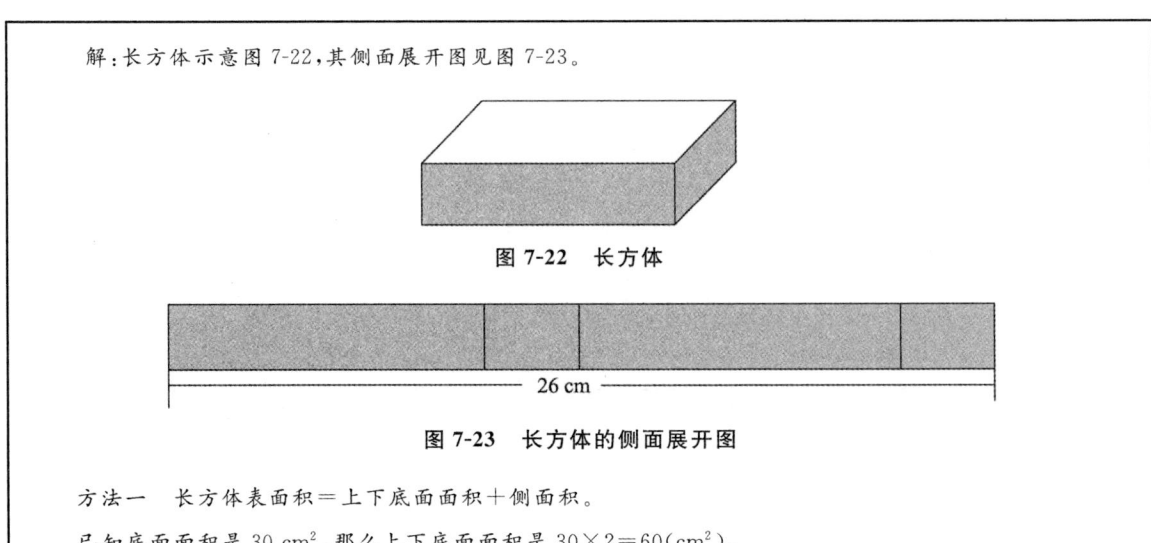

图 7-22 长方体

图 7-23 长方体的侧面展开图

方法一 长方体表面积＝上下底面面积＋侧面积。

已知底面面积是 30 cm², 那么上下底面面积是 30×2＝60(cm²)。

侧面面积＝112－60＝52(cm²)。

长方体侧面积等于底面周长×高,可以直接求出高＝52÷26＝2(cm)。

方法二 根据长方体的表面积＝六个面积之和求解。

30＋30＋长×高×2＋宽×高×2＝112(cm),可得出长×高×2＋宽×高×2＝52 cm,进一步化简为 2×(长＋宽)×高＝52 cm。

然后根据底面周长可知:2×(长＋宽)＝26 cm,因此高＝2 cm。

2. 圆柱侧面积的计算

圆柱是人们在生产、生活中常见的几何体,通过剪开圆柱形纸筒,让学生充分探究,把圆柱侧面展开后得到的长方形的长和宽与圆柱的相关量对应起来,即圆柱的高等于长方形的宽,圆柱的底面周长等于长方形的长,推出圆柱体侧面积＝圆柱底面周长×高,发展学生的空间观念。见图 7-24。

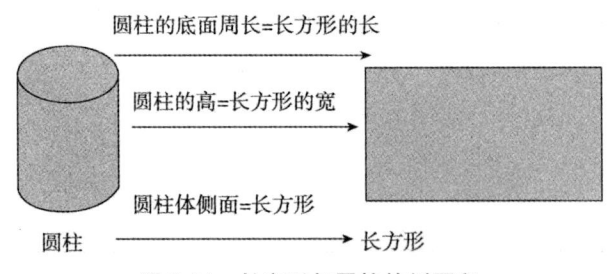

图 7-24 长方形与圆柱的侧面积

在进行圆柱侧面积教学时,教师应该鼓励学生在拆、割、拼、剪、倒、旋转等过程中进行观察、思考,理清逻辑关系,并要求他们能够准确地用语言表述出来。

案例 7-4

见图 7-25,下面的长方形纸板能够做成怎样的圆柱形商标?

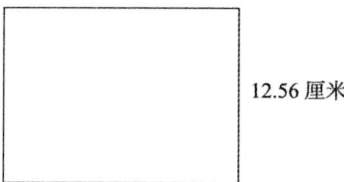

图 7-25　圆柱的侧面

分析:因为题目中没有规定是用 18.84 厘米还是用 12.56 厘米作为圆柱的底面周长,所以在解题的过程中学生要考虑到这两种情况。

解:① 如果 18.84 厘米是圆柱底边周长,则高为 12.56 厘米,见图 7-26。

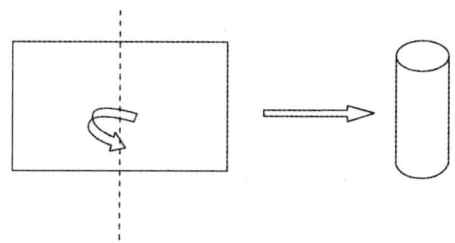

图 7-26　将长方形做成圆柱体

圆柱底面周长=π×底面直径,所以直径=18.84÷3.14=6(厘米),半径 3 厘米。

因此,这个长方形纸板能够做成一个底面半径为 3 厘米、高为 12.56 厘米的圆柱体。

② 如果 12.56 厘米是圆柱底边周长,则高为 18.84 厘米,见图 7-27。

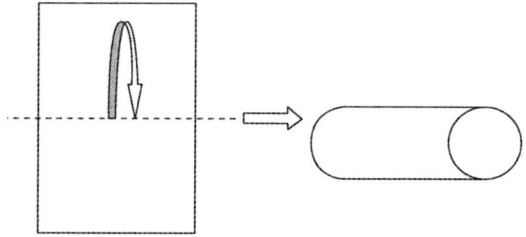

图 7-27　将长方形做成圆柱体

同样地,圆柱底面周长=π×底面直径,所以直径=12.56÷3.14=4(厘米),半径 2 厘米。

因此,这个长方形纸板能够做成一个底面半径为 2 厘米、高为 18.84 厘米的圆柱体。

(三)体积和容积的测量

1. 长方体体积的计算

"长方体和它的长、宽、高到底存在怎样的关系?"我们用1立方厘米的小正方体来验证。

首先,我们摆出不同的长方体,将长、宽、高以及需要的正方体的个数记录下来,如表7-5所示。

表 7-5 长方体的体积＝长×宽×高

	长/cm	宽/cm	高/cm	正方体的个数/个	体积/cm³
长方体1	5	4	1	20	20
长方体2	5	4	2	40	40
长方体3	6	2	3	36	36
长方体4	3	2	3	18	18

从表内的数据观察可知:长方体的体积＝正方体的个数＝长×宽×高。下面验证一下长方体的体积公式。

案例 7-5

用1立方厘米的正方体摆出下面的长方体,长方体的体积各是多少?

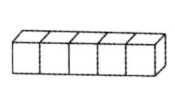   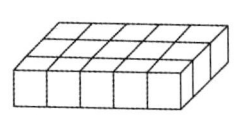   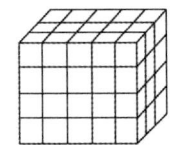

图 7-28　1 排 5 列　　　图 7-29　3 排 5 列　　　图 7-30　3 排 5 列 4 层

图 7-28 所示的长方体的长是5厘米,宽是1厘米,高是1厘米,所需的正方体是5个,则它的体积是 $5×1×1=5$(立方厘米)。

图 7-29 所示的长方体的长是5厘米,宽是3厘米,高是1厘米,所需的正方体是15个,则它的体积是 $5×3×1=15$(立方厘米)。

图 7-30 所示的长方体的长是5厘米,宽是3厘米,高是4厘米,所需的正方体是60个,则它的体积是 $5×3×4=60$(立方厘米)。

因此,我们可以得出这样的结论:长方体的体积不仅和它的长、宽、高有关,而且还存在这样的关系:长方体的体积＝长×宽×高。用字母表示:$V=abh$,V 表示体积,a 表示长,b 表示宽,h 表示高。

2. 圆柱体积的计算

案例 7-6

一支圆柱形铅笔的长是 20 厘米,底面直径是 1 厘米,老师把这支铅笔削好后,圆锥部分的高是 2 厘米,削去的体积大约是多少?

分析:遇到几何题,首先是将题目转化为几何模型,画出来。然后把题目所给的数据放在几何图形中相对应的位置里。削去的体积=圆柱的体积-圆锥的体积。

解:削完后的铅笔是组合图形,首先给它分解成一个小圆柱和圆锥,见图 7-31。小圆柱的直径不变是 1 厘米,高是 20-2=18(厘米)。圆锥的直径是 1 厘米,高是 2 厘米。

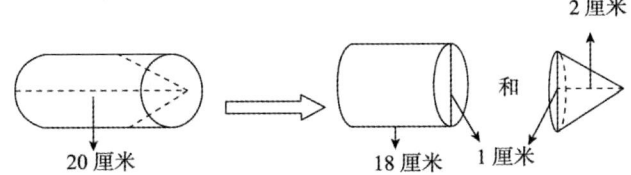

图 7-31 1 支铅笔的分解图形

(1) 求出剩下圆柱的体积。第一种方法:

大圆柱(铅笔)的体积 $\pi r^2 h = 3.14 \times (\frac{1}{2})^2 \times 20 = 15.7 (cm)^3$,

小圆柱的体积 $\pi r^2 h = 3.14 \times (\frac{1}{2})^2 \times 18 = 14.13 (cm)^3$,

则剩下的体积=15.7-14.13=1.57$(cm)^3$。

第二种方法:

剩下的体积=$\pi r^2 h = 3.14 \times (\frac{1}{2})^2 \times (20-18) = 1.57 (cm)^3$。

(2) 圆锥体积=$\frac{1}{3}\pi r^2 h = 3.14 \times (\frac{1}{2})^2 \times 2 = 0.52 (cm)^3$(保留两位小数)。

(3) 削去的体积=1.57-0.52=0.95$(cm)^3$。

对于组合图形,最有效的方法是分解为常见的标准图形,用已有的数学公式求标准图形的体积,并进一步解决问题。

3. 容积的测量

用有刻度的杯子去测量液体的含量。在生活中,所盛液体的容器一般都是不规则的,比如上窄下宽或者宽窄宽等,这就需要我们借用有规则且有刻度的容器去测量不规则容器所含的液体容量。例如图 7-32 所展示的:一杯宽窄宽的杯子,要想知道它的容积是多少,就需要借用有刻度的烧杯去测量。

 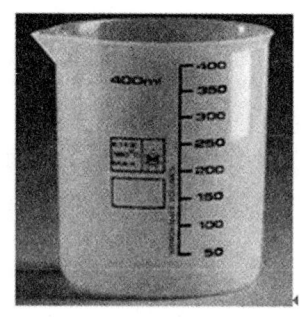

图 7-32　杯子的容积

学生可以自己动手测量某物体,加深对度量单位的认识。此外,在生活中还可以感受到测量单位的普遍性,比如橡皮筋的长度、饮料瓶上的净含量等。图形与几何教学适合培养学生的动手能力和探求真理的精神。

(四)量角器的使用

"角的度量"是小学数学教学的难点,常见的问题有两个:一是量角器的摆放。二是利用内外圈的刻度正确读出角的度数。学生看量角器时,不论角的一边对的是哪一圈的"0"刻度线,他们习惯看的是外圈的度数;有的即使外圈内圈看对了,但是在读刻度的时候出错,见图7-33和图7-34。这对一线教师来说应该是司空见惯,有的教师将学生出错的原因归因于学生没有认真听讲、粗心等方面,但事实确实如此吗?

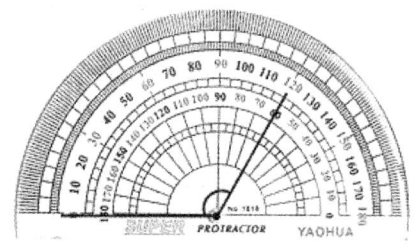 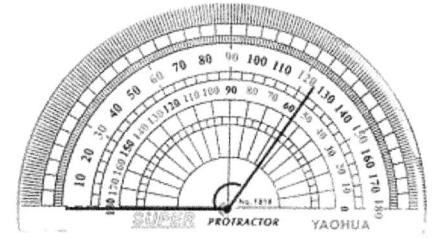

图 7-33　错误一:学生误读为 $60°$　　　图 7-34　错误二学生误读为: $135°$

造成量角困难的重要原因是角的特点和量角工具的复杂性。角是从一点引出两条射线组成二维平面图形,要想正确度量角就需要关注到角的顶点、两条边这样三个因素,忽视其中的任何一个都会出现错误。另一方面是测量工具量角器构造的复杂性,量角器一般是半圆形的,刻度是曲线分布的,而且为了方便量角,人们在量角器上设计了两圈刻度,分别是内圈刻度和外圈刻度。内圈度角顺序和外圈度角顺序不同,分析图 7-33 中学生错误的原因是没有分清内外圈刻度,图 7-34 中学生所犯的错误则是没有正确掌握两圈刻度的读数顺序造成的。

要使学生掌握量角的要领,首先要让学生感受到量角器的必要性,了解角的度量单位,接下来学生便要在观察、交流及教师的引导过程中认识量角器的中心点、内圈刻度线、外圈刻度线、0刻度线等,这是学生量角的重要基础。充分弄清量角器的构造之后也不要着急直接让学生尝试量角,此时可以通过课件或者实物演示,用小棒在量角器上绕中心点进行旋转,让学生观察小棒和0刻度线所形成的角,让学生进一步感知角动态的形成过程,结合旋转弄清楚刻度的顺序性,在充分奠定了量角的基础后,便可以让学生自主进行量角的尝试,在此还可以让学生结合估测,提高量角的正确性。

三、从认识到创新——图形的运动教学

图形的运动主要包括三个内容:轴对称图形、平移、旋转。第一学段(1～3年级)感受图形的运动,辨认简单图形平移后的图形,初步认识轴对称图形。第二学段(4～6年级)通过观察、操作活动进一步认识图形的平移、旋转;在方格纸上画图,自主创作设计图案。

(一)方格纸上的平移

在一个平面内,将一个图形上的所有点都按照某个方向作相同距离的移动,这样的图形运动叫做图形的平移运动,简称平移。

案例7-7

作图:将图形向右平移6个单位,见图7-35。

分析:这类题目首先需要找出关键点,将关键点按要求平移后,就能确定平移后的图形位置。在图7-35上首先找出 A、B、C、D、E 这5个关键点,将这些关键点向右平移6个单位后可找出 A′、B′、C′、D′、E′ 的位置,这样图形的基本框架就可以确定,然后再注意细节中某些拐角的点,这样就可以完成平移这一运动。

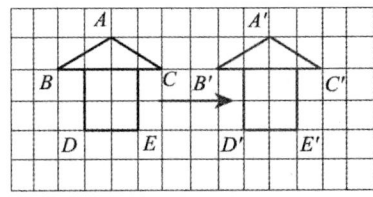

图 7-35 图形的平移

教师可根据学过的知识,将题型加以改变来检查学生的知识掌握程度。

(二)描述旋转的三要素

旋转对小学生来说有很大的难度,突破难点的方法是通过操作活动理解在平面内把一个图形绕一个定点沿某个方向转动一个角度,这样的图形运动称为旋转。点 O 叫做旋转中心,旋转的角叫做旋转角。

案例 7-8

从三角形 ABC 到三角形 A'B'C' 是如何运动的？见图 7-36。

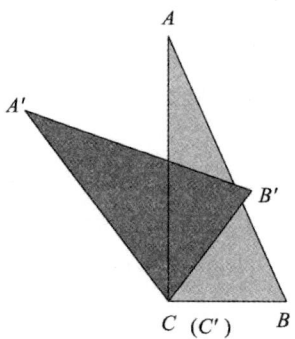

图 7-36　三角形的旋转

学生操作两个全等的三角形 ABC 和三角形 A'B'C'，让点 C 和点 C' 重合，即旋转中心是 C 点。另外要找出旋转角度，比如点 B 到点 B' 旋转是逆时针旋转，需要将 B 和 B' 分别与旋转中心 C 点连接，∠BCB' 就是图形的旋转角度。由于图形的旋转运动是不改变图形的形状的，所以点 A 旋转到点 A'，∠ACA'＝∠BCB'。描述图形的旋转需要三要素：旋转中心、旋转方向、旋转角度。因此三角形 ABC 绕点 C 按逆时针方向旋转了∠BCB'。

类似地，描述三角形 1 到三角形 2 的运动。见图 7-37。

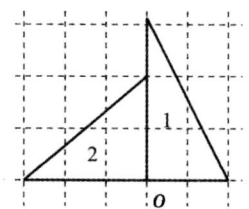

图 7-37　三角形的 90°旋转

三角形 1 绕 O 点按逆时针方向旋转了 90°到三角形 2。

（三）学生创作设计的图案

通过学习图形的平移、旋转以及轴对称图形，学生们已经感受到了图形运动带来的美感和在生活中的应用，我们还可以让学生发挥自己的创造力，设计简单的图案。下面是几个学生的作品。

案例 7-9

用 5 个大小相同的等边三角形设计图案,见图 7-38。

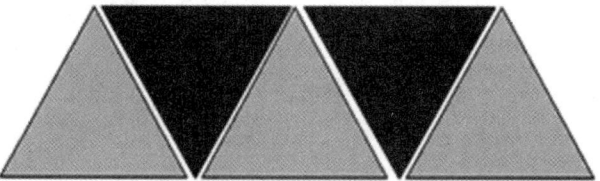

图 7-38　5 个全等的等边三角形

在一个等边三角形两个腰上的中点处分别剪下一个弓形和一个三角形,分别绕中点旋转与顶点重合,就设计出小鸭子的有趣图案,再画上胡子就栩栩如生了,见图 7-39。

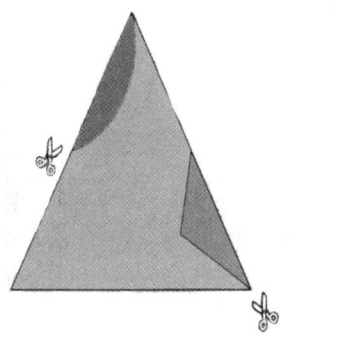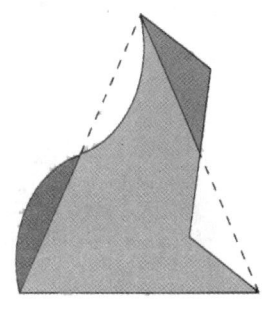

图 7-39　等边三角形上的弓形和三角形运动后的小鸭子图案

将五个三角形都按图 7-39 裁剪、旋转做出 5 个小鸭子图案,然后用平移和旋转设计图案,见图 7-40。

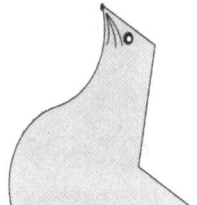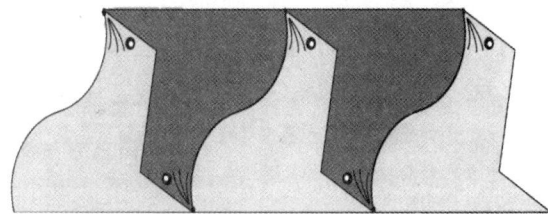

图 7-40　5 只小鸭子平移旋转后的组合图案

案例 7-10

开放性任务:在正方形内设计手绢图案和设计壁纸图案。

学生从网上下载图片,或学生自己画图片,如图 7-41 是小学生从网上下载的单张飞机的艺术图片,他们在计算机 word 文档里复制通过水平旋转、垂直旋转设计的手绢如图 7-43。图 7-42 经过复制后平移设计出的壁纸图案图 7-44。通过图形的运动设计不同的图案。

图 7-41　1 架飞机图案

图 7-42　1 张楼群图案

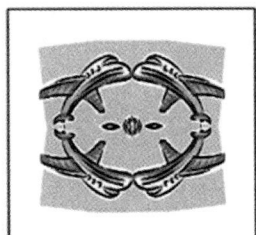
图 7-43　手绢

图 7-44　壁纸

小学生们在设计图案的过程中,能够更深入地理解图形运动的特点,体会到漂亮图案是由简单的图形通过运动得到的。他们想象图形运动过程,发展空间观念,拼贴出不同的图案,养成了大胆尝试和创新的能力。

(四)图形与位置

1. 图形放缩的比例尺

比例尺是比例知识的应用。教学中应多创设一些真实的应用情境,让学生体会比例知识在生活中的广泛应用。例如教师可以为学生展示中国地图、校园平面图等,这些图片都是将实际中的物体进行缩小而成的,然后再展示一些如手表零件图等,这是实际物体放大而成的图片,让学生体会在实际生活中有要对实际物体进行放大或缩小的需求。接着,让学生探索发现,只要知道了比例尺、图上距离、实际距离信息,就可以求出未知信息。小学比例尺教学应该遵循解决问题的步骤:(1)理解题意,找出解决问题的关键;(2)找出两种相关联量的比例;(3)列方程解答;(4)检验。

如给学生一张地图,问某两地实际相距多远。学生应该明确问题是什么,然后在地图上找比例尺是多少,如比例尺是 1:1000000,再量出某两地地图上的距离是 2cm,然后根据比例关系列方程,设两地的实际距离为 x cm,$2/x=1/1000000$,$x=2000000$ cm$=20$ km。经过检验确定两地实际相距 20km。

学生还要进一步交流讨论,比例尺表示什么意思;前项是什么;后项是什么;为什么列方程时,两个量的单位必须一致;实际距离为厘米时,如何转换单位;用进一步的探究促进基本概念的理解和应用。

2. 用数对表示位置

学生在生活中已经能用"第几排第几个"的方式找到教室里的座位等,初步积累了用数对表示位置的经验。这部分学习是提升学生已有经验,用更加准确的"数对"方法描述位置。在生活情境和实例中,教学应加深学生对数对表示物体位置的理解。在知识点上,首先掌握"数对"是相对于什么参照系定位的,原点在哪儿,如教室座位的列是从靠窗户的座位定第一列,还是从靠门处的座位定第一列;其次,表示"数对"时,先"行"后"列";最后帮助学生逐步加深"数对"与座位示意图行列的一一对应关系的理解,直观体会直角坐标系的思想。

教学中,学生开始时可能会用前后、左右进行描述位置,教师可以按照同学们的思路进行剖析,同学间的左右和前后都是相对的,因此如此描述有失偏颇,不够准确。要理解"数对"表示位置的优势。见图 7-45。

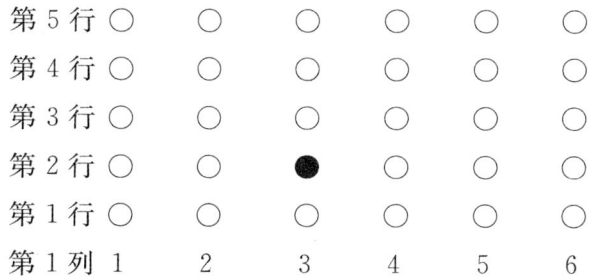

图 7-45 教室里的座位图

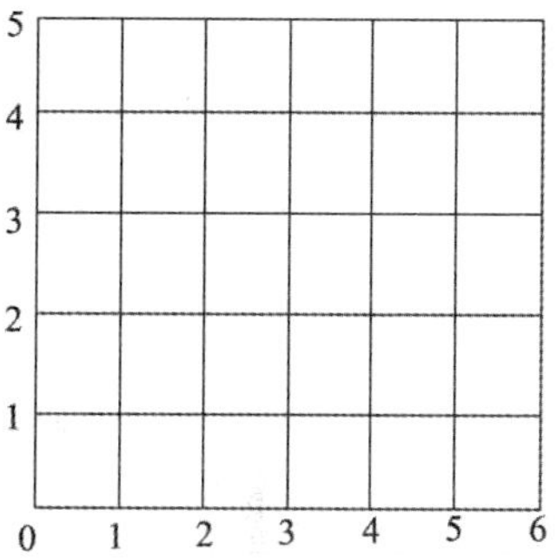

图 7-46 方格纸上的数对图

图 7-45 中黑点的位置用 (2,3) 表示。进一步将点子图换成方格纸,见图 7-46,即将所有的点相连,线与线的交点就是点子图的点,方格纸与点子图不同的是加入了新点"0",既是行的起始,也是列的起始,学生在方格纸上练习画出指定数对的具体位置,或者用数对描述一个点的位置,就与直角坐标系建立了联系。

美国学者科普兰的《儿童怎样学习数学——皮亚杰研究的教育含义》指出:"儿童动作性的活动对于他理解空间思想具有无比巨大的重要性——儿童空间观念的演化是在两个不同的水平上进行的,知觉水平(即通过触与视的感性学习)和思维与想象水平,而且这两个水平不是从前一个水平到后一个水平,而是沿着各自本身的途径发展,教学中要注意把这两者的发展协调起来。"因此在"图形与几何"的教学中要求教师必须整合多种策略,如观察、操作、想象、推理和表达等,只有如此才能促进学生空间观念的良好发展。

第四节 小 结

一、本章焦点问题

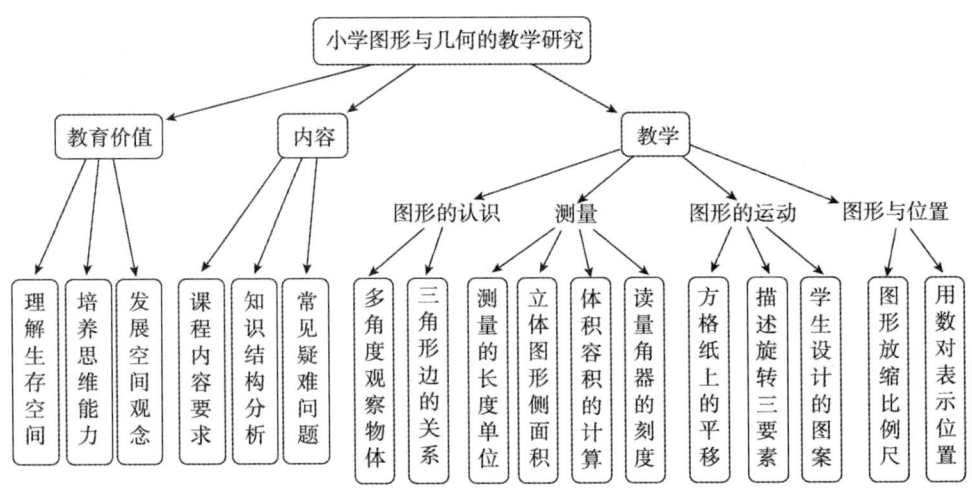

二、阅读导航

A. 普通图书

[1] Piaget J. Judgement and Reasoning in the Child[M]. 1951, ch. III

[2] 朱智贤,林崇德. 思维发展心理学[M]. 北京:北京师范大学出版社,1986:323.

B. 期刊中析出的文献

[1] 王永春. 中美小学数学课程"图形的认识"的比较研究[J]. 课程·教材·教法,2011,1.

美国小学几何图形的认识内容丰富,重视对探究、猜想、推理能力的培养。我国现行的数学课程小学几何图形的认识内容和要求,与大纲相比基本不变。与美国相比,我们的内容比较狭窄,有一定的拓展空间。建议增加一些几何图形的概念,如点、中点、平面、相交线、平面图形、多边形、立体图形等,以培养学生的空间观念、探究能力和创新精神。

[2] 王孙君. 探析"图形与几何"的教学策略[J]. 中小学教育,2014,3.

重观察感知,建立空间观念。(1)摄取现实原型,唤醒生活经验。认识物体时,教师可摄取现实生活中的实物原型来帮助学生抽象出各种图形。如教学"三角形的认识"时,教师用课件出示各种三角形形状的实物图片,如红领巾、建筑物、交通标志牌等,让学生观察这些物体有什么共同的特点,学生凭借生活经验自然地抽象出三角形。这样以生活原型作为思维的材料,可有效激活学生的原创思维。(2)抽象标准模型,建构概念表象。如上例,当学生概括出三角形时,课件隐去实物,抽象出各种三角形,把学生引入标准三角形的世界,再跟进。

三、电子资源平台

[1] 奥数网http://www.aoshu.com/

特点:小学教学资源丰富,排版合理,便于查找,且每个章节的教案后还附有相关资源推荐。

[2] 小学数学教学资源网:http://xs.ruiwen.com

特点:涵盖内容丰富,有教案、课堂实录、课件、班主任工作反思、试卷等。

[3] 上课了教学资源网:http://www.shangkele.com

特点:点击"教学资源",可查看人教版电子课本、各册教学课件、期末试卷;下载可在视频上操作的"算盘工具""时钟工具""计算器"等教具和学具。

[4] 小学阶段数学公式大全(公式+定律+符号):http://xiaoxue.xdf.cn/lnj/201112/999209.html

特点:包含小学阶段常考的数学公式+定律+符号,信息包含全面,详细。

四、思考与练习

1. 选一节小学图形与几何的教学案例,分析其教学目标;教学重点、难点是如何设计的?在教学过程中通过哪些学生活动、教学手段实施的?
2. 观察一节小学图形与几何课堂教学录像,分析教学情境的作用、不同认知水平的教学内容是如何逐层深入展开的?
3. 结合实例阐述小学是如何培养学生的空间观念?
4. 设计一节小学图形与几何新课教案。

第八章　小学统计与概率教学研究

> **教学目标**
>
> 1. 理解统计与概率的教学内容结构
> 2. 了解小学统计与概率教学是如何培养学生数据分析观念的
> 3. 了解小学统计与概率教学实施过程

第一节　小学统计与概率的教育价值

小学"统计与概率"主要是研究生活中的数据和随机现象。具体包括收集、整理、描述和处理数据,从数据中提取信息并进行简单的推断,了解简单随机事件及其发生的概率。作为小学数学"四大学习领域"之一,它强调了数据分析观念、推理能力、应用意识和创新意识,帮助人们在实际生活中做出合理的判断和预测。由此可见,统计与概率在小学数学课程和生活中占有十分重要的地位,主要的教育价值可以体现为以下几个方面。

一、学会量化地解决问题

统计数据反映社会和自然现象的构成、规模、发展水平以及各种比例关系,是经过记录、统计、整理以后得出的有序的资料。统计描述现实世界,是用统计表、统计图和统计量去量化被研究的对象,其本身就变为数学的应用。因此,学生学习数据分析,就是认识世界,经历量化地解决现实问题的过程。

通过统计学生喜欢的运动方式、阅读图书的种类、调查班里同学的睡眠时间,可以了解大家的兴趣、爱好和生活状况;通过统计学生春游地点意向、统计校服颜色投票、做出决策,使学生们体验到统计在现实生活中的作用和价值。

二、帮助学生有依据地决策

数学是一门严谨的学科,它强调"证据"二字,即如何收集证据以及如何保证证据的有效性。在小学阶段,统计与概率中的知识可以有意识地训练学生这方面能力。例如,在学习折线统计图时,往往会出现这样的练习题:根据统计图的趋势,提出有效建议。要回答这样的问题,学生首先必须从统计图中提取有效信息,然后根据这个趋势进行推断,才能提出合理性建议。因此,在统计与概率教学中,教师应注重培养学生"运用数据进行推理"的意识和能力,让学生经历统计活动的全过程,在现实情境中体会统计对决策的作用,引导学生对数据进行分析,做出合理的推断与预测,不断提高学生的统计推理意识和能力。

三、让学生感悟随机现象的偶然性和规律性

概率问题与生活息息相关。正如19世纪法国著名数学家拉普拉斯所说:"对于生活中的大部分,最重要的问题实际上只是概率问题。你可以说几乎我们所掌握的所有知识都是不确定的,只有一小部分我们能确定地了解。甚至数学科学本身,归纳法、类推法和发现真理的首要手段都是建立在概率论的基础之上。因此,整个人类知识系统是与这一理论相联系的……"

在小学阶段,关于概率这部分内容的问题原型大多来源于生活中的实例。因此,我们在学习概率知识的同时其实就是在解决生活中的实际问题。在这个解题的过程中,它可以帮助学生感受随机现象的不确定性,但是又能察觉这是有规律可循的。比如有名的"掷硬币"试验,学生其实可以通过这个试验,感受每一次在掷硬币的时候,它有可能是正面也有可能是反面这种不确定性的存在。但是多次试验之后,也能体会到它并不是没有规律可循的。例如,皮尔逊总共掷过12000次,其中正面出现6019次,反面出现5981次,因此,掷一枚硬币得出正反面的概率均是1/2。

第二节 小学统计与概率的内容

一、小学统计与概率的课程内容

在《课标(2011)》中,统计与概率的主要内容包括数据活动初步分析、简单数据的统计过程、随机现象以及事件发生的可能性。具体见表8-1、表8-2。

表8-1 《课标(2011)》第一学段统计与概率课程内容

第一学段	1. 能根据给定的标准或者自己选定的标准,对事物或数据进行分类,感受分类与分类标准的关系。 2. 经历简单的数据收集和整理过程,了解调查、测量等收集数据的简单方法,并能用自己的方式(文字、图画、表格等)呈现数据的整理结果。 3. 通过对数据的简单分析,体会运用数据进行表达与交流的作用,感受数据蕴涵的信息。

表 8-2　《课标(2011)》第二学段统计与概率课程内容

	简单数据的统计过程	随机现象发生的可能性
第二学段	1. 经历简单的收集、整理、描述和分析数据的过程(可使用计算器)。 2. 会根据实际问题设计简单的调查表,能选择适当的方法(如调查、试验、测量)收集数据。 3. 认识条形统计图、扇形统计图、折线统计图,能用条形统计图、折线统计图直观、有效地表示数据。 4. 体会平均数的作用,能计算平均数,能用自己的语言解释其实际意义。 5. 能从报纸、杂志、电视等媒体中,有意识地获得一些数据信息,并能读懂简单的统计图表。 6. 能解释统计结果,根据结果做出简单的判断和预测,并能进行交流。	1. 结合具体情境,了解简单的随机现象;能列出简单的随机现象中所有可能发生的结果。 2. 通过试验、游戏等活动,感受随机现象发生的可能性是有大小之分的,能对一些简单的随机现象发生的可能性大小作出定性描述,并能进行交流。

二、小学统计与概率的知识结构分析

小学统计与概率知识主要包括统计和概率两部分内容,具体有统计表、统计图、统计量、可能性等。

(一)统计与概率知识结构图

1. 统计活动

如图 8-1 所示,第一学段统计内容从分类与统计的结合开始,让学生理解分类的含义,掌握分类计数的方法,并用统计表呈现分类计数的结果。从第二学段开始学习统计图:条形统计图、折线统计图和扇形统计图,在根据统计图中的数据回答并提出简单的问题过程中,对数据进行简单的分析,发现数据中蕴含着的信息。统计量平均数,既可以用来反映一组数据的一般情况,也可以用它进行不同组数据的比较,从而看出组与组之间的差别。

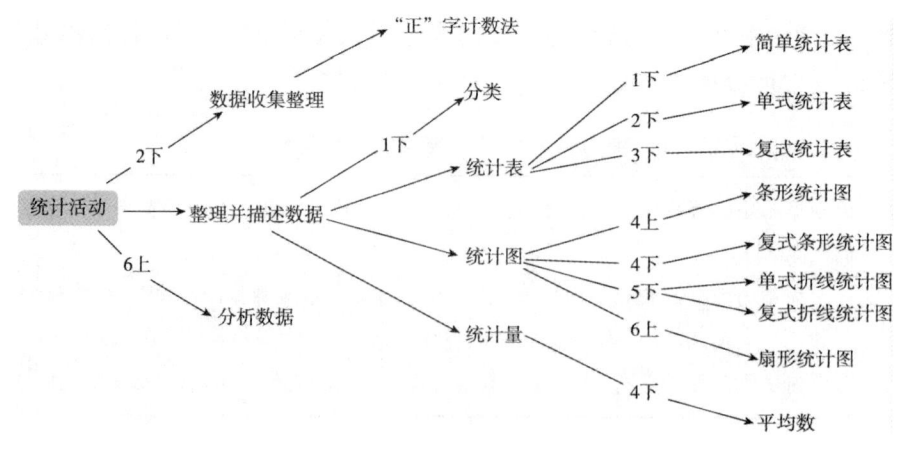

图 8-1　统计活动知识结构

2. 概率

如图 8-2 所示，小学中的概率知识，变通地处理为"随机现象发生的可能性"，安排在小学五年级。主要内容为初步感受在具体情境中，事件发生的确定性和不确定性；在不确定的基础上体会随机事件在大量同等条件重复试验时，结果呈现的规律性，并根据可能性大小进行推测。这部分内容主要是运用数据分析体会随机性，并且强调对可能性大小的理解。

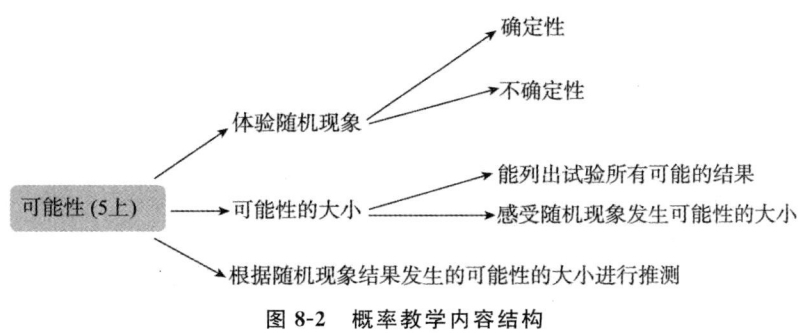

图 8-2　概率教学内容结构

（二）常见疑难问题

(1)"统计表"和"统计图"常用的有哪几种？他们各有什么特点？

统计表常用的有单式统计表和复式统计表，单式统计表反映的是一个统计项目的数据；复式统计表反映的是两个或者多个统计项目的数据。

统计图常用的有条形统计图、折线统计图、扇形统计图。条形统计图是用相同宽度的条形长短或高度来比较图示指标数值大小的图形，它常用来表示同类指标的对比关系。条形统计图有单式条形统计图和复式条形统计图两种。复式条形统计图是将两套以上条形画在一起，用以反映有联系的两种或两种以上的统计事项，复式条形统计图适合于多个统计事项间的比较。折线统计图是用折线的升降来表现统计资料的数值变动的图形，折线统计图也有单式折线统计图和复式折线统计图两种。扇形统计图是用圆形内扇形面积的大小来说明总体结构的图形。整个圆形面积代表统计事项的总体，把圆的面积分成若干扇形，每一扇形面积的大小表示被研究总体的各个组成部分。扇形统计图可以清楚地表示出部分与总体、部分与部分之间的数量关系。

(2)在求平均数时，为什么要"去掉一个最高分、去掉一个最低分"？

在算平均数时，常会"去掉一个最高分、去掉一个最低分"，避免了"一两个数据决定结果，多数服从少数"情况的发生。平均数作为表示集中趋势的代表数，它和一组数据中的每一个数据都有联系，对数据的反映比较充分。但是平均数易受极端数据的影响，也会削弱它的代表性。所以，在评定某些赛事时，常常采用在评分数据中分别去掉一个（或两个）最高分和一个（或两个）最低分，再计算其中平均分的办法，以避免极端数据造成的不良影响。

(3)小明班级同学的平均身高是 1.4 米，小亮班级同学的平均身高是 1.5 米，那么小亮比小明高吗？

不能确定。小亮班级同学的平均身高是1.5米，并不能说明小亮是1.5米，而小明班级同学的平均身高是1.4米，也不能说明小明只有1.4米，他们两人的身高不能通过班级的平均身高来比较、确定。

(4) 在扇形统计图中，某些部分对应的百分比不能化成有限小数，常出现各部分近似值之和不等于100%的情况，该怎么办？

 案例8-1

> 一个养殖场共有3000只兔子，其中黑兔有548只，灰兔有1068只，白兔有1384只，那么黑兔、灰兔、白兔各占兔子总数的百分之几？
>
> 首先，必须坚持扇形统计图各部分之和为100%，而不能认为取近似值时各部分之和可以不等于100%。这点教材已有"暗示"，如人教版六年级上册"做一做"。其次，寻找有效的解决办法。当出现刚好不为100%时，可以采取两种办法。第一种，求最后一部分百分比的时候，不用部分数比总数，而是用100%依次减去其他各部分的百分比。例如，灰兔和黑兔的百分比分别为35.6%、18.27%，那么白兔所占的百分比等于100%－35.6%－18.27%＝46.13%。第二种，当都该"舍"或该"入"时，通过比较确定哪些该"舍"或该"入"。例如，通过比较，最后得到保留一位小数的百分比分别为：黑兔18.3%，灰兔35.6%，白兔46.1%。
>
> 相比而言，第一种方式简单易操作，但用减法得出的百分比，可能有误差；第二种方式操作相对较麻烦，但得到的数据更科学合理。在要求不是很高时，经常采用第一种方式；而在要求较高时，则采用第二种方式。

(5) 如何让学生理解"世界上每天都有人出生"是必然事件？

在这里需要注意两个问题。第一，概率中所涉及的"一定""不可能""可能"是概率中的术语，与生活用语不同。这些术语是指当我们多次观察自然现象和社会现象后，在一定条件下，许多事情必然会发生，许多事情必然不会发生，还有许多事情是可能发生的。因此，我们讨论的事件一般指的是客观事件，同时又是在我们经验范围内发生的事件。

第二，如果有些事件超出了学生的认识范围，教师应提供一些证据帮助学生理解。例如，学生无法理解"世界上每天都有人出生"，教师可以通过本地区或全国、全世界每天有多少婴儿出生的数据使学生认识到世界上每天一定有人出生，如"中国平均每4.15秒就出生一个孩子，中国每天出生的人口大约是2.08万。"

(6) 一种摸奖游戏中的中奖率为10%。某人一连摸了9次，都未能中奖，那么当他第10次摸奖时，能否断定他一定中奖？

不能断定第十次一定中奖。根据概率的统计定义，概率反映的是大量随机现象的规律性，对于少数或个别事件来说，只能说明它发生可能性的大小。

第三节　小学统计与概率的教学

统计与概率和我们的生活密切相关，人们经常需要在不确定情境中根据大量的数据做出合理的决策。因此，这就需要每个人具备统计分析和确定随机事件发生可能性的能力。《课标(2011)》提出了核心概念数据分析观念，该观念指出：在现实生活中有许多问题应当先做调查研究，收集数据，通过分析作出判断，体会数据中蕴涵着信息；对于同样的数据可以有多种分析的方法，需要根据问题的背景选择合适的方法；通过数据分析体验随机性，一方面对于同样的事情每次收集到的数据可能不同，另一方面只要有足够的数据就可能从中发现规律。[①] 本节将选取几个教学内容作重点分析。

一、收集整理数据

(一) 用调查法收集数据并整理呈现

在对事物进行分类之前，需要收集数据。而数据的来源主要有两类，一是借用调查法、测量法等收集到的数据；二是现成的数据，比如从报纸、网站等摘抄下来的数据。

在小学阶段，学习统计知识时，大多运用的是调查法收集到的数据。例如，教师组织学生在一个路口观察过往的车辆，统计半小时内各种车辆通过的数量。在统计之前，学生要清楚车子的种类有哪些，然后再根据分好的种类去统计，并用"正"字记录数据。调查法可以帮助学生体验收集数据的乐趣，建立数学与生活之间的联系，培养数据统计观念。

(二) 分类整理

分类是指按照种类、等级或性质分别归类。整理是指对已有的事物进行有次序的编排，使其有条理、有秩序。在小学数学中，分类与整理是学习统计与概率的基础，是学习统计表、统计图等知识的前提。它的教学重点主要是确定分类的标准。《课标(2011)》关于这方面内容对学生提出了要求："根据给定的标准或者自己选定的标准，对事物或数据进行分类，感受分类与分类标准的关系。"

在教学时，教师要根据学生的生活经历导入情境："同学们去超市购物的时候，有没有注意到超市的商品是怎么放置的？"（一般的小型超市是按照食物、饮料、生活用品等来放置的。）"那么你们进去购物感觉这样放置的优点是什么？"（这样有利于让顾客节省大量的时间，更快地找到商品。）通过这个情境导入，学生可以很快地认识到超市其实是运用了分类思想在帮助顾客顺利找到所需要的商品。

在体会了分类思想的优点之后，教师可以利用案例教会学生如何确定分类标准，并进行

---

① 中华人民共和国教育部. 义务教育数学课程标准(2011年版)[M]. 北京：北京师范大学出版社，2012：6.

分类。

案例 8-2

在元旦晚会上，学校用到了很多的气球，见图8-3，现在请同学们给这些气球分分类。

图 8-3　(1)气球的直观图

这节内容主要以小组探究学习为主，首先让每一组学生讨论如何将这些气球分类，然后再将他们的结果进行汇报。在汇报的时候，各组呈现出不同的分类结果：

第一，按颜色分类：

 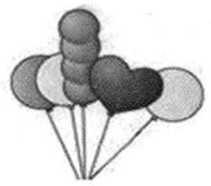

黄色：　　　　　　　　　　　　　　　　　　　　　　6个

蓝色：　　　　　　　　　　　　　　　　　　　　　　4个

红色：　　　　　　　　　　　　　　　　　　　　　　2个

图 8-3　(2)按颜色分类的直观图

第二，按形状分类：

葫芦形（3个）　　　心形（4个）　　　圆形（5个）

图 8-3　(3)按形状分类的直观图

这两种分类结果是学生根据自己找出的分类标准得出来的。其中，特别应该注意的是：学生虽然分类的标准不一样、结果不一样，但是最后得出的气球总数应该是一样的。另外，教师在教学的过程中，应该要求学生在对这些气球进行分类时，从不同的角度出发，找出各种不同的分类标准，养成全面看问题的习惯。

一般情况下，在面对着这些气球的时候（以按颜色分类为例），学生可能会直接数出黄色气球的个数、蓝色气球的个数，再数出红色气球的个数，然后来比较哪种气球多。但是当气球足够多的时候，学生可能会想到另外一种方法，即先把这些气球分开，然后再数出气球的个数。因此,我们可以说分类思想是在实践操作的过程中逐渐形成的。下面是学生的分类练习。

1. 涂一涂

请把会飞的动物涂上红色,在水里生活的动物涂上绿色。见图8-4。

图 8-4　小动物集合直观图

这道题目表面上是给动物涂色,实际上蕴含了分类的思想。学生在给动物上色之前,就已经开始对这些动物进行分类了,主要分为3种:会飞的动物、生活在水里的动物和其他动物。这样变式的分类形式,可以让学生自己动手操作,体验数学的乐趣,避免了学生对分类题目单一的呈现形式产生厌恶的情绪。

2. 勾一勾

请在图8-5中的蔬菜下打√,水果下打×。

图 8-5　蔬菜水果直观图

"勾一勾"这个题目就是改变了分类的题目形式,但它真正的内容还是以"分类"为中心,主要是分为蔬菜和水果两类。

以上的题目都隐藏着分类思想。教师需要在教学时引导学生如何从题目所给的信息入手,找出题目真正要表达的含义。在学生学习分类知识时,教师也可以有意识地引入简单的图表来帮助学生呈现他们的分类结果。但是对于一年级的学生来说,可以不要求他们如何规范,只是让他们先形成这个图表意识,为以后学习统计表奠定基础。另外,在整个学习的过程中,教师也应该重视学生的情感体验。首先,让学生在自主学习的活动中积极主动地探究,让他们用语言将自己的结果表达出来;其次,需要注意用积极的语言评价学生学习的过程,让每个学生在学习过程中获得成功的情感体验,树立学好数学的信心。

二、数据合并的复式统计表

统计表是用表格来表现统计资料的一种形式。按表内项目的多少可分为单式统计表和复式统计表。只对某一个项目的数据进行统计的表格,叫做单式统计表,也叫简单统计表。统计项目有两个或两个以上的统计表格叫做复式统计表。复式统计表具有承前启后的作用。"承前"指的是复式统计表的学习是以单式统计表为前提条件。"启后"指的是复式统计表的学习能为复式条形统计图、复式折线统计图的教学奠定基础。

由于复式统计表的结构、数据填写和分析比单式统计表要复杂得多,容易出错,所以在学习这部分内容的时候,我们可以借用前面已学过的方法,把问题化繁为简。例如,教师要求学生统计班上男生和女生喜欢看课外书、玩电脑、打篮球、跳绳的人数各是多少(此处每位学生只能有一项爱好),并将所获得的数据填写到表8-3当中。

表8-3 四(2)班学生课外活动项目情况统计表

性别\人数\项目	合计	看课外书	玩电脑	打篮球	跳绳
总计					
男生					
女生					

在进行统计时,可将复式统计表拆分为几个单式统计表,然后再进行汇总。拆分的标准可以有两种。按性别分类,拆成2个单式统计表,见表8-4,首先统计男生喜欢看课外书、玩电脑、打篮球、跳绳的人数以及总人数。另外统计女生喜欢这四个项目的人数以及总人数,见表8-5。

表8-4 四(2)班男生课外活动项目情况统计表

项目	合计	看课外书	玩电脑	打篮球	跳绳
男生/人					

表 8-5　四(2)班女生课外活动项目情况统计表

项目	合计	看课外书	玩电脑	打篮球	跳绳
女生/人					

当男生和女生的人数都统计完,填到相应的表格中去的时候,我们应注意总计中的数据是需要学生去计算的,但前提是学生需了解总计所代表的含义。比如,看课外书的总计指的是男生和女生都喜欢看课外书的总人数。依此类推,可将后面的空格依次填完。

在最后汇总的时候,特别需要注意的地方是几个总计相加的和要与几个合计相加的和相等。这一步学生经常会忽略,以致于他们在计算单式统计表出现错误时,很难发现自己最终汇总结果的错误。因此,这一步等价关系的运用很重要,既可验证学生前面单式统计表中的数据是否正确,又可避免最后总计结果错误的产生。另外,教师还可遮挡表格中的某些数据,让学生还原数据,这样可以加深学生对统计表数据的理解。并且出示横式与竖式调换后的统计表,由学生进行填写,有利于学生更加深刻地认识复式统计表。

三、条形统计图的单位

(一) 一格代表几个单位

在绘制条形统计图时,学生考虑的首要因素是 1 格代表几个单位才能符合题意。要让学生具备从 1 格代表 1 个单位转变到 1 格代表几个单位的思想。

案例 8-3

某班组织跳绳比赛,限时 15 秒,其中 A 组跳绳的次数如表 8-6,现在需要同学们根据表中的数据绘制条形统计图。

表 8-6　A 组跳绳情况统计表(单位:次数)

姓名	小明	小敏	小莉	小亮	小梦	合计
次数	15	10	25	15	5	70

绘制条形统计图,学生会发现:如果一格代表一个单位,图形中的表格根本就不能满足题意。产生了一格代表几个单位的想法。学生们分别按 1 格代表 1 个单位,1 格代表 2 单位,1 格代表 5 个单位,1 格代表 10 个单位,绘制各组跳绳情况统计图(单位:次),如图 8-6、图 8-7、图 8-8、图 8-9 所示。从绘图的过程中,发现其中隐藏的规律。

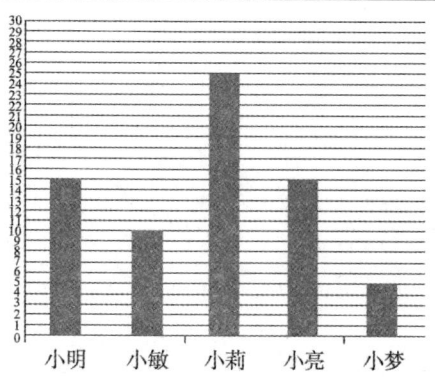

图 8-6　1 格代表 1 单位跳绳次数统计图

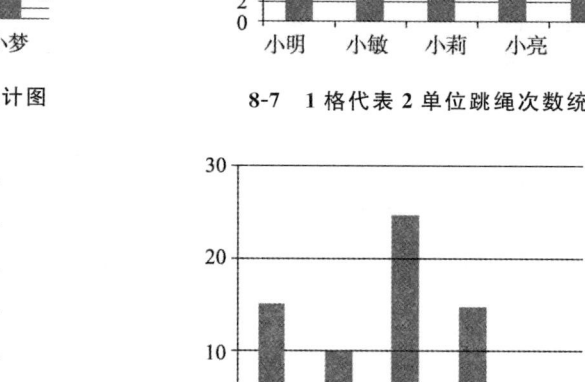

8-7　1 格代表 2 单位跳绳次数统计图

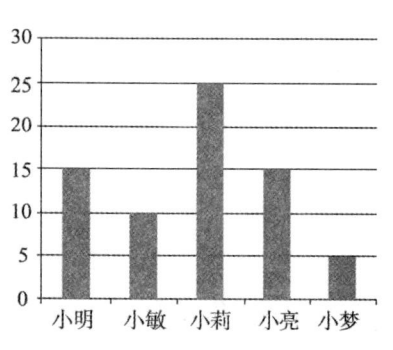

图 8-8　1 格代表 5 单位跳绳次数统计图

图 8-9　1 格代表 10 单位跳绳次数统计图

结果发现：图 8-6 中 1 格代表 1 个单位，15 次用 15 格，单位刻度线太多，不清晰，影响获取数据信息。图 8-7 中 1 格代表 2 个单位，15 次用 7 格半，相对图 8-6 统计图单位刻度少，读取数据容易一些。图 8-8 中 1 格代表 5 个单位，15 次用 3 格，且每一个数据恰好落在统计图单位刻度线上，数据好识别。图 8-9 中 1 格代表 10 个单位，统计图简单，但除了小敏外，其他人的数据不能准确直接识别。综上所述，已知跳绳的次数分别是：15、10、25、15、5，那么我们就可以计算出这些数的最大公约数是 5。又因为最大的次数是 25，如果 1 格代表 5 个单位的话，那么 25 只需要 5 格，其他的分别为 3 格、2 格、1 格。因此，1 格代表 5 个单位是这组数据最清晰的单位刻度了。

（二）复式条形统计图

李老师对三年级的同学做了一次调查，想了解同学们都喜欢什么样的体育活动。根据调查得到的数据见复式统计表 8-7。

表 8-7　三年级体育活动统计表

人数　　项目　性别	乒乓球	足球	游泳	跳绳
男生	30	34	27	14
女生	23	19	26	39

李教师根据这个统计表分别做出了两个条形统计图见图 8-10、图 8-11，同学们观察统计图，从中能够获得哪些信息？同学们更多地关注于男生喜欢的运动项目和女生喜欢的运动项目上，而对男、女生在同一个项目的没有分析比较。

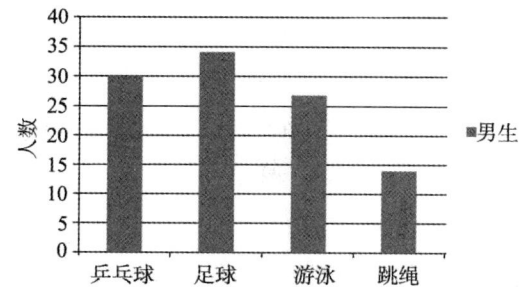

图 8-10　三年级男生喜欢的运动项目统计图

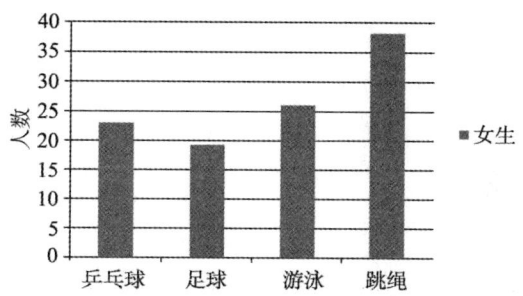

图 8-11　三年级女生喜欢的运动项目统计图

李教师进一步引导："如果老师既想看到同学们喜欢哪些运动项目，又想一眼看出喜欢每个项目的男、女生人数的差异，怎么办呢？"这时，有的学生会回答："合并统计图"。教师借此机会，出示合并的统计图，见图 8-12。

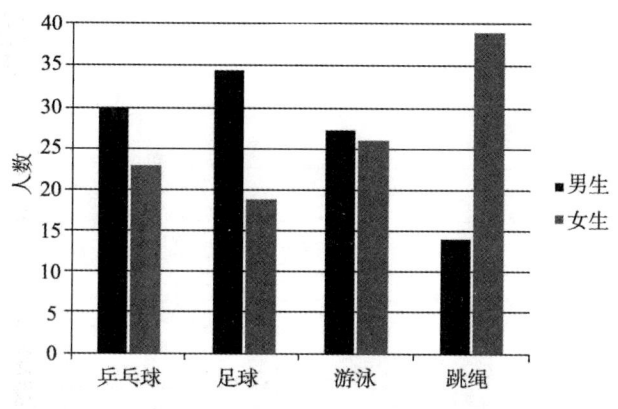

图 8-12　三年级学生喜欢的运动项目人数统计图

复式条形统计图最大的优点就是包含两类以上的信息，便于分析和比较。它与单式条形统计图既有区别又有联系，联系是都能形象地比较参加不同运动项目的人数；区别是单式条形统计图只表示男生（或女生）参加不同运动项目人数的比较，复式条形统计图既可以比较男生和女生参加同一运动项目的人数,也可以比较男生(或女生)参加不同运动项目人数。

(三)带省略号的条形统计图

 案例 8-4

2013年学校为了了解学生的健康状况,测量了全体学生的体重,其中三(1)班第一小组的学生体重情况见表 8-8。

表 8-8　第一小组学生体重统计表

姓名	李明	王芳	赵兰	刘玉	李琴
体重/千克	35	33	32	40	36

表中的数据告诉我们,学生们的体重相差不大,如果用1格代表1千克来绘制条形统计图,35千克就要画35格,体重相差1千克的两个同学,他们之间的差距也不容易从统计图中看出来。见图8-13。

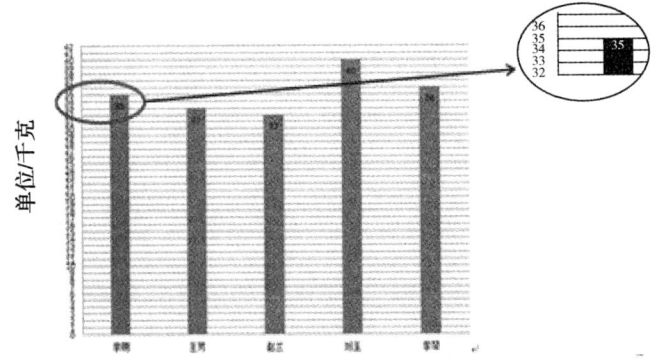

图 8-13　第一组学生体重统计图

由题目可知,这些人的体重都是在32千克以上,所以我们可以使用省略符号将0~30千克之间的刻度省略,这样就能准确地表示出5位同学在32千克以上的体重的差异了。见图8-14。

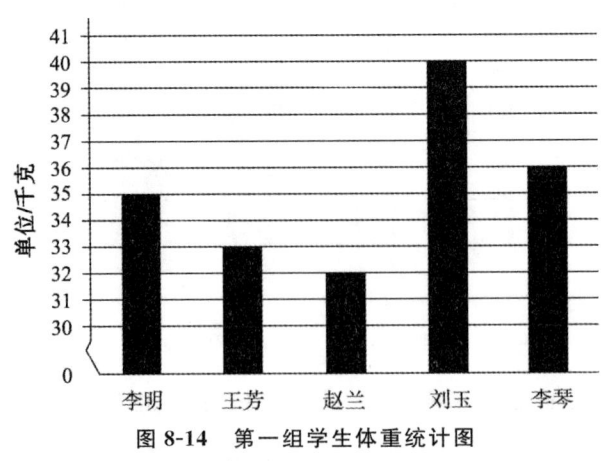

图 8-14　第一组学生体重统计图

四、折线统计图的用途

折线统计图是用1个单位长度表示一定的数量,根据数量的多少描出各点,然后把各点用线段顺次连接起来,以折线的上升或下降来表示统计数量增减变化。折线统计图分单式的或复式的,我们以复式折线统计图为例阐述它的作用。

案例 8-5

中俄两国在26～30届奥运会上,得到的金牌数量,见表8-9。

表8-9 中俄两国在26～30届奥运会上获得的金牌数(单位:枚)

金牌数　届数 国家	26届	27届	28届	29届	30届
中国	16	28	32	51	38
俄罗斯	26	32	27	23	24

下面我们用折线统计图表示中俄两国奥运会上获金牌情况,见图8-15、图8-16。

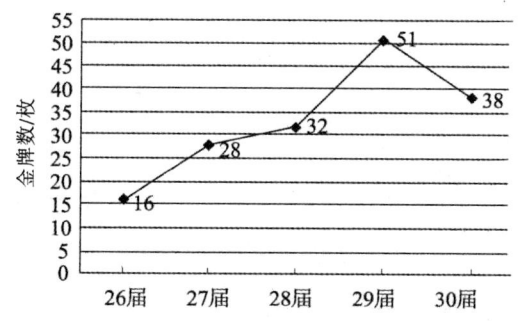
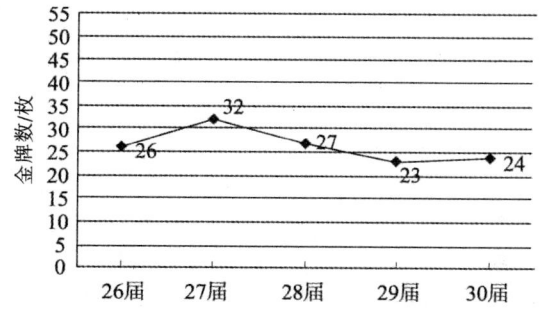

图8-15　中国26～30届奥运会获金牌数　　　　图8-16　俄罗斯26～30届奥运会获金牌数

如果我们既想知道中俄两国这些年来获得金牌数量的变化,又想对比两国获的金牌数,因为学生在四年级上册已经学过复式条形统计图,有相应的经验,所以可以将两条折线合并在一起,见图8-17。

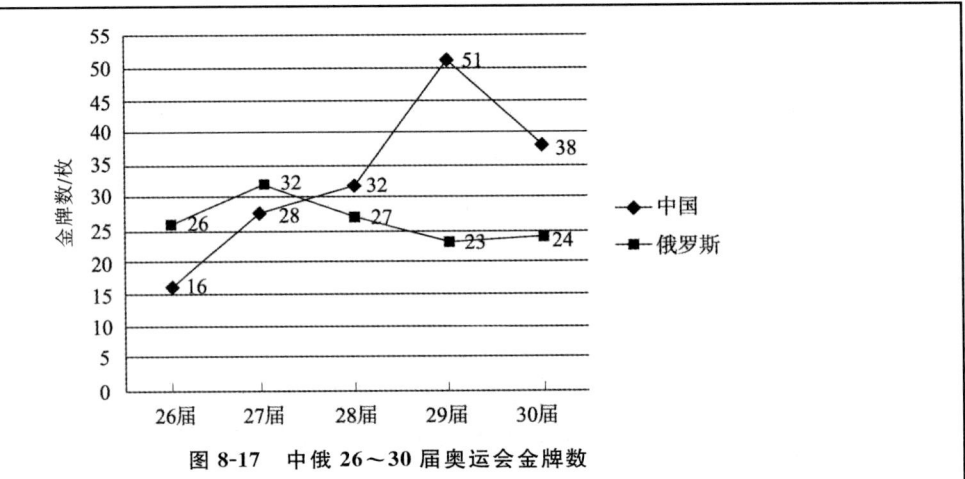

图 8-17 中俄 26~30 届奥运会金牌数

从图 8-16 可知,以此统计结果还可以对下一届运动会获金牌数进行推测。因为中国在近几届以来金牌数量一直比俄罗斯多,即使是在第 30 届的时候,中国的金牌数量有下降趋势,但是它仍然多于俄罗斯。这个问题设置的目的是让学生体会复式折线统计图具有便于比较两组数据变化趋势的特点。因此,我们不能把学生当成一张白纸,而是通过教师恰当的提问和适当的提示,自然地唤醒学生已有体验,引导学生运用旧知识来解决新问题,简洁快速地"产生"复式折线统计图,体会它的优点。

另外,折线统计图同样会遇到 1 格代表 1 个单位读图较麻烦的问题。以中俄两国金牌数量的问题为例,我们可以得知,我们只需做出 16 块金牌以上的折线统计图即可(与条形统计图同理)。

折线统计图是由点和线构成的,其中点表示数量的多少;线反映数量的增减变化;线陡表示数量变化快,线缓表示数量变化慢。因此,折线统计图不仅可以表示具体的数量,而且还能反映数量的变化趋势,使学生体会到折线统计图的优势和作用。在富有挑战性的情境中学习折线统计图,教师应使学生对数学产生亲近感,鼓励学生在生活中积累素材,并且把自己所学的知识运用到生活中,实现知识与生活之间的双向功能,从而有效地调动学生学数学的兴趣,促进学生学习的主动性,加深学生对折线统计图的理解和掌握。

学生在做这些类似的题目时,教师首先应该要求学生理解题中所要表达的真正目的。然后再说说学过的各类统计图的特征、通途。最后,根据题中的要求选择合适的统计图示,使问题表现的生动鲜明,便于比较,易于理解。

五、扇形统计图的作用

扇形统计图是用整个圆表示总数(单位"1"),用圆内各个扇形的大小表示各部分量占总数量的百分之几,扇形统计图中各部分的百分比之和等于"1"。在小学阶段,主要的教学任务主要是认识扇形统计图的特点,了解扇形统计图的作用,学会从扇形统计图中获取信息。下面就实例来具体说明。

案例 8-6

某班对学生课外活动情况做了一个调查,发现喜欢乒乓球的有 12 人,喜欢足球的有 8 人,喜欢跳绳和踢毽子的分别有 5 人和 6 人,喜欢其他运动项目的有 9 人。我们可以知道参加各个项目人数占全班人数的百分比吗?教师可以要求学生分组计算出各个项目所占的百分比。其中乒乓球占总人数的 30%,足球占 20%,跳绳占 12.5%,踢毽占 15%,其他占 22.5%。扇形统计图反映各部分数量占总数的百分比。因此如果需要部分数占总数百分比的问题,可直接录入数据,扇形统计图直接显示百分比数,见图 8-18。

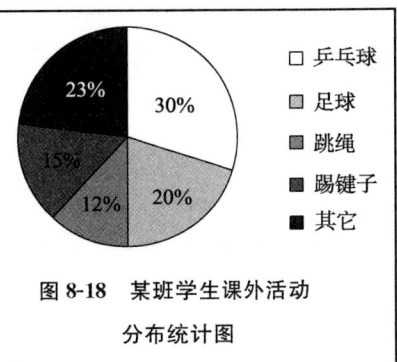

图 8-18 某班学生课外活动分布统计图

在生活中我们还会经常看到牛奶盒上用扇形统计图表示的成分比例,见图 8-18,我们可以从这个图中得出什么信息呢。

观察图 8-19,首先要引导学生看图旁边注释的文字,而不是急于找到各个百分比。从旁边的文字我们可以知道牛奶由水分、蛋白质、脂肪、乳糖以及其他营养成分构成的。其次,看图中的数据,其中水分占的最多,是 87%;蛋白质占 3.3%;脂肪占 4%;乳糖占 5%;其他占 0.7%。然后,我们还可以根据已知的牛奶重量,求出各营养成分所占的重量。

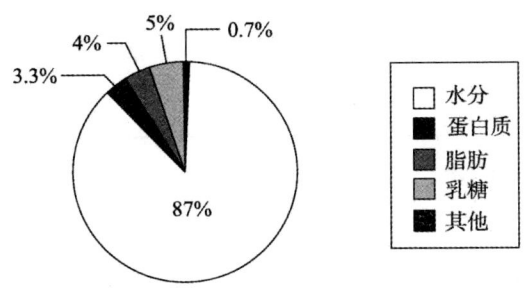

图 8-19 牛奶里各营养成分比例

扇形统计图不像条形统计图可以直接显示数据的多少,也不像折线统计图可以反映变化趋势,但是它可以很清楚地表示出各部分数量同总数之间的关系。在教学的过程中,教师需要用一些提问来启发学生思考,引出新的知识,通过一些案例的呈现和学生的课堂参与,让学生能更好地理解新的知识,不断加深印象。

六、平均数的作用

平均数是小学数学中唯一的一个统计量。首先我们来了解一下平均数是什么。假设给出几个数 $a_1, a_2, \cdots, a_n$,它们的平均值是

$$a = \frac{a_1 + a_2 + \cdots + a_2}{n}$$

（一）求平均数的方法

除了上面的公式外,小学平均数的计算常见的方法还有两种,一种是移多补少法,这种方法主要是在数量较小时使用比较方便;另一种方法是总数量÷总份数＝平均数。

1. 移多补少法

案例8-7

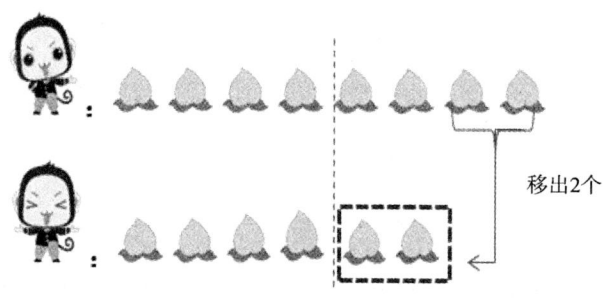

图8-20 一样多的桃子分法

如图8-19所示,1号小猴子比2号小猴子多4个,要使这两只小猴子拥有的桃子数量一样,那么就要把这多出的4个桃子平均分成两份,把其中的一份分给2号小猴子,也就是说1号小猴子要给2号小猴子2个桃子,他们的桃子才会一样多。用算式表示即:4+2＝6个。

2. 总数量÷总份数＝平均数

案例8-8

一辆汽车前3小时共行驶170千米,后4小时共行驶250千米,这辆汽车平均每小时行驶多少千米?

首先我们要求出汽车行驶的总路程:170+250＝420(千米);其次求出总时间:3+4＝7(小时);平均速度:420÷7＝60(千米)。

在不同的场合下我们应合理选择适合自己的方法,这样不仅能够迅速得到有效的数据,而且还能够做出正确的判断。

（二）依据平均数作判断

案例 8-9

在一次篮球总决赛前，甲队的一名队员突然受伤，需要补充一名新队员，候选人有 5 号和 6 号，两人在小组预赛中的成绩记录，见表 8-10（横线表示没上场）。

表 8-10 5 号和 6 号队员预赛的得分统计表

	第一场	第二场	第三场	第四场	第五场
5 号	9	——	11	13	——
6 号	7	11	——	14	8

从表 8-10 中，你能知道什么？你会怎样做出决定？学生带着问题分组讨论、计算、分析，有人说："5 号在小组赛中共得了 9+11+13=33 分，6 号共得了 7+13+12+8=40 分，所以我们认为应选 6 号。"这时，有不同的意见："5 号和 6 号的比赛次数不一样，所以不能将他们的总分作为参考。但是如果不比总分，怎样才能比较出两个队员的成绩呢？"

学生讨论交流后达成共识：用平均得分来选队员比较合理。5 号平均得分：(9+11+13)÷3＝33÷3＝11（分），反映的是三场小组赛的得分情况。6 号平均得分：(7+13+12+8)÷4＝40÷4＝10（分），反映的是三场小组赛的整体得分情况。所以最终选择了平均得分高的 5 号，并且学生从中还发现了"平均数比每场的得分数中最大的数小，比最小的数大"这个规律。

（三）平均数误区

有这样一道题：小明身高 1.4 米，河水平均深度是 1.25 米，那么小明下河会有危险吗？

这个题目其实可以用来检测学生是否真正理解了平均数的含义。河水的平均深度 1.25 米指的是整个河水深度的平均值，不是具体某处的值。即有的地方水深可能大于 1.25 米，有的地方也有可能小于 1.25 米，因此小明下河是否有危险是不确定的。但是有些学生如果没有仔细观察题目，以偏概全，往往会认为小明下河是安全的，所以教师在教学的过程中，要有意识地培养学生理解数学的意义，深入思考后再下结论。

类似的，在一次数学考试后，小明告诉妈妈自己考了 77 分，但是班级的平均分只有 76.1 分，所以自己算是中等偏上的水平。但是妈妈看了成绩排名后非常生气。因为班上共 20 人，1 个 95 分，2 个 90 分，14 个 80 分，1 个 20 分，1 个 30 分。有的同学会产生这样的疑问：难道是小明在说谎？班级的平均分的确是 76.1 分，这一点小明确实没有说谎，但是小明的成绩在班上却排在倒数第三，那究竟是为什么呢？因为 76.1 分虽然是平均分，但是不能代表班上大多数学生的成绩，因为有两个学生的成绩太低了，所以导致全班的平均分下降了。

平均数具有平分的特点，河水平均深度表达没有问题，小明班里的平均分也没有错，这些"平均"都是移多补少的结果。但"河水的深度"或"班里的中等以上水平"反映的是一组数据的整体水平,需要用去除极端值后,用能代表一组数据集中状况的量来表示,即如果平均数不含极端值时,可以作为统计量代表整体水平,否则,平均数只代表平均,不能说明整体状态。因此,当一组数据相差较大时,应避免用平均数作为统计量来表示客观事物的水平。

七、在活动中体验不确定现象和可能性大小

可能性是指事物发生的概率,是包含在事物之中并预示着事物发展趋势的量化指标。在不变的条件下重复进行 n 次实验,事件在 n 次实验中发生 m 次,则 $\dfrac{m}{n}$ 为事件发生的概率。

在小学阶段,学生主要是感受可能性大小,并对可能性大小做出定性的描述。例如摸球游戏,在一个不透明的袋子里,里面有一个黄球和一个红球,见图 8-21,每次摸一个球,记录他们摸到黄球和红球的次数。结果发现:当摸到的总次数足够多的时候,摸到黄球和红球的次数不相上下。

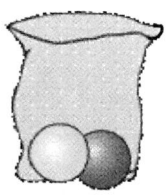 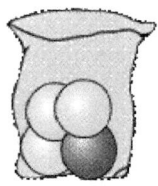

图 8-21　不透明的袋子里有 1 黄 1 红球　　图 8-22　不透明的袋子里有 3 黄 1 红球

学生从袋子里任意摸一个球,每个球都可能被摸到,但由于事先无法确定哪个球一定会被摸到,所以这个事件是随机的,并且,图 8-21 中黄球和红球的数量一样,被摸到的可能性是一样的。这就是可能性大小的定性描述,它不要求用具体的数字去代表可能性发生的大小。

图 8-22 的袋子里一共有 4 个球,黄球有 3 个,红球有 1 个。当摸球次数足够多时,黄球出现的次数大于红球的次数。

在这个例子中,学生既能体会到事件发生的随机性,还能从比较中发现可能性是有大小的。并且存在着这样的关系:当可能性的大小与数量有关时,总数中所占数量越多的物体,出现的可能性越大;反之,所占数量越少的,可能性就越小。

可能性内容教学只需了解与感受,不要求计算出可能性的大小,为了符合儿童的心理和思维发展水平,教学重点放在可能性的理解和可能性的定性描述上。与此相比,统计内容更丰富一些。

第四节　小　结

一、本章焦点问题

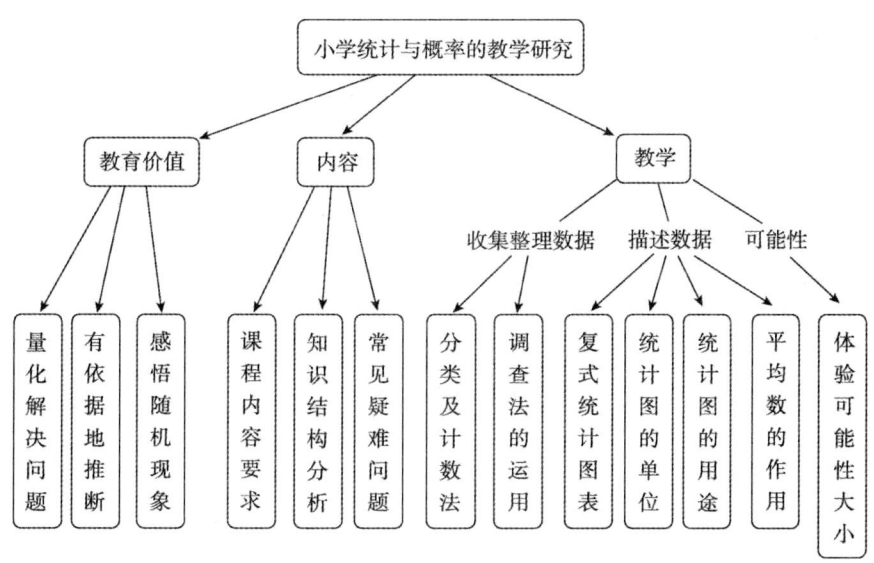

二、阅读导航

A. 期刊中析出的文献

[1] 巩子坤,宋乃庆."统计与概率"的教学：反思与建议[J].人民教育,2006(21).

"统计与概率"是数学新课程中最让小学教师感到"头疼"的内容。这个具有独特思维方式的领域既难教又难学,尤其是让许多成人都感到抽象难解的"概率",也首次成为小学数学的一部分,它能否真的变成我们所期待的"儿童数学"？这里涉及几个方面的问题：一、有没有必要让儿童学习它？二、儿童有没有能力学习,或者说,统计与概率能否变成"儿童数学"的形态？三、教师有没有能力驾驭这样的"儿童数学"。假如前述两点成立的话,如何让教师具备这样的能力？此文就通过个案研究带给我们关于上述问题的诸多思考。或许,真正的答案还隐藏在更加深入、普遍和专业的科学研究之中,还孕伏在更成熟的思辨和讨论之中,但这并不削减一项真实调查的价值。当我们直面现状从而激起对这些永恒问题的思考时,这些思考也就有了当下的意义。

[2] 李卓.小学数学教材螺旋上升编排方式探析——以统计与概率为例[J].内蒙古师范大学学报(教育科学版),2012(4).

螺旋上升的编排方式在小学数学教材编写实践中得到了普遍认同,现在使用的教材均采用了螺旋上升的编排方式。以统计与概率为例,剖析了统计与概率螺旋上升过程中螺旋内容存在的问题,并提出了相应的建议。

三、电子资源平台

[1] 新课标第一网:http://www.xkb1.com/shuxu/xiaoxueshuxue/

特点:教材涵盖范围全,课件质量高;小学、初中、高中各个学科之间都有相关链接,方便查找。

[2] 小学数学教学资源网:http://xs.ruiwen.com

特点:涵盖内容丰富,包含教案、课堂实录、课件、班主任工作总结心得、试卷、教学论文;检索功能强大,内容分类明确。

[3] 国家基础教育资源网:http://www.cbern.gov.cn/derscn/portal/index.html

特点:提供权威、免费的课程资源;各种版本均有,内容丰富。

四、思考与练习

1. 简述小学统计教学内容结构。
2. 结合实例简述如何理解《课标(2011)》核心概念"数据分析观念"。
3. 分析评述一份小学统计(或概率)的教学设计。

第九章 小学综合与实践的教学研究

教学目标

1. 了解《课标(2011)》中综合与实践的课程目标和课程内容
2. 理解小学设置数学综合与实践的目的和作用
3. 了解小学数学综合与实践的活动类型和教学环节

第一节 小学综合与实践的教育价值

《课标(2011)》指出:"综合与实践"是以问题为载体、以学生自主参与为主的学习活动[1]。与"数与代数""图形与几何""统计与概率"的知识和方法不同的是,"综合与实践"被定义为学习活动。"活动"可以改变数学知识的抽象性,让数学"具体""可操作";"活动"也可以增强学生在课堂中的主体地位,学生通过动手、动口、动脑,亲身体验生活的现实,获得经验,解决问题,培养能力。"综合与实践"内容设置的目的在于培养学生综合运用有关的知识与方法解决实际问题,培养学生的问题意识、应用意识和创新意识,积累学生的活动经验,提高学生解决现实问题的能力[2]。由此可见,开展"综合与实践"需要重视数学知识的整体性、现实性和应用性,培养学生的应用意识、问题意识和创新意识,"综合与实践"为学生提供了进行实践探索学习的课程渠道,具有重要的教育价值。

一、激发学生的应用意识

应用意识是《课标(2011)》提出的贯穿数学领域的十大核心概念之一,它具有两个方面的含义,一方面有意识利用数学的概念、原理和方法解释现实世界中的现象,解决现实世界中的问题;另一方面,认识到现实生活中蕴涵着大量与数量和图形有关的问题,这些问题可以抽象成数学问题,用数学的方法予以解决。在整个数学教育的过程中都应该培养学生的应用意识,综合实践活动是培养应用意识很好的载体[3]。实践与综合不仅仅局限于单一的知

---

[1] 中华人民共和国教育部. 义务教育数学课程标准(2011年版)[M]. 北京:北京师范大学出版社,2012:5.
[2] 中华人民共和国教育部. 义务教育数学课程标准(2011年版)[M]. 北京:北京师范大学出版社,2012:4.
[3] 中华人民共和国教育部. 义务教育数学课程标准(2011年版)[M]. 北京:北京师范大学出版社,2012:7.

识点,也注重综合应用,因而必将激发出学生的应用意识。

二、提升学生的创新意识

学贵有疑,有疑才有思,有思才有问,有问才有悟。因此,培养一个人的问题意识被古今中外众多名家所重视和推崇。孔子要求自己和学生"多闻阙疑","不耻下问",认为"疑是思之始,学之端"。宋代学者朱熹讲:"读书无疑者,须教有疑,有疑者却要无疑,到这里方是长进。"国外诸多学者也极力倡导培养人的问题意识。亚里士多德曾说过:"思维是从疑问和惊奇开始的"。苏格拉底形象比喻:"问题是接生婆,它能帮助新思维诞生。"

综合实践活动是以问题为载体的学习活动,学生们发现问题、提出问题,针对活动中的某个问题与同学分析、讨论,交流不同的见解与想法;有时根据自己对某个问题、现象或材料的观察、分析、综合,经过类比、归纳、抽象、概括,提出有价值的需要进一步思考和研究的问题。因此,综合与实践为培养学生的问题意识提供了平台。

学生自己发现和提出问题是创新的基础,问题意识、独立思考、学会思考是创新的核心,归纳概括得到猜想和规律并加以验证是创新的重要方法。在综合与实践中,给学生自己发现和提出问题、独立思考、归纳猜想等提供了更大的空间。例如,北师大版教材中的"包装"一课,学生在了解包装的要求后,开始根据自己的想象设计各种各样的包装方法。从了解到设计这个过程中,教师没有告诉学生怎样做,而是让学生自己尝试,自行探索,自己想办法去设计。在这个过程中既满足了学生的兴趣和求知欲,又使他们在想与做的过程中,发挥了自己的潜能,不断地触发学生创新的火花。

三、沟通数学与生活的联系

教材中的综合与实践活动是在数学知识内容的基础上设计的,目的是使学生学会应用所学的数学知识解决生活中的实际问题,进一步提高解决问题的能力。例如,人教版教材中"确定起跑线"活动,是关于学校田径场 400 米的环形跑道上确定起跑线的问题。它包含了图形的认识、测量、数据调查、计算、推理等多方面的数学知识与技能,具有较强的综合性。田径场上环形跑道线是由直线和半圆合成的组合图形,如果利用组合图形的分解,分别计算出每条跑道的长度比较麻烦。在活动中学生通过计算每条跑道上弯道圆的直径、圆周长和跑道全长发现,最内侧跑道的长度恰好是400m,依次往外,相邻跑道线长度增加而比赛的终点相同,为保证学生在不同跑道上跑的路程相同,须合理确定起跑线。由于 8 条跑道长度的计算量大,选用合适的方法就显得很重要。这个活动无论是用"两条直道长+圆周长"代替环形跑道长的"转化法",还是用类推的方法快速推算出环形跑道长,都呈现出解决问题时方法的关键作用。综合与实践活动,沟通了生活中的数学与书本上的数学的联系。

四、积累数学活动经验

数学活动经验是学生经历数学活动之后所留下的直接感受、体验和感悟。数学活动经验的积累是提高学生数学素养的重要标志。数学活动经验需要在"做"的过程和"思考"的过程中积淀，是在数学学习活动过程中逐步积累的。综合与实践活动是积累数学活动经验的重要载体。学生通过外显的行为操作，如"量一量，比一比""填一填"等活动，对学习材料的直观感受、体验和经验都是直接的活动经验。此外，在经历具体的"综合与实践"问题的全过程中，引导学生体验如何在生活中发现问题，如何选择适合自己完成的问题，如何根据所学数学知识把实际问题变成数学问题，如何设计合理的方案来解决问题，如何选择合作的同伴，如何有效地呈现自己实践的成果，让别人体会自己成果的价值。通过这样的教学活动，学生会逐步积累运用数学知识解决问题的经验。

五、培养解决问题的能力

综合与实践是学生积极参与的动手实践、观察、操作、思考、交流活动，可使得学生们接触到相关研究问题的题材和资源，并运用学到的数学知识去解决实际问题。例如，在学习了认识人民币之后，教师可以为学生安排"逛商店"的综合与实践活动，通过模拟现实生活中买东西的实践活动，把学生课堂上认识的人民币以及元、角、分之间的换算，应用到实践活动中，这样更有助于学生理解学到的知识，缩短书本知识与现实生活的距离。同时，还能让学生接触到书本上学不到的知识，比如查看商品的保质期，如何识别商品的质量等。因此，综合与实践对于培养学生的应用意识具有重要意义。

第二节　小学综合与实践的内容和特征

一、综合与实践的课程内容要求

表9-1展示了综合与实践的课程内容和要求。

表9-1　《课标(2011)》综合与实践的课程内容要求

	综合与实践
第一学段	1. 通过实践活动，感受数学在日常生活中的作用，体验运用所学的知识和方法解决简单问题，获得初步的数学活动经验。 2. 在实践活动中，了解要解决的问题和解决问题的办法。 3. 经历实践操作的过程，进一步理解所学的内容。

续表

	综合与实践
第二学段	1. 经历有目的、有设计、有步骤、有合作的实践活动。 2. 结合实际情境,体验发现和提出问题、分析和解决问题的过程。 3. 在给定目标下,感受针对具体问题提出设计思路、制定简单的方案解决问题的过程。 4. 通过应用和反思,进一步理解所用的知识和方法,了解所学知识之间的联系,获得数学活动经验。

二、学生的活动方式

(一)主体参与

课堂教学是一种师生双边参与的过程,学生是活生生的人,是学习的主人,是课堂上探索、求知的主体。因此,在教学过程中,教师要善于创设问题情境,让学生自己制定解决方案,给学生较大的自由选择权。教师必须了解学生,充分掌握学生的已有知识基础,找准教学的起点,在全面深入研究学生和钻研教材的基础上,根据学生课堂学习的实际状况和需求及时调整教学环节,设计动态化的教学过程,让学生通过数学计算、科学知识等活动,在实践中感受生动的现实生活,帮助学生构建新的知识,掌握新的技能。

例如,"量一量"是在学习了长度单位米、厘米以后安排的综合与实践活动。"量一量"的内容,由学生自主选择合适的标准测量单位,测量身边熟悉物体的长度或高度,如"教室大约10米"、课桌的高度、同学的身高、同学的肩宽、数学书长度,等等,从测量的方向上看,既有水平方向的,也有竖直方向的,在计量单位方面长一些的物体用"米",短一些的用"厘米",用多种不同的计量单位表示长度或高度。

学生们通过对自主选择的物体量一量,对所测数据形成清晰的直观认识,加深对长度单位的理解,积累了测量及表示长度的经验,并将抽象的长度或高度的数据与自己的感知和认识结合起来,在头脑中形成清晰的表象,增强对"量"的实际意义的理解,发展了学生的长度观念。

(二)积极思考

综合与实践活动的开放性是保证活动主体能够自主活动的一个重要条件。开放性表现在内容方面是丰富多样的且具有可选择性;在活动过程中是动态发展的,学生的课堂表现、活动进程是可调节的;活动的空间是开放的,由课内、课外以至校外;活动的成果是开放的。例如,在复习"利息"时,设计了这样一道开放式的探究练习:2012年春节,张大伯把18000元钱存入银行,定期两年,再过一个月就要到期了,但是前几天张大婶突遇车祸住院治疗,急需要用这18000元钱,可是银行规定:凡不到期取款一律按活期计息,为这张大伯左右为难,请你替张大伯想想办法。学生通过小组合作,探究出了多种解决办法。方法一:救人如救火,先治伤要紧,损失一点钱就算了;方法二:向亲戚朋友暂借一个月,一个月后归还;方法三:先向银行贷款 18000 元,时间为一个月,一个月后再取出存款还贷款;方法四:把家里值钱的东西贱卖了先救人,一个月后再取出存款使用。最后师生共同探讨,觉得方法三最好。这样既复习了课本知识,又不囿于书本,将课上"活"了。

(三) 合作交流

在合作探究的过程中,小组成员之间既要有明确的分工,防止出现互相推诿、被动参与或唯我独尊的情况,又要注意小组成员之间的通力合作。例如,让学生设计"郊游乘车"方案时,我们采用小组合作探究的学习方式,强调师生之间,生生之间的合作互动,给予学生更大的自由活动空间,以获得更多的相互交流机会,以利于学生更自然、更大胆、更主动地进行交流合作,互帮互助,产生共生效应,达到共同发展提高。教师积极指导学生学会在合作中与人协调和施展自我,培养学生合作的意识和合作精神,提高探究活动的效率。

第三节 小学综合与实践的活动教学

由于不同年级的小学生知识、兴趣和能力不同,综合与实践活动要考虑他们的不同需求进行设计。在综合与实践的教学实施中,要注重实践,在活动的过程中,让学生自主参与、全程参与、积极动脑、动手、动口;要注重综合,在活动的过程中,内容的选择要与生活实际、数学内部知识以及其他学科知识相联系。本节主要从综合与实践的活动类型、重点、教学环节及注意事项进行探讨。

一、综合与实践的活动类型

小学数学综合与实践的活动类型丰富多彩,主要有以下几种类型。

(一) 游戏活动

将数学知识、实践活动与学生喜闻乐见的游戏结合。例如:一年级学生学了 10 以内数的加减法后,设计数学乐园活动,让一列学生依次口算老师给出的题卡,模拟开火车的方式进入愉快的旅途中;帮助小猴子找妈妈,将小猴子身上的数字与猴妈妈身上的算式联系到一起;在智慧树下采摘智慧果,做出采摘记录等等。这些素材都来源于学生生活,给学生以赏心悦目之感,充分感受数学的乐趣,极大地提高学习数学的兴趣与信心。再例如:扑克牌,是孩子们从小就熟悉的一种游戏工具,孩子非常乐于与伙伴们打扑克,于是可以设计"算 24 点"的游戏(见图 9-1)。学生从熟悉的扑克中,探索出这小小扑克牌中的无穷的数学问题,既练习了混合运算,又训练了学生的思维能力。

图 9-1　24 点游戏

（二）实践操作活动

实践性操作活动，是让学生动手、动脑，通过摆、折、量、画、剪、说等活动调动学生的多种感官，促进学生对数学知识的理解和应用。"摆一摆，想一想"是以理解十位、个位和位值的概念为主题的活动，"量一量，比一比"是以量物体的长度为主题的测量活动。

 案例 9-1

"小小设计师"是以运用平移、旋转、轴对称等图形运动的知识设计图案为主题的操作性实践活动。实践活动开始先让二年级的学生欣赏生活中的图案，见图 9-2，感受图案的整体美，它由 4 张小图形组成，然后辨认图案中图形与图形的关系，第 2、3、4 张图可以看成是第 1 张图平移后得到的；然后让学生自己设计图案并拼图，学生先剪下提供的学具，想象图形运动后拼出的图案，并拼摆出来，见图 9-3、图 9-4。

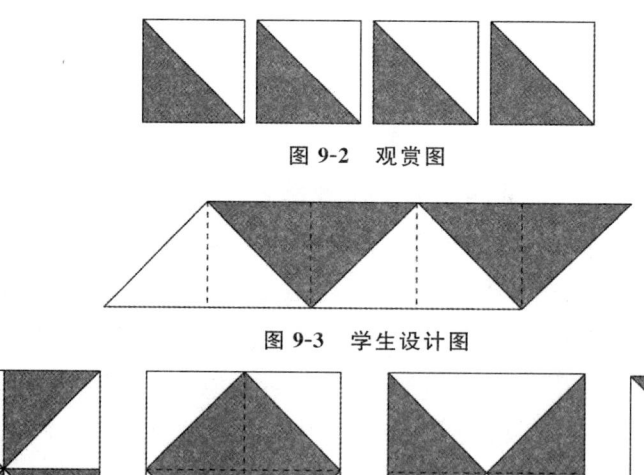

图 9-2　观赏图

图 9-3　学生设计图

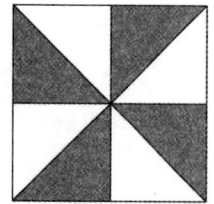 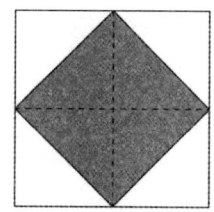 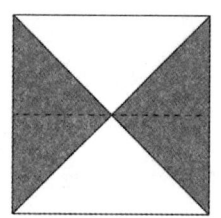 

图 9-4　学生设计图

（三）探究活动

当学生面临各种让他们困惑的问题时，做出各种猜测，想办法寻找问题的答案，在解决问题过程中，对问题进行推理、分析，找出解决问题的方向，然后通过观察、实验来收集事实，并进行归纳、比较、统计分析，形成对问题的解释。最后通过讨论和交流，进一步明确结论。学生们通过探究活动的方式获取对事物的认知，并在这个过程中，学会科学的方法和技能、科学的思维方式，形成科学观点和科学精神。例如"一亿有多大"，学生很难结合具体的量获得直观感受。因此，他们要通过探究活动，借助具体数量的感知，利用可想象的素材感受1亿的大小；体验猜想、实验、推理和对照等一般探究问题的过程和方法；经历与他人合作、交流，共同探讨问题的过程。

四年级学习大数时，学生们认识了计数单位"万""十万""百万""千万""亿""十亿""百亿""千亿"，知道相邻两个计数单位之间的关系，掌握了数位顺序表，至此，学生们学习了小学整数认识的全部理论知识。这时教材安排了综合实践活动"1亿有多大"，由于1亿对小学生太抽象了，需要运用探究方法及策略，借助具体数字帮助学生理解。

案例9-2

"1亿有多大"？

首先，直接呈现问题："1亿有多大"，引发学生的猜想，有人提议"先量出100张纸的厚度"，"量出1000张纸、10000张纸的厚度"，见图9-5。

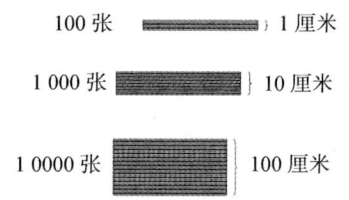

图9-5 纸张的厚度

学生测得500张纸的厚度是5厘米高、1000张纸的厚度是10厘米高，以此推算出1万张纸的高度是100厘米，即1米，1亿张纸的高度是1万米，比珠穆朗玛峰的高度8848.43米还高，见图9-6。

学生在活动中通过探索发现结果，获得了用数学方法解决问题的经验与策略。然后学生们要完成探索活动的重要部分：填写简单的探索活动报告，包括小组成员、活动名称、活动步骤、结论。最后让学生拓展研究对象："你们组选什么东西研究呢？和其他小组交流一下你们的方案。"让学生通过猜想、探索实践，感知1亿有多大。

图9-6 珠穆朗玛峰

(四)社会实践活动

社会实践活动是在教师引导下,学生自主地提出或选择与自己生活、社会生活有关,综合应用所学知识的实践活动。它关注学生在学习活动过程中所产生的丰富的学习体验和个性化的创造性表现,其活动过程与结果具有开放性,在活动方式和活动过程方面,学生可以根据现有的课程资源和自身已有的经验以及收集到的资料等条件自行设计。查找文献、调查、访谈、实验、操作等是综合应用活动的基本方法。综合应用活动有利于学生将所学的知识与实际相联系,使知识得到扩展和延伸,也有利于学生问题意识、数学意识、创新意识的培养。

案例 9-3

"秋游"——模拟旅游

学生们讨论秋游中会遇到哪些问题,得出重点是车辆安排、买门票及安全问题(公园门票价格见表9-2)。

学生们分工收集出游人数、交通、门票、游乐项目和安全的资料,整理归纳如下:

参加秋游人员:学生36人,教师2名,家长4名。

乘公交车,到达目的地需换乘,单程4元/人,则全体成员往返共计$(36+2+4)×8=336$(元)。

如果租车400元/天,限乘50人。学生从方便、安全、经济等方面考虑,很快得出一致意见,租车比买票乘车好的结论。

表9-2 公园门票价格

类　别	单价/元
成人	6
学生	3
团体(至少10人)	4

学生通过讨论得出最经济的买票方案是,买学生票32张,团体票10张,合计136元。

模拟旅游结束,教师引导学生总结收获,公园里有很多值得期待的游览美景,一定要实地游览一次;同学们一起收集资料,一起设计秋游计划,既能满足大家的心愿,又能体现人多力量大,出游方案经济、合理;同学们在讨论中多次用到了数学的知识、思想和方法,体会到数学应用的价值。

课堂教学是以学生"亲历生活和社会实践"为基础的,是为学生感受生活、体验生活、提高实践能力和创新能力服务的,上课的目的是为了促使学生更好地去实践、探究、创新。综合与实践的这四种类型的课并不一定局限于四十分钟,可以根据学生的实际,可长可短,以达到帮助学生解决问题的目的。同时,四种类型的课堂教学也未必一定安排在"课堂"中进行,根据学生实践研究的实际情况,有些内容也可以安排在学生的具体实践活动当中。不同

类型的课堂教学,所选定的指导教师也可以不尽相同。可以根据学生的实际,在学校内按照学生所研究实践的内容重新编班,安排专兼职教师授课来进行指导;或者,由学校、班主任协调,请其他学科任课教师来上,班主任主要起组织作用,完成部分指导任务。

二、综合与实践的教学环节

综合与实践活动课是在学生直接经验的基础上,紧密联系学生自身生活和社会生活,体现学生对知识的综合运用的一种课程形态。综合与实践活动作为综合程度较高的课程,如何上好一节综合与实践活动课无疑是教师教学的难点,一般来说,综合与实践活动课包含了以下几个步骤。

(一)在情境中选择与确定问题

"在情境中选择与确定问题"是综合与实践活动课堂教学的开始。这一环节的主要作用是教师通过运用精妙的设问、现场的角色表演、实物演示、做实验、做游戏、欣赏录像、光盘、课件等方式,创设一种情境使师生共同来感受,目的在于引起学生的注意,激发他们参与实践活动的兴趣,进而引导学生主动提出本次主题活动中想要研究的问题。恰当的问题情境能唤醒学生的学习热情,把教学活动安排在合乎实际的教学情境中,可以使学生积极投入问题情境中,自觉地参与数学实践的探究活动。例如,教学"圆面积"课,教师利用多媒体教学手段,创设了学生喜欢看的解放军叔叔打仗中用手榴弹炸敌人的情境,通过电脑模拟实际的爆炸场面,再由此提炼出圆面积公式推导简图,并向学生提出问题:你知道了哪些信息?选择有关信息,你可以求出什么问题?采用这种音像式问题情境,声像并茂、真实生动,使学生如临其境,调动了学生多种感官的参与,促进了抽象思维和形象思维的协调发展。

数学最初就起源于生活生产,广泛用于解决人们生活和社会活动中遇到的各种实际问题,数学正在不知不觉中改变着我们的生活方式。教师要利用学生对周围生活中事物的好奇心,引导学生仔细地观察、思考生活中各种各样的现象,促使学生发现生活中数学的作用。

例如,随着信息数字化的不断发展,运用数字或符号按一定的规则描述事物,简洁准确地表示出事物蕴含的丰富信息,便于分类查询、统计和管理。

案例 9-4

理解"数字编码",设计小学生的学号

数学编码与学生的生活紧密相关,如邮政编码、身份证号码、电话号码、车牌号码,学生能够感受到编码的广泛应用。教学目标是让学生通过观察、比较、猜测,初步探索数字编码的方法,让学生通过自主探索、合作交流,经历设计编码的过程,初步学会用数字编码解决生活中的问题,培养学生的应用意识和实践能力。

这个主题活动主要分两个层次。第一个层次,从生活中的实例引入数字编码。

表 9-3 数字编码

1	0	1	1	0	1
北京市		通州区		复兴南里	

由于邮政编码中的每一个数字都有其特定的意义,即邮政编码是按一定的规则编制的。这个规则是每组编码由六位阿拉伯数字组成,分别表示省(自治区、直辖市)、邮区、县(市)邮电局和投递局(区),见表9-3。由于邮政编码的精准性和专属性,通过邮政编码能快捷、准确地投递。教学时,还可以和学生一起探索身份证编码的简单方法。这样,对于我们要表达的信息,只要制定一个编码规则,社会信息就可以数字化。第二层次,尝试编码,如给学校的每一名学生编号。让学生自主探索学号中要包含哪些信息,学生们讨论学号里应包含年级、班级、男生、女生、班主任老师,等等。有的同学说:我们今年是三年级,明年就是四年级了,学号不能每年变,最好用入学年份的数字区分年级;还有的同学说,去年我们的班主任是陈老师,今年不一样了,所以班主任不能放在学号里……经过交流学生们达成一致意见,学号包含入学年份、班级、班级排序、性别等信息。如今年新入学的小敏是一班的女同学,她在班里的顺序码是5,见表9-4。

表 9-4 小学生学号设计项目

姓名	年级	班级	班内顺序	性别
小敏	1年级	1班	5	女

制定一个编码规则,将这一信息数字化。规定:年级按入学年份2014编码;因为学校每个年级不超过9个班,班级按1位数编码;小学每班人数不超过45人,班内编码按2位数编码,小敏是05;性别按男1,女2编码。学号编码顺序为入学年份、班级、班内顺序、性别,则小敏的学号为20141052。

数学的综合应用是多种多样的。例如,在教学"圆的认识"一课时,教师把数学学科与美术、思品等学科有机结合起来,围绕"圆的魅力"这个主题设计活动,让学生体会圆在日常生活中的广泛应用,感受圆的美,知道祖冲之在圆周率计算上对世界的杰出贡献,从而促进学生数学综合素养的提高。

(二)在合作交流中研讨与制定方案

"在合作交流中研讨与制定方案"是综合和实践活动的重要环节。这一环节的优劣直接影响到下一环节实施的质量。本环节的主要工作是:学生根据第一环节中提出的研究问题,结合收集到的资料,通过小组内的交流研讨,合作制定出解决问题的具体方案。即首先在小组内充分交流个人的想法,然后集中大家的聪明智慧制定出切实可行的实施方案。在反复的交流和讨论中制定出解决问题的最佳方案。

 案例 9-5

小明家的厨房要铺地砖,有两种设计方案见图 9-7,如果用方案一,需用 90 块砖,从省钱的角度应选哪种方案?

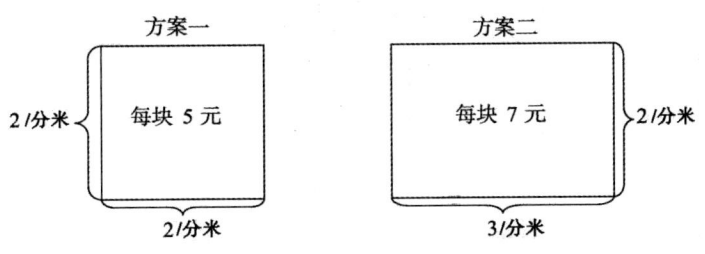

图 9-7 各方案中每块砖的大小和单价

学生们发现厨房面积还不知道,方案一花多少钱可以算出来,但方案二用几块砖还不知道,怎么比价钱呢? 于是大家商量需要解决的问题。

A. 这个厨房的面积是多少?

分析:厨房的面积就是由 90 块地砖组成,那么一块地砖是 2×2=4(平方分米),90 块地砖的面积:90×4 = 360(平方分米)。

B. 第二种方案需要多少块地砖?

分析:根据第一问可知小明家的厨房面积是 360(平方分米),一块地砖的面积是 2×3=6(平方分米),因此方案二需要的地砖=360÷6=60(块)。

C. 哪种方案比较省钱?

分析:比较方案一和方案二这两种方案谁比较省钱,那么就需要把两种方案需要花费的钱算出来。方案一:90×5=450(元);方案二:60×7=420(元)。显然方案二设计比较省钱。

厨房地板砖设计这个题目虽然已知条件比较隐蔽,但是从学生生活经验出发,紧密联系实际,能够激发学生们的探究积极性。他们提出问题,通过合作交流解决问题。学生们感受到数学在生活中的价值,并且也可以便于学生将更多的注意力集中到学习上,提高学习的效率。

(三)在亲身体验中实施方案

"在亲身体验中实施方案"是综合和实践活动的中心环节。这一环节是指学生按照确定好的目标及操作程序,自主实施,让"蓝图"变成现实的过程。在这个过程中,既有学生的独立操作,又有相互间的密切协作,同时也要有教师的指导,避免学生活动的投机性、盲目性、无序性。总之,是学生动眼、动口、动脑、动手的自主活动,教师在引导学生开展探究活动的过程中,应该注重探究活动的合作性和开放性。

 案例 9-6

四年级的"神奇的莫比乌斯带"见图9-8。

图 9-8　莫比乌斯带

这一内容对于学生们是生疏的,直接传授结论,显然学生们是无法深刻理解的。通过学生们的剪、贴,在动手做中学会将长方形纸条制成一个神奇的莫比乌斯纸带。

问题1:你能拿一张纸带,见图9-9,粘贴成两条边、两个面的图形吗?

图 9-9　纸带

学生动手将这张纸条首尾相粘即可。

问题2:你能把这张纸带粘贴成一个面一条边吗?

学生将一张纸带,先捏着一端不动,将另一端扭转180°,见图9-10。

再粘贴起来成莫比乌斯带,见图9-11。

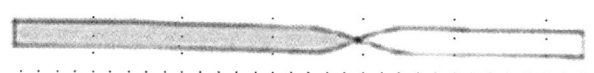

图 9-10　扭转180°的纸带

图 9-11　莫比乌斯带

问题3:你怎样验证莫比乌斯带只有一个面、一条边?

学生们沿着纸带的中间画线,转一圈又回到了原点;从莫比乌斯带的边上一点出发,转一周又回到了原点,这说明莫比乌斯带只有一个面、一条边。

莫比乌斯带在生活中应用很广泛,过山车的跑道采用的就是莫比乌斯原理,见图 9-12。

图 9-12　过山车跑道

学生通过亲手制作莫比乌斯带,懂得莫比乌斯原理,理解了现实生活中种种事物"魔术般变化"的合理性,感受数学的无穷魅力,拓展数学视野,进一步激发学习数学的热情。

(四) 成果的交流与反思

这一环节是学生个体或小群体活动后的升华,是在实施方案环节结束之后,学生以小组为单位展示他们在亲身体验过程中取得的成果并做出介绍说明。当某一个组进行展示介绍时,其他组的同学可以随时提出自己的疑问或新的建议,展开充分地无拘无束地交流活动。这一环节的设计,目的在于通过展示、介绍、质疑、答辩活动,使全体学生在信息的反馈中都能够获得新的收获。

特别需要强调的是,对学生综合与实践活动进行的评价强调过程性评价。在评价学生时,可以让学生开展自评或者互评,而并不仅仅局限于教师进行评价。评价的内容也是多方面的,如评价学生能否主动运用数学知识描述实际问题并设计解决方案,是否善于与同伴交流自己的解决方案,是否具有对自己或他人解决方案的反思习惯,是否积极主动参与讨论等。要把综合与实践活动的评价与日常的书面考试区别开,注重对学生平时表现的记录与考查。

(1) 在评价主体上,由注重单一评价向强调多元评价转变。传统的评价主体是单一的,评价模式是由上而下的单向直线式的,学生作为被评价的对象而被排斥在评价主体之外,而新的教学课程评价理念则主张评价主体的多元化和互动性。因此,在评价中可以采用学生自评、生生互评、家长参评、教师综合评定的民主的、开放性的多方协商评定法,让学生成为评价的主人。由于是让学生自我评价,其压力较小,学生可以充分地畅谈自己参与实践活动的体验、经验和教训,自由地交换意见,同时,这种集体和个人的自我评价也可以使学生享受到健康的民主熏陶和教育。

(2) 在评价内容上,由过去注重知识向关注人的全面发展转变。教育内容的丰富性、多样性决定了评价内容的全面性。而以往的评价内容,仅关注学生的卷面成绩,考试的内容仅局限于基础知识和基本技能。评价的内容除学生的学业成绩外,还依据课程标准,从"情感与态度""合作与交流""课外实践""创新与思维"等非学业方面进行评价,丰富了评价内涵,关注了学生的全面发展。在考试的内容上,加强了与社会实际和学生生活实际相联系的内容,注重了考试内容的综合性、实践性和开放性。

(3) 在评价过程上,由注重结论向强调过程转变。数学综合实践课教学是通过一个个项目来展开的,评价应侧重于学生在学习过程中形成的数学素养,而不是通过学习所获取的学习结果。那种通过书面考试来评价一个学生的所得所失,针对学习的结果打上一个分数,是很不合理的。因此,在评价上把着力点放在过程上,既看主题的确定是否有价值,内容设计是否具有可探性,探究的方法是否科学,又看完成活动是否做到全员参与和全程体验,还看学生在活动中的合作态度和合作能力以及在活动中主动发现问题和探索问题的能力,使评价真正成为学生学会实践和反思、发现自我、欣赏别人的过程。

案例 9-7

六年级"节约用水"

(1) 在情境中选择与确定问题。师生首先欣赏一段关于节约用水的公益广告:琳琳在帮助妈妈做饭时,用淘米水洗菜,洗菜水涮抹布,涮抹布的水浇花;明明将院子里滴滴答答的水龙头纷纷拧紧;等等一些节约用水的举动。随之屏幕上出现了一句话:小小的行动每年节约了大量的水资源。看完录像后,老师笑着问:"同学们,你们能够算出我们拧紧一个滴水的水龙头可以节约多少水吗?"于是,大家就开始七嘴八舌的讨论如何计算节约的水量。至此,一次主题为"节约用水"的综合与实践活动拉开了序幕,并且教师引导学生把此次综合与实践探究的主要问题落实到了"拧紧一个滴水的水龙头一天可以节约多少水"。

(2) 在合作交流中研讨与制定方案。接下来,学生们带着自己提出的"如何才能算出一个水龙头一天浪费的水量?"这一问题在小组内展开了热烈的讨论,很快,一幅幅设计精美、新颖、图文并茂的"蓝图"在学生精彩的汇报中出台了……正是这和谐愉悦的氛围,使孩子们不由自主地以小主人的身份参与到了活动过程之中。

(3) 在实践亲身体验中实施方案。这一环节,学生在交流了各自的设计方案后,便利用自己收集整理的材料开始了亲身体验。他们有的讲述着自己设计的步骤,有的提出了自己的新见解,有的动手进行着测量,有的动笔正在计算……这里既有一个人的独立研制,又有几个人的团结合作,更有组与组之间的研讨和争论,气氛热烈,高潮迭起。孩子们已经完全沉浸在了亲身体验带来的无限乐趣当中,教师则成了一位咨询者、参与者、指导者和服务者。

(4) 成果的交流与反思。活动结束后,学生们不仅按照自己的方案计算出了一个水龙头每天浪费的水资源的量,而且还为节约用水设计了宣传口号,为自己的家庭设计一套节水方案,为全校师生写了一份节约用水的倡议书,小组还合作完成一份主题为"节约用水"的手抄报,等等。继而,有序地在全班展示、介绍自己的作品,有的还要进行一番演示(现场操作表演)。这时,其他的同学并不是简单地观瞧,而是一边欣赏一边动脑思索,而后或提出疑问请介绍者来解答,或对作品提出改进的意见。如此,不但开阔了学生的视野,使他们增长了见识,而且培养了他们的口语交际能力。

> 综合与实践活动的课堂教学环节,只是一个供小学综合与实践活动任课教师们参考、借鉴、操作的一个教学环节的雏形。但事实上,综合与实践活动教学并没有一个固定的框架,在实际教学中教师还是要结合自己的施教具体情况设计出更加灵活、新颖、实用的小学综合与实践活动课堂教学设计,进行有效的教学。

三、综合与实践教学中应注意的问题

(一)要在经历过程中达成既定的教学目标

小学数学综合实践活动课,像其他数学课一样,每节课都有既定的教学内容、教学目标,教师在进行教学设计时,要先对教学内容进行深入分析,制定出相应的教学目标。小学数学综合与实践活动课更注重让学生在过程中学习,引导学生自主地调动已有知识及学习经验,在过程中感受数学方法、思想,发现数学规律,形成解决问题的策略,最终达成本节课的教学目标。但小学数学综合实践活动课又区别于其他数学课,在一节课中,它没有固定的知识点,教师在教学中不能把有待于学生通过数学活动发现的规律用自己的模式固定下来,不能要求学生用统一的方法去学习同一内容,更不能要求学生针对某一学生的发现作为知识点,要求全体学生都掌握。

(二)引导学生进行有效数学思考

综合与实践的过程要注重引导学生进行数学思考,通过有效数学思考,形成解决问题的能力是我们学习数学的终极目的。数学综合与实践活动课与我们日常的数学课相比,给学生留有的思维空间更大,包括活动前的猜想思考、活动中的验证思考、交流中的对比思考以及活动后的反思延伸,数学思考贯穿活动始终。这就需要教师在进行教学设计时,把数学思考的位置给留出来,让数学活动与数学思考有效地结合起来,在这两者之间的结合点上进行巧妙设计,使数学实践活动课能够对所学的数学知识进行合理的整理与应用,真正提升学生的数学能力。一定不能为了活动而活动,形势上热热闹闹,人人都能积极参与,但是却让数学活动课丢失了数学味,这样就失去了开展数学综合与实践活动课的真正意义。

(三)在综合与实践活动课中注重对数学文化的传承

在数学中有机地渗透数学文化也是数学教学的任务之一,而小学数学综合与实践活动课就是传承数学文化的有效载体。综合与实践活动课的教学内容比较广泛,延伸的空间比较深,学生活动的范畴比较大,涉及的数学思想、方法比较多,这些因素就为我们在综合与实践活动中渗透数学文化提供了绝好的契机。在综合与实践活动课中可以让学生了解古代数学名著、著名数学猜想、数学史料等。

(四)创新作业形式——设计课前和课后实践性作业

数学综合与实践活动课具有开放性、研究性、活动性等特点,因此我们在认真设计课堂教学内容、活动形式的同时,还应该大胆地创新作业形式——设计课前和课后实践作业。这项作业可以对课内活动做有效的补充和延伸,让学生更加自主地进行实践与学习。让学生在完成作业的过程中,接受一些数学思想方法,受到更多的数学文化熏陶,获得更多的数学信息,可以让学生受益终身。作业的形式可以是多样的,如小调查、小制作、小课题研究、小研究报告等。

(五)对学生进行及时的教学评价

数学综合与实践活动课中,学生的数学思维层次、解决问题的方法、策略各不相同,学生创新思维展现形式也是多种多样,学生学习个性方式化程度很高,这就要求教师能够在课堂上及时地应变,做出有针对性的激励性评价、延伸性评价及集体性评价。例如:"你的这种想法与数学家的想法相同","你的发现很有研究价值","把你的设想继续探究下去会有新的发现的","这个小组的分工很科学,研究很深入"等。教学评价可以激励学生快乐学习,引导学生深入思考,触发学生的内心情感,启发学生相互借鉴,体现教师教学的机智。恰当地运用课堂教学评价,是上好数学综合与实践活动的催化剂。

(六)有效地整合数学素材,不断拓展数学综合与实践活动课的范畴

课标新教材每册都安排了一定量的综合与实践活动课,为我们提供了丰富的素材。当实践活动内容在教室无法达到预期的教学效果时,就需要教师拓展更大的空间,这时教师可以将活动空间自然延伸到校园中。校园实践活动主要有测量型、体验型、调查型等形式,其表现主要有以下几种情况:

(1)课堂难以描述解释的数学概念,通过校园实践活动来帮助学生建立概念。如对较大单位千米、公顷的认识等。以千米概念的建立为例,可以先让学生到校园去走一走,知道1米约有两步,再让学生用步测的方法知道"100米有多长",从而估计操场的一圈有多少米,1千米大约需要围操场走几圈,感受"1千米有多长",最后进行实地测量验证。还可以让学生用目测的方法估计学校到哪里有"1千米"。

(2)帮助学生确立方向感,形成空间表象,到校园环境中亲身感受效果更好。如在"方向和位置"教学中,让学生绘制从家到学校的路线图,也可以在郊游后让学生通过回忆,画出郊游路线,促进学生形成方向与位置的感受。

(3)调查校园中可利用的实践活动教学资源。一是财产资源,如藏书量、占地面积、水电费数据等等;二是生命资源,如学生成长数据、睡眠时间、运动时间等,让学生用调查数据了解自己的成长,还可以让学生调查统计全校学生的上网时间、学习时间等,用数据分析同学们的学习习惯;三是活动数据资源,学校每学期都要开展如艺术节、运动会等许多大型活动,在这些活动中有许多可利用的数据(参与人数、获奖人数等),学生通过调查、整理、利用、分

析数据来思考活动中存在的各种问题,从而培养学生的综合实践和解决问题的能力,发展创新意识。

通过校园实践活动,让学生亲身体验、感悟,能较好地突破教学难点。校园实践活动比提炼出来的"纯"数字问题更具综合性、开放性、体验性和挑战性。因为校园是学生生活的主要场所,学生非常熟悉校园环境,学生在校园实践活动中能自主地综合运用数学知识、数学思维方式、生活经验等,在生活情景中使学生能容易切身感受到数学的优越性以及数学与社会生活的关系,懂得数学的真正价值。因此,教师要充分挖掘校园资源,加强校园实践活动,提高学生真正参与社会生活的能力,真正体现了人人学有价值的数学,不同的人在数学上得到不同发展的理念。

数学知识来源于生活实践,又应用于生活实践。现实生活、生产中处处蕴涵着数学问题,把数学经验生活化,运用数学知识解决生活问题是数学学习的出发点和归宿点。因此,教师还应创设条件充分利用社会资源,让学生走出校门、走向社区,加强校外实践活动,使学生了解数学在生产生活中的应用,在社会情景中体验数学的价值,树立学好数学的信心。校外实践活动形式比较广泛,主要包括制作型、调查型、测量型和课题型等几种形式。让学生制作一个正方体或长方体属于制作型实践活动。在学习"利率"之前,让学生做以下几项实践活动:查看银行的利率表,把自己的部分零花钱存入银行或提取自己或家庭的存款,请家长或银行工作人员讲解存款单和利息清单上的有关内容,了解利率的相关知识,这就是调查型实践活动。教学"计量单位",可以进行测量型实践活动。学习面积单位之后,就可让学生测量自家客厅、卧室的面积,估测社区、院子、广场的占地面积。学习体积单位后,可让学生估计小到教室大到医院门诊大楼、火车站主楼的体积,等等。

总之,数学综合与实践活动课是新课改中的重要内容之一,在教学的过程中还有很大的探究空间,还需要我们在未来的教学实践中不断思考,大胆尝试,不断提升对综合与实践活动课的认识。

第四节 小　　结

一、本章焦点问题

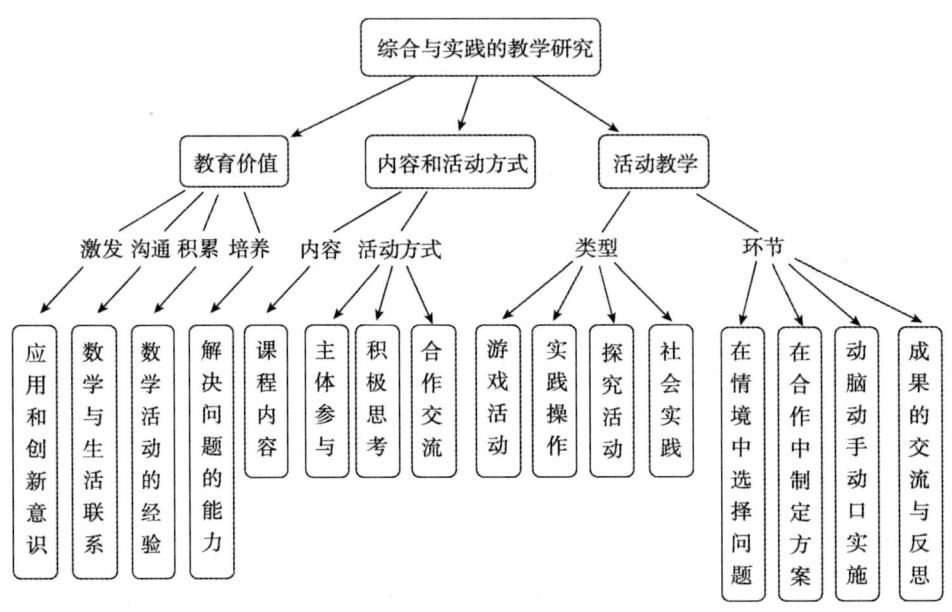

二、阅读导航

A．期刊中析出的文献

[1] 田慧生．关于活动教学几个理论问题的认识[J]．教育研究，1998(4)．

活动教学思想的形成与发展从历史上看，活动教学思想经历了一个长期演变、发展的过程，它是在不断批判以灌输、记诵、被动接受为特征的旧教育体系的过程中逐步确立起来的。我国活动教学的研究可追溯至20世纪二三十年代陶行知先生的"生活教育"实验和陈鹤琴先生的"活教育"实验。经过几十年的探索发展，我国不少中小学在活动育人方面积累了有益的经验。本文正是在梳理活动教学的历史发展中，总结归纳活动教学的内涵、本质和特征等。

[2] 孙朝仁．数学综合与实践活动课程的设计与开发研究——基于动手"做数学"[J]．教育研究与评论(中学教育教学)，2011(10)．

数学综合与实践活动是国际数学教育改革的共同趋势之一，也是新课程倡导的一种教学形式。《动手"做数学"——数学综合与实践活动课程的设计与开发研究》课题研究，旨在促进"实践与综合应用"这一内容领域在初中数学学科教学中得到真正意义上的实施,增强学生动手"做数学"的能力,给广大教师一个可资借鉴的操作方法。

[3] 李杰,汪艳林. 浅析小学数学综合与实践教学的关键点[J]. 新课程(下),2013(8).

小学数学综合与实践教学的有效性实施策略必须要重视创设生动有趣的情境,重视对教学过程的适当调整和课前准备,确保课后的认识升华教学指导,确保教学的实效作用。分析了小学数学综合与实践教学的关键点,提出了具体有效的教学策略。

三、电子资源平台

[1] 综合与实践活动网:http://jxjy.com.cn:88/Index.asp

特点:提供多种综合与实践活动案例、最新研究成果。

[2] 人民教育出版社教材介绍板块:http://www.pep.com.cn/xxsx/jszx/xsjcjs/xsjxsj/

特点:提供综合与实践领域的教材分析,可下载。

四、思考与练习

1. 简述《课标(2011)》对综合与实践的定位。
2. 设计一种类型的综合与实践活动。
3. 观察一次综合与实践活动过程,写出观察报告。

第十章 小学数学教学评价

教学目标

1. 了解教学评价的基本功能
2. 了解课堂教学评价的方式
3. 了解学生学习评价的类型

第一节 教学评价概述

关于教学评价,施良方等认为"教学评价是以教学目标为依据,运用可操作的科学手段,通过系统收集有关教学的信息,对教学活动的过程和结果做出价值上的判断,并为被评价者的自我完善和有关部门的科学决策提供依据的过程"。[①] 维基词典对课堂教学评价的定义是指"评价主体按照一定的价值标准,对课堂教学诸因素及发展变化进行的一种价值判断活动"。有学者认为,课堂教学评价是指通过听课对教师一节课的教学状况做出价值判断,是根据教师课堂教学评价指标体系中的各项指标和评价要素进行的评价活动[②]。也有学者认为,课堂教学评价是以教师的课堂教学为研究对象,依据一定方法和标准,对教与学的过程和效果做出客观的衡量和价值判断的过程[③]。由此可见,在进行教学评价时要选择一定的依据,为了达到一定目的,运用一定的操作手段,对教学过程中的诸因素进行价值判断。

一、国内外教学评价概述

20世纪30年代到50年代,泰勒以教育目标为核心的评价原理盛行。该评价原理是以新教育理论为依据,以全面发展人的才能为目标,精心设计了一套教育成绩的考核方法,对偏重于记忆的考试和测验进行了批判。

20世纪60年代以布卢姆为主的对教育目标进行评价,同时1967也是美国教育评价的转折点。布卢姆完成了教育目标的分类学,包括认知、情感与动作。

---

① 施良方.教学理论:课堂教学的原理、策略与研究[M].上海:华东师大出版社,1999:330.
② 高文秀.教学评价试验与研究[M].北京:北京师范大学出版社,1992:76.
③ 周谦.教育评价与统计[M].北京:科学出版社,1998:356.

随着评价不断地发展,当下不仅关注评价结果,也更重视评价对发展、建构的作用,让评价更大程度发挥其作用。

(一)国外教学评价

米斯(Meeth,L. R.)在对教师授课质量评价的研究上比较系统。米斯《评价教师授课质量的指标》把对教师授课质量的评价区分为媒介指标和终极指标,其中媒介指标大多集中在学生学习方面,比较重视师生的互动。主要有以下几点:

(1)学生是否已被引发学习动机?

(2)学习经验的结构,是否已对照目标而恰当地决定下来?

(3)授课内容是否有秩序、有概括性?是否适合学生的学习能力?

(4)教师对学习经验的干预,是否与学习经验的目标没有矛盾?

(5)是否有充裕的时间,能够使学生们更好地进行思考和做出反应?

(6)与学习经验的目标相对照,赏罚是否合适?

(7)学生对自己在做什么,为什么要做,以什么形式受到评价,是否理解?

(8)到达目标或成功,是否已清清楚楚地明确化?

(9)评价的标准和方法是否已经明确?对照目标来看,是否合适?

(10)学生所取得的成果,是否反映了学习经验的目标?

(11)为教学指导而准备的材料的种类和多样性,是否与学习理解经验的目标以及学生的能力相适应?

(12)从学习经验的目标和学生的学习能力来看,教学指导方法是否合适?

另外,为了给教师授课成果的评价提供依据,米斯提出了九项终极评价指标:

(1)学生是否学会了教师想要教给的东西(从认知、情感和技能方面进行评价)?

(2)正规的教学活动结束之后,学习是否继续进行?

(3)学生对自己的学习经验所制定的目标或所期待的成果,实际上是否得到了满足?

(4)学生是否掌握所学的东西?

(5)教师对学生的学习经验所制定的目标或所期待的成果,实际上是否得到了满足?

(6)这一学习经验与学生所具有的其他学习经验之间是否具有不矛盾的连续系统的关系?

(7)通过教学活动,是否看到教师所期待的影响?

(8)与以往的教学相比,这次教学活动是否是低成本的?

(9)在教学活动中志愿参加的人数的水平能否维持或提高?

米斯的终极指标相当于结果评价,评价主要集中在学生的提高和发展方面,同时也注意到教育的效益问题。不管是媒介指标还是终极指标,他们的评价都集中在学生的发展上,用学生的发展情况来评价老师的教学。米斯提出的都是一些最基本的观点,具体该在课堂教学评价中如何操作则没有做进一步的说明。

巴班斯基《评价教师教学的指标》从这样几个方面去评价教师的教学质量：对学科的了解，评价知识、技能和技巧质量的技能，制定工作计划的技能，有效地完成计划的技能，形成对学科的兴趣的技能，实现学科之间的联系，以个别方式对待学生，形成学生的一般学习技能和技巧，对学生的教育心理学原理的了解。

在对学生学习的评价上，国外关于学生学习评价的研究主要有两种，一是学力评价，二是智力测验。所谓学力，是指一个人在学习上所能达到的程度，包含学习者通过学习所达到的在知识、能力技能和技巧等方面的水平和在现实水平上所具备的今后学习的潜力，即学习的实际可能性。关于智力测验国外在这方面的研究比较成熟，智力测验的种类很多。比较适用于中小学的有法国心理学家比奈(A. Binet)编制的智力测验量表，以及美国心理测量专家大卫·韦克斯勒(D. Wechsler)编制的量表。在对学生的评价上，正逐步突破传统的学业成就测验，注重学生在教育中、在课程教学中的完整而真实的表现，有的学者便将这种评价称之为"表现评定"[①]。

卡内基促进教学基金会主席、斯坦福大学教育学和心理学教授李·舒尔曼博士，在其教育理论专著《范式与课题》中精心勾画过一幅教学研究概括图，试图以此整合各种研究课题之间存在的重要联系。其核心内容有：(1)教师和学生是教学研究的主要成分。教学活动则是教师与学生的共同工作(活动)，师生双方的三种属性潜在地决定了教室里的教和学，它们是能力、行动和思考。(2)教学活动发生在不同的背景之下。(3)教师与学生通过教学内容实现交互作用。评价体系的建构——学生、教师、教学活动为三维。关于学生：参与投入，展开，深入，拓展。关于教师：引导，指导示范，反馈矫正，点拨。关于教学活动：材料组织化，材料逻辑化，材料数学化，内化。考虑到课堂教学是一个复杂的系统，也是一个复杂的过程，既是一个特殊的认识过程，也是师生双方遵循一定规律共同运作保持和谐的过程，既是一个信息加工过程，也是一个情境创设过程，其中包含对系统中的构成因素的合理组合、有效调控、优化学生心理素质，促进主动、积极、善于学习的综合协调功能。

(二)国内教学评价

课堂教学自十六世纪产生以来，是从夸美纽斯到赫尔巴特及杜威，经由凯洛夫逐步发展和完善起来的，这种教学形式在19世纪末20世纪初传入我国。自课堂教学出现以来，其评价便一直与之相伴相行，因此课堂教学评价也有同样的印记。我国的课堂教学评价大致开始于20世纪80年代，一直都是一个重要的讨论主题，而国内教学评价一直在不断发展前进中。

---

① 比尔·约翰逊著.学生表现评定手册[M].李雁冰译.上海：华东师范大学出版社，2001：4.

1. 评价的价值取向

课堂教学评价价值取向已由知识、技能考核的单一取向,向知识与技能、过程与方法、情感、态度、价值观全面评价的方向发展。正如新课标中所提倡的要全面了解学生数学学习的过程和结果,激励学生学习和改进教师教学。评价应以课程目标和内容标准为依据,体现数学课程的基本理念,全面评价学生在知识技能、数学思考、问题解决和情感态度等方面的表现。评价不仅要关注学生的学习结果,更要关注学生在学习过程中的发展和变化。

2. 评价的功能

评价功能由侧重甄别转向侧重发展,趋向协调化和多元化。传统的课堂教学评价在理念和实际操作中,更多的是为选拔和甄别服务,背离了教育评价的根本目的。现代教育评价理论认为,课堂教学评价的根本目的是促进学生发展、教师提高和改进课堂教学实践。评价具有反馈调节、展示激励、反思总结和积极导向的功能,也具有检查、选拔、甄别的功能。我们必须考虑到各项功能的协调与配合。这不仅是当前现实的需要,也是未来的必然要求。

3. 评价的范式

由侧重量化评价转向量化评价与质性评价的有机统一。教育评价始于教育测量,而测量又遵循着自然科学的方法。因此,在早期的教育评价中,由于科学主义思想的盛行,一味地追求其数量化、客观化和标准化,在评价中只见其物,不见其人,只强调定量,而忽视定性。量化评价方式具有简明、精确的特点,能减少人的主观推论。然而,对教育而言,对课堂教学而言,量化的评价方式,把复杂而又丰富多彩的课堂教学过程简单化、格式化了。它无法从本质上保证课堂教学评价的客观性,往往把课堂教学中最本质、最有意义的东西丢失。质性评价并不是对量化评价的简单否定,而是对量化评价的反思和革新。质性评价与量化评价相结合,可以使评价更为完整科学,更为全面地反映课堂教学的全部内涵和全部意义,以符合现代课程改革的目的。在张扬人本主义和凸显人文精神的今天,以人为本的观念也渐入人心,因此,人们在思考问题、处理事情等方面也愈来愈注意人文性。于是借此之语,也把评价方法的这一趋势称为人文化趋势。

4. 评价的内容

由关注教师的评价片面化向评价全面化转变。过去,谈到课堂教学评价,实质上就是指教师的课堂教学质量评价,而且也似乎变成了一种约定俗成。然而这种评价认识和客观上的片面性,必然导致评价内容的片面性。教学是教师与学生双主体间的互动活动,只强调教师的一面,它的片面性也就不可避免。从我国过去一堂好课的评价内容来看,一般包括教学思想、教学目标、教学内容、教学方法、教学态度等,尽管从表观来看,它具有多面性,但它却是在片面中的多面性(即从教的方面思考的结果)。未来评价内容要真诚、有针对性,且具有全面化,主要表现在:对教师针对学生学习活动的指导的有效性给予更多关注,而非只将视线投射在知识性目标达成的程度上;在考查教师的课堂教学技巧的同时,兼顾学生的实际收获;不应只重视课堂教学的难度和深度,而忽视学生差异和教学的针对性;不能只满足于对一堂课的评价,要树立关注课堂教学的总体评价的意识。既有教,又有学,还有互动;既看知识,又看能力,还看情感;既有理论,又有实践;既看课上,又看课下;等等。

5. 评价的语言

由单调机械的评价语言转向艺术化的语言。课堂评价语言是课堂评价的重要组成部分,好的课堂评价语言不在于用词的华丽,而在于教师能否关注学生的行为表现并恰当地予以评价,以激发学生的学习兴趣。课堂教学评价语言要注重用词的变化,不同的评价角度都应该有不同的表述,使学生了解到自己的优点并感受到教师赞扬的真诚,而不只是机械的说"好""真棒"等;同时提倡语言的幽默化,数学知识是非常抽象和严谨的,这就直接导致数学课堂学习没有其他学科那样形象生动、富有趣味。要改变这个现状,教师需要从数学课堂教学语言开始,让课堂评价语变得幽默,使数学课堂充满激情和趣味。

二、教学评价基本功能

从哲学和科学的角度来研究,功能指的是一个事物系统所具备的对周围其他事物发生作用的能力或根本属性。教学评价的功能,是指教学评价自身具有何种作用的问题,这种作用既是由其本质属性决定的,又必须在与事物的联系中才能表现出来。

(一)诊断功能

诊断功能是指评价对学生的学力状况做出的价值判断。教师了解学生是确保教学有效的必要条件,通过对学生学习诊断得出的数据,鉴定、区分出学习水平的不同等级,以衡量出不同学生的数学学习的差异,从而教师可以使用合适的教学方法帮助学生达到不同的既定目标。但是,学生在数学学习过程中的情感态度,在知识探究过程中的经历、体验与感悟以及数学思考与问题解决等的诊断并不是一件轻而易举的事情,而这些却正是学生形成数学能力的重要因素。因此,除了对学习的结果进行评价外,还要对数学学习的每个环节即对整个数学学习过程进行评价,以全面了解学生整个数学学习的情况。

(二)导向功能

导向功能是指评价所具有的引导评价对象向目标前进的功效与能力。评价体系的建立,意味着对教学中相关的各种因素的选择和侧重点不一样,这些不一样的地方将促使学生更加注重评价所侧重的各种相关因素,并将其作为学习的重点,发挥评价的导向功能。当前评价非常注重学习过程的评价,如果评价者所选择的评价标准是恰当合理的,就会对教学产生正面的导向作用,正确引导教学实践,促进教学目标的实现。

(三)发展功能

教育评价不仅可以诊断教学过程的问题,而且能够肯定和强化先进的教学思想和有效的教学方法,认同师生的课堂教学行为,激发师生的内驱力,并促使思想和方法进一步扩展,提高师生的积极性。另一方面,改进存在的问题,促进教师和学生不断向更高的目标发展。

(四)调节功能

调节功能是指教师根据评价结果及时调节教学活动的作用。教学评价的结果可以作为改进教学的重要依据,教师借此调整教学计划、教学方法等,不断完善教学活动,以期达到最佳预想。通过教学评价,也可以适时规范教师教学行为,使教育过程中的不良行为得以控制和预防。

第二节 小学数学课堂教学评价

一、小学数学课堂教学评价主体

(一)督导者

督导者一般是专家和各级领导,具有较大的权威性。他们以督促检查教学工作为目的而实施评价,主要通过听课评课、检查学生作业和教师教案、召开师生座谈会等形式进行,他们一方面要督促检查教师的教学,另一方面要帮助和指导教学,为教学改进提出建设性意见。

(二)学生

学生指教师教学班级里的学生。他们参与教学过程,对教学结果感受深刻,因此,学生是教师教学水平重要的评价者。学生们反映的情况是评价教师教学的一个重要信息来源,学生评价的结果能为教师改进教学提供一定的反馈意见。

(三)同行

同行指同一学科、同一教研组或学校其他教师。由于同行对教学内容、学生特点、教学目标和方法比较熟悉,因而评价较为客观,也有利于教师间相互交流、学习,共同提高教学水平。听课是了解教师教学工作状态最为直接的方式,一线教师更多希望同行听课并对教学业务提出建议。

(四)教师本人

教师自评是教师对自身教学活动进行的评价。一是通过与他人的比较来评价自己,二是通过教学反思来评价自己。一般是在教案后面做课后记载,记录课堂教学成功的经验和失败的教训,进行自我总结、反思和改进。

从评价主体按照观察者是否参与小学数学课堂教学活动又可以分为两大类,即外部评价者,行政人员(如教研员)、专家、领导、教务人员、同事、家长等;内部评价者,教师本人、学生群体及个人等。

二、小学数学课堂教学评价的维度

课堂教学评价内容和标准的确立涉及评价观、教学观等问题。对于课堂教学评价对象的不同认识会导致评价标准的不一致,如评价教师、学生、教学过程及效果等,针对不同的对象会设计出不同的课堂教学评价维度。对教学观认识不同,也会出现不同的评价倾向,行为主义影响下的评价会以评价师生的行为为重点;认知主义占主导的课堂教学评价会着重评价学生知识的学习;建构主义下的教学则将评价重点引向了学生,关注学生情感、态度、价值观等方面,学生成为课堂教学评价的重头戏。

在具体确定评价的维度和标准时,不同的学者、专家从不同的角度、不同的层面来进行描述与规定,呈现出了多姿多彩的景象。

(一)以课堂教学要素为基础的评价维度

这主要是沿袭传统的课堂教学评价维度,主要是以教学目标、教学内容、教学过程的组织、教学方法、师生关系、教学效果为维度,在这些维度的基础上,确定具体的考查指标,一些课堂教学评价工具就是以此为基础,进行适当的增减。

上海市中小学课堂教学质量评价研究颇为详尽,其提出的课堂教学的基本指标包括教学目标、教学内容、教学过程、教学效果和教师素养五个方面,针对不同的指标提出不同的取证途径。教学目标的评价,主要通过分析教学设计(教案)和教学说明来收集证据进行评价;教学内容的评价,既可以通过分析教学设计来评价,也可以通过分析课堂实施过程来评价;教学过程的评价,既可以通过分析教学设计来评价,也可以通过分析课堂实施过程来评价(以后者为主);教学效果和教师素养的评价,主要通过课堂教学进行评价。之后,确定具体的课堂教学评价指标体系,其中包括教学设计评价、教学实施评价、教师素养评价。教学设计评价的具体指标有目标设计、内容设计、过程设计、训练设计。教学实施评价的具体指标有教学环境、教学内容、教学活动、教学效果。教师素养评价的具体指标有教学组织、教学语言、教学技术、教学应变。

(二)以学评教

课堂里学生的学习表现与教师讲授的教学内容、教学方法和教学组织形式有关,"以学评教",即以学生的课堂表现评价课堂教学的水平。

评价者与教师在课堂评价中应有共同的关注点,这个关注点就是课堂上的学生的状态。任何教学效果都必须通过学生的状态才能实现,离开了学生,效果就无从谈起。关注学生课堂状态,可根据数学课程的目标制定评价维度。有的关注学生的参与维度、交往维度、思维维度、情绪维度和发展维度。也有的研究从"学生学习"的角度确定课堂教学评价的维度,包括学习内容(现实性、思考性、层次性)、学习方式(自主、合作、探究)、学习状态和效果(知识技能、思维、情感态度)。

（三）以"教师教、学生学、师生互动"三大方向为评价维度

一些课堂教学评价将课堂教学量化为教师活动和学生活动。认为课堂教学评价应从"两个方面着手"，一看教师的教，二看学生的学。从这两个大的维度出发，确定具体的评价维度。看教师的教，即观察教师的组织能力、注意中心、教学机智、教学态度、教学境界等。看学生的学，即观察学生的参与状态、交往状态、思维状态、情绪状态和达成状态等。有的课堂评价表更注重课堂中的师生互动，通过观察师生互动来研究教师教学特点、学生学习情况等。也有的课堂教学评价对学生评价分为学生的学习方式、学习水平和学习效果。对教师的评价则看其角色的把握、学习环境的营造以及教育技术的运用，其中把学生的学习方式作为课堂观察的聚焦点。

国家教育部重点课题《在新的平台上评价课堂教学的研究》课题组制定的课堂评价工具就包括两个大维度：学生和教师。学生维度包括学习方式、学习水平、学习效果。教师维度包括角色把握、环境营造、技术运用。苏州大学教授朱永新先生在《新教育之梦》一书中提出了"三个层面六个度"的新课堂评价标准。第一个层面是教师层面，包括亲和度和整合度；第二层面是学生层面，包括参与度和练习度；第三个层面是师生互动的层面，包括自由度和拓展度。

（四）综合多种价值取向的评价维度

课程评价的价值取向是指每一种课程评价所体现的特定的价值观。从取向的维度，分为目标价值取向的评价、过程取向的评价、主体取向的评价。有的课堂教学评价综合多种价值取向，确定具体的评价维度。有的是目标取向的评价，如教学目标与教学效果。更多的项目是过程取向的评价，如学习条件、组织与引导、学生活动。教学效果也有过程取向的评价。还有主体取向的评价，如最具特色方面、需要改进方面。

三、小学数学课堂教学评价方式

基于评价方式和手段，小学数学课堂教学评价分为结构性课堂教学评价和开放性课堂教学评价。

（一）结构性课堂教学评价

结构性课堂教学评价指评价者使用由详细的评价项目、评价指标或评价标准和权重、等级、分数等构成的结构性课堂教学评价量表所进行的课堂教学评价。主要有量表评价法、综合分析法。

1. 量表评价法

量表评价法是在实践中常用的方法，主要是将教师教学中各项评价指标分为不同的等级，设计成表格。评价时按照一定的标准结合实际打分，并对所有分数进行处理，得出一个评价分数。表10-1是以课堂教学要素为评价维度的量表。

表 10-1　小学数学课堂教学要素评价表

评课人姓名：_____　评课人单位：_____　课题名称：_____　讲课人姓名：_____　讲课人单位：_____

评价项目	评价要点	符合程度		
		完全符合	基本符合	不符合
教学目标	符合课标要求和学生实际的程度			
	可操作的程度			
学习条件	学习环境的创设			
	学习资源的处理			
学习指导与教学调控	学习指导的范围和有效程度			
	教学过程调控的有效程度			
学生活动	学生参与活动的态度			
	学生参与活动的广度			
	学生参与活动的深度			
课堂气氛	课堂气氛的宽松度			
	课堂气氛的融洽度			
教学效果	目标的达成度			
	解决问题的灵活性			
	师生的精神状态			
学科特色	学习情境的创设			
	基础知识的掌握与基本技能的形成			
	数学思考的指导			
	学生在数学活动中的表现			
其他				
评价等级	A	B	C	D
评语				

说明：完全符合 5 分,基本符合 4 分,不符合 2 分。A 级 90 分以上,B 级 80～89 分,C 级 60～79 分,D 级 60 分以下

有的评价先确定各项评价项目的权重,采用等级赋值的方法计算评价项目的分项得分,然后计算总分。见表10-2。

表10-2　小学数学课堂教学量化评价表

班级_____　题目_____　授课教师_____

评价项目及权重	评价要点	等级、分值				得分
		A	B	C	D	
教学目标 教材内容 (20分)	根据课标要求、教材内容和学生实际制定目标	5	3	2	1	
	教学目标明确具体,具有操作性	5	3	2	1	
	教学容量合理,材料补充恰当,延伸拓展适度	5	3	2	1	
	准确把握重点、难点、关键点	5	3	2	1	
教学过程 教学方法 (40分)	情境创设新颖,导入方法自然	5	3	2	1	
	课堂结构合理,活动安排科学	5	3	2	1	
	教法灵活多样,充分发挥教师的主导作用	5	3	2	1	
	师生互动,合作交流,体现学生的主体作用	5	3	2	1	
	重点鲜明突出,难点突破巧妙,总结精要到位	5	3	2	1	
	恰当使用教学媒体辅助教学	5	3	2	1	
	作业练习设计合理,符合减负要求	5	3	2	1	
	课堂反馈和评价方法能促进学生的进步与发展	5	3	2	1	
教师 基本素质 基本能力 (20分)	语言准确精炼	4	3	2	1	
	板书规范,设计合理	4	3	2	1	
	示范操作熟练规范	4	3	2	1	
	教态自然大方,举止得体	4	3	2	1	
	富有教学机智,课堂调控能力强	4	3	2	1	
学生 学习状态 学习结果 (20分)	兴趣浓厚、求知欲强、注意力集中、气氛活跃	4	3	2	1	
	学生参与面广,有充分参与的时间和空间; 课堂中能够进行有效的合作、平等交流	4	3	2	1	
	能积极地提出问题、思考问题、分析问题,有效地解决问题,思维活跃、有创造性	4	3	2	1	
	达成预定的教学目标	4	3	2	1	
	不同层次的学生都在原有的水平上得到提高	4	3	2	1	
综合评价		总分				

当我们关注学生的数学学习过程时,往往通过课堂观察,对师生的教学行为进行表现性评价,根据定性与定量相结合的原则,给出等级评定结果。表10-3是课堂师生互动等级评价量表。

表10-3 课堂师生互动等级评价量表

评价项目	序号	评价要点	次数	效果评价			
				A	B	C	D
教师提问类型	1	描述性问题					
	2	判断性问题					
	3	论证性问题					
学生提问类型	4	理解性问题					
	5	判断性问题					
	6	实证性问题					
	7	提出新问题					
互动类型	8	师生互动					
	9	生生互动					
	10	师班互动					
教师对互动过程的推进	11	以问题推进互动					
	12	以评价推进互动					
	13	非语言推进互动					
言语互动过程记时	14	30秒以下					
	15	30秒以上					
教师对学生提问的态度	16	热情					
	17	冷漠					
	18	忽视					
互动管理	19	有效调控					
	20	放任					
评价结论			等级				

说明:A 优秀 B 良好 C 一般 D 差

在填写量化评价表时,需要综合教学各方面信息进行整理分析,在此基础上判断评价等级,获得评价结果,最后形成评价结论。评价结论是为了评价对象的进一步发展而提出的解决目前存在问题的意见和建议,其目的是通过课堂评价提高教师教学的水平,进而提高课堂教学效果。

2. 综合分析评价

综合分析法是通过对教学工作进行定性分析而评定优劣的方法。强调对教学过程的优点和缺点进行综合分析,找出成功之处和薄弱环节。这种方法没有专项指标,评价结果以定性描述为主。表 10-4 是评价学生课堂参与度的评价表。

表 10-4 参与数学活动情况的评价表

学生姓名:_____ 时间:_____ 活动内容:_____

评价内容	主要表现
积极参与学习活动	
对数学有兴趣	
有学好数学的信心	
克服困难独立思考	
能与他人合作	
善于表达与交流	

(二)开放性课堂教学评价

开放性课堂教学评价是指评价者运用开放性课堂评价量表所进行的课堂教学评价,开放性课堂教学评价量表只有少数几个评价指标或题目,要求评价者在做出评价结论的同时描述被评者的行为特征,并说明判断所依据的理论或价值取向。开放性课堂教学评价是一种质性评价,具有情景性、具体性和反思性的特征。有调查法和随堂听课法等。

1. 调查法

调查法是通过问卷访谈等形式收集教师教学行为表现的材料,进而做出定量或定性分析。通过问卷、访谈获得教学行为的有关数据,对教师的教学进行全面的评价。调查法兼有量表评定和分析法的优点,可用于某教师综合水平的评价,也可用于改进教学。

2. 随堂听课评价法

随堂听课评价法是评价者通过对课堂教学的直接观察,获得有关教师和学生的课堂行为、过程、特点,从而有效地评价课堂教学,并相应地提出建设性的意见,以便改进教学。

随堂听课评价法是课堂教学评价的基本方法。它自由度较大,容易实施。随堂听课前,应该收集了解教学内容,了解教师教学的实际,熟悉教学目标和教学内容,了解被评课教师的教学设计,从而做好评价的准备。

听课主要在于仔细观察和翔实记录。主要记录教师是如何教的、学生是如何学的,以及评课者的评价要点,一般是左边是实录,右边是点评。听课记录是教学指导和评价的依据,并将实际教学与课前预设教案以及以往经验进行对照,以便寻找课堂中突出的亮点和存在的问题。

课后要客观评价,通过多元评价主体间的交流与切磋,找出解决问题的办法,突出修改的建设性意见。

第三节 小学数学学习评价

一、学习评价形式

所谓学习评价,是指评价者依据教育教学目的,对学生所从事的学习活动(不仅仅是学习结果)进行价值判断的过程。而小学数学学习评价是在小学数学课程实施之后,对学生所实现的预期目标的程度进行评测、鉴定,并做出价值判断与衡量的过程。随着课程改革的不断深入,《义务教育数学课程标准(2011年版)》对评价提出了新的理念:"学习评价的主要目的是为了全面了解学生数学学习的过程和结果,激励学生学习和改进教师教学。应建立目标多元、方法多样的评价体系。评价既要关注学生学习的结果,也要重视学习的过程;既要关注学生数学学习的水平,也要重视学生在数学活动中所表现出来的情感与态度,帮助学生认识自我、建立信心。"从中可以看出,当下所强调的评价理念要全面,要注重学生学习过程,因此在具体的数学学习评价体系中,应体现如下几个方面。

(一)评价目标多元化

《课标(2011)》明确要求评价既要关注学生学习的结果,也要重视学习的过程,因此要注重考查学生的综合素质,不仅要关注学生的数学成绩,更要重视学生创新精神和实践能力的发展以及良好的心理素质、学习兴趣与积极的情感体验等方面的培养,以求达到全面的可持续发展。目标多元化还体现在不仅考查认知层面,还要关注行为层面,同时更应辅以多种评价方法对学生在数学学习中表现出来的知识技能、数学思考、问题解决及情感态度等进行全面的了解和检测。

(二)评价主体多样化

单一的评价主体是教师,这种评价显然违背了我们所倡导的多元化,因此多远化的评价主体既要有教师对学生的评价,也要有学生的自评、学生与学生之间的互评、家长评价和社会评价等,使评价成为教师、学生、家长、管理者共同积极参与的交互活动。

（三）评价内容多维化

《课标（2011）》明确了数学课程的总体目标，对义务教育阶段学生的数学素养提出了四个方面的具体要求，分别是知识与技能、数学思考、解决问题、情感和态度，因此评价的内容也应围绕这些方面展开，形成多维度、全方位的评价内容体系。

二、小学数学学习评价类型

（一）形成性评价与终结性评价

所谓形成性评价，是指对学生日常学习过程中的表现、所取得的成绩以及所反映出的情感、态度、策略等方面的发展做出的评价，是基于对学生学习全过程的持续观察、记录、反思而做出的发展性评价。其目的是要激励学生学习，帮助学生有效调控自己的学习过程，使学生获得成就感，增强自信心，培养合作精神。形成性评价的主要目的不是为了选拔少数优秀学生，而是为了发现每个学生的潜质，强化改进学生的学习，并为教师提供反馈。而终结性评价，则是指对课堂教学的达成结果进行恰当的评价，是在教学活动结束后为判断其效果而进行的评价。一个单元，或一个模块或一个学期的教学结束后对最终结果所进行的评价，都可以说是终结性评价，如单元测试、期末考试等。

随着教学改革的不断深入与发展，在教学实践中，对于学习评价的要求不仅应注重对于学生学习成绩的评价，还应注意对学生学习过程以及变化发展的评价思考。在小学数学学习评价中，学生的学习成绩是不断发展变化的，因此，在进行学生学习评价时应注重对学生的形成性评价，如表10-5所示，也就是更加重视对学生的日常学习以及发展变化的评价，评价学生学习过程中的进步与变化，同时也可及时调节教师的教学。因此，在进行小学数学的多元化学习评价中，就应注意将形成性评价与终结性评价相结合。

例如，在进行学生作业评价时，如果对于作业结果不是很满意，可以给予学生二次评价机会，即延迟评价，通过学生对错误的纠正，进行第二次或者是第三次的修改与评价，并根据修改评价过程给予相应的鼓励性评价。这里所谓的延迟评价，是指由于学生所处的文化环境、家庭背景和自身思维方式的不同，学生之间在数学学习的发展上必然存在着差异，在平时学习过程中，对尚未达到目标要求的学生，可暂时不给明确的评价结果，给学生更多的机会，让学生通过努力，数学知识与技能积累逐步达到应达到的目标，并取得较好的成绩时再给予评价，以保护学生学习的积极性。延迟评价能让学生看到自己的进步，体会到成功的快乐，也能激发他们的信心，促进内部的学习动力，树立学好数学的信心。

表 10-5　学生进步程度发展表

发展状况	进步微小				杰出进步
从开始到最后在问题提出方面的进步	1	2	3	4	5
解决问题策略合理性的提高	1	2	3	4	5
计算错误的减少	1	2	3	4	5
运用图表技能的提高	1	2	3	4	5
同他人交流数学结果能力的增强	1	2	3	4	5
估计并检验推理结果能力的提高	1	2	3	4	5

（二）量化评价与质性评价

量化的方法所追求的是评价的客观性，其取向在于运用一定的数理统计工具反映学生学业成就表现水平，进而全面反映学生学习目标的达成情况等，其核心方法是纸笔测验。质性评价方法强调学生在教育活动中完整而真实的自我表现，为改进课程与教学提供详细可靠的依据，其核心方法是课堂观察、成长记录袋等。

1. 纸笔测验

纸笔测验是指根据课程目标，通过编制试题、组成试卷对学生进行测量，评价学生的学习表现，然后按照一定的标准对测试结果加以衡量的一种评价方法。它是根据教学目标选定题目，通过学生对这类题目的反应，判断学生是否获得了知识、技能，是否具有理解、应用、分析综合等能力，是学业评价的主要形式。纸笔测验通常是由一组要求在固定时间内完成的题目组成，并在相同的条件下对所有学生施测的测试方法，主要侧重评定学生在科学知识方面学习成就高低或在认知能力方面发展强弱的一种评价方式。

纸笔测验是考查学生课程目标达成状况的重要方式，合理地设计和实施纸笔测验有助于全面考查学生的数学学业成就，及时反馈教学成效，不断提高教学质量。对于学生基础知识和基本技能达成情况的评价，必须准确把握内容标准中的要求，内容标准中的选学内容，不得列入考查（考试）范围。对基础知识和基本技能的考查，要注重考查学生对其中所蕴涵的数学本质的理解，考查学生能否在具体情境中合理应用。因此，在设计试题时，应淡化特殊的解题技巧，不出偏题怪题，在试题的选择与呈现方式上既要能体现多维目标，也要不断丰富多彩，"双向细目表"便可成为教师们进行纸笔测验制定试卷的一个良好依据。所谓"双向细目表"是一种反映内容和考查要求的横竖两向的表格，其中一向表示试题所要考查的具体内容，另一向则是考查要求中的不同层次，层次间的排序由低到高，且后一个层次的要求应包含前一层次的要求，如表 10-6 所示。

表 10-6 四年级第一学期期末考试命题双向细目表

内容＼分值层次	了解	理解	掌握	运用	合计
大数的认识	7	4	4		15
角的度量	2	4	2	2	10
三位数乘两位数		4	14	9	27
平行四边形和梯形	3	2	2		7
除数是两位数的除法		12	12	7	31
统计		6	4		10
合计	12	32	38	18	100

纸笔测验易于操作，能够一定程度上反映学生的学习状况，但对动手能力、学习情感态度等方面难以评价。

2．课堂观察

课堂观察是学业评价的重要质性评价方法之一，是教师教学过程中经常采用的方法，如前表 10-2 所示。随着现实的需求与教育理论的发展，课堂观察的研究已突破了教师对学生的观察这一范围，课堂观察作为高师教育中培养和提高师范生的从教能力的有效方式，通过课堂观察来培养在职教师的自主教学能力。另外，课堂观察是教师教学评价过程中最重要的环节，可以深入地收集有关教师授课的教学思想、教学方法、课堂气氛、师生关系、学生参与程度以及教学效果等方面的信息，从而达到找出缺点，提高教学效果的目的。这里的课堂观察作为搜集课堂教学信息的手段，从而提高教学质量，为教师的反思性教学提供了保证，这种课堂观察中教师是观察的主体，不是为了评价，而是为了促进教师的专业发展。由于课堂观察有既不加重学生学习负担，也便于教师及时了解学生学业情况的优势，因此这是一种非常适用教学实践的学业评价形式。可以说，课堂观察适用于学生数学学习的一切领域和所有课程目标，包括数学知识与技能、数学思考、解决问题以及情感态度与价值观等。例如教师设计探究活动："有两个边长为 1 的小正方形，剪一剪，拼一拼，设法得到一个大的正方形。"学生在独立思考阶段和小组合作阶段，教师可根据观察表进行观察并记录学生的表现。

但是由于课堂观察的主观性较强，记录的水平与观察者个人的经验、描述能力和相关的理论水平有很大关系，因此不同的观察者对同一学习现象的观察很难达到较高的一致性，观察的效度也难以检验。课堂观察对于表现欲不强、性格内向的学生来说也存在一定的局限性。因此，课堂观察只是纸笔测验的有益补充，并不能代替纸笔测验或其他学业评价方法。

3. 学生成长记录袋

成长记录袋是显示学生学习成就信息的一连串表现、作品、评价结果以及其他相关记录和资料的汇集,它可以以学习的顺序为线索来设计成长记录、调查报告、手抄报、人口统计图、知识树、设计方案、数学小论文等,其焦点在学生的发展变化方面,衡量学生发展的速度与潜力,从衡量学习者进步程度的角度入手建立评价标准。成长记录袋作为数学学习形成性评价方式的一种,它适用于所有数学课程目标的评价,但其主要适用于过程与方法、情感态度与价值观的评价。成长记录袋中通过收集不同类型的数学学习材料,尤其收集了纸笔测验中不予考虑的各种材料(如各种形成性的材料),以多种方式描述儿童的数学学习过程和各自的特点,这在很大程度上克服了纸笔测验方法的单一性,弥补了纸笔测验的不足。

4. 数学日记

数学日记不仅考虑了数学自身的特点,还遵循了学生学习数学的心理规律,强调了从学生已有的生活经验出发,让学生亲身经历,将实际问题抽象成数学模型并进行解释与应用的过程,进而使学生获得对数学理解的同时,在数学思维能力、情感态度与价值观等方面得到进步和发展。数学日记中的内容可以是学生记录在生活中用到数学的情况,想到的数学问题,也可以编写与数学有关的故事,整理思考书中的数学知识、数学家的介绍、数学游戏的玩法等,抑或写出自己对一道数学题的解答思路、学习方法或者学习心得等。总的来说,主要涉及学习内容、学习过程、学习收获、学习经验、学习困难、问题记录、错题记录等方面。学生数学日记的形式可以是报告式、书信式、提问式、自述式等。通过数学日记不仅可以评价学生对知识的理解,还可以评价学生的思维方式、学习的情感和态度。

数学日记是学习评价中的一种重要评价方式,它的推行对教师与学生也有一定的要求。一方面,对教师来说,在平时教学中要注意引导学生把数学知识与社会生活实践紧密联系起来,随时随地引导学生把所学知识运用到生活中去,解决身边的数学问题,如"数字与编码"一课中,教师可以让学生交流在搜集的资料中的发现(不同的邮政编码),让学生从自己熟悉的生活中发现数学,并与同伴分享发现知识的快乐,激发学生要把自己的发现写下来的想法。在课上,让学生在做中领悟并发现知识,学生就会有一种成功的喜悦,想写数学日记的欲望也就一触即发。另外,教师也要指导学生学会洞悉生活中的数学问题,写出学数学、用数学、发现生活中的数学的经过与感受,如让学生在课后做实践活动(居民用水情况),学生通过收集数据并分析统计其中的过程、结果与想法等,学生可以以数学日记形式进行呈现。另一方面,对学生来说,学生要留心观察生活,发现其中的数学问题与现象,并尝试用所学知识解决生活中的问题,同时也要积极参与实践活动,记录自己在数学学习活动中的所思所想。

(三) 即时评价与期待式评价

在教学实践中,即时评价的方法是指在教学活动过程中,评价者给予评价对象即时表扬或者批评等。通常情况下,这种评价方法多应用在教学活动过程中,主要是针对具体的行为所进行的一种评价,如我们所说的口头评价、作业评价等。在小学数学学习中,由于小学生所处的年龄段与学习的特殊性,在进行评价中多是以即时评价的方式为主,它具有较为突出的初步性和简单性特征。

例如,在小学数学课堂教学过程中,教师对学生做出的口头评价,如"你的方法非常新颖""你说的真完整"等都是比较常见的即时评价话语,这对于激发学生学习积极性以及营造和谐、活跃课堂范围具有积极作用和意义。而期待性评价多用于学习出现困难或者是学生学习积极性不高情况下的评价,常见评价语言比如"你肯定可以的""真不错,再……就更好了"等,都是期待性评价,它往往也具有对于学生积极向上情感的激发与自主学习的培养的效果。因此,在评价学生学习时,无论课堂教学过程或是作业评价等,应注意结合具体情况,采用合适的评价方式进行学生学习评价,以达到相应的教学与学习目的。

(四)学生自评互评和家长参评

在小学数学教学中,学生自评以及互评、家长参评等评价方法都是比较常见的评价方法。在现代教学开展中,自我评价与他人评价相结合的评价方式,是现如今教学评价中所倡导的一种多元化评价方式。它主要是指在进行学生学习评价中,提倡教师以及学生、家长等共同参与,利用同学之间比较直接、真实的情感以及学生与家长之间特殊的情感关系等,实现学生之间的自我评价、相互评价以及家长参与到学生评价中。

例如,每一个学习单元结束时,教师可以要求学生自己设计一个学习小结,用合适的形式(表、图、卡片、电子文本等)归纳学到的知识和方法、学习中的收获、遇到的问题等。教师可以通过学习小结对学生的学习情况进行评价,也可以组织学生将自己的学习小结在班级展示交流,通过这种形式总结自己的进步,反思自己的不足以及需要改进的地方,汲取他人值得借鉴的经验。条件允许时,可以请家长参与评价。

多种评价方式相结合的多元化评价方法,有助于实现学生学习的科学、合理、全面评价的实施,以促进教学发展与进步。

第四节 小　　结

一、本章焦点问题

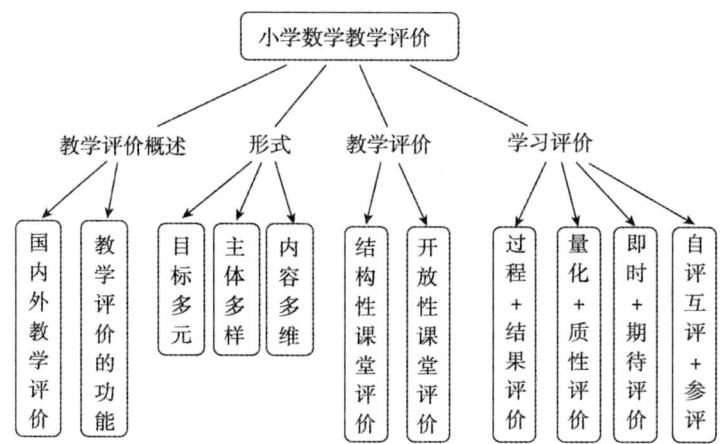

二、阅读导航

A. 期刊中析出的文献

[1] 南纪稳.结构性课堂教学评价与开放性课堂教学评价探析[J].教育科学研究,2005(2).

课堂教学评价是教学评价的主要环节和中心环节,依据课堂教学评价所使用的评价工具不同,可以把课堂教学评价分为结构性课堂教学评价和开放性课堂教学评价。这两类课堂教学评价的方法论和价值观不同,在实践中所发挥的作用亦有不同,各有一定的优缺点。在实施基础教育新课程中,应当将结构性课堂教学评价和开放性课堂教学评价有机结合起来。

[2] 胡中锋等.论新课程评价中质的评价与量的评价整合[J].课程·教材·教法,2006(2).

质的评价与量的评价是教育评价方法中的两种基本评价范式,两者共同构成教育评价方法的体系基础。针对当前教育评价中存在的主要问题,新课程评价需科学分析质的评价与量的评价的特点以及各自的优势和局限性。质的评价与量的评价的整合才是教育评价的正确道路。

[3] 刘启迪.课程教学评价的理论与实践探索[J].课程·教材·教法,2006(6).

为了进一步总结、交流课程改革中有关课程教学评价的新经验和理论研究成果,探讨评价中的疑难问题,切实提高课程教学评价的理论水平和实际应用功能,海峡两岸的教育同行于 2006 年 4 月在天津召开了课程教学评价学术研讨会。研讨会的主题是:课程教学评价的理论与实践探索。代表们研讨的议题主要有四方面:课程评价的现状与展望、课程评价的基本问题、有效课堂教学的评价标准、课程教学评价与教师专业发展研究。会议经过两天热烈而富有创见的研讨取得了丰硕成果。

［4］Black P,William D. Inside the black box:raising standards through classroom assessment[J]. Phi Deta Kappan,1998.

［5］Motoko Akiba,Gerald K. LeTendre,Jay P. Scribner. Teacher Quality,Opportunity Gap,and National Achievement in 46 Countries [J]. American Educational Research Association Stable,2011(10).

三、电子资源平台

［1］小学数学试题中心:www.4t123.com

特点:试题范围全面,分类清晰。

［2］菁优网:http://www.jyeoo.com

特点:试题与试卷资源丰富,检索便捷。

［3］第一范文网:http://www.diyifanwen.com/

特点:有不同类型和难度的试卷,如形成性评价测试卷、调研试卷、竞赛测试卷等,满足不同需求。

四、思考与练习

1. 简述小学数学结构性课堂教学评价。
2. 如何理解小学数学学习即时评价与期待式评价相结合?
3. 小学数学教学过程中如何运用评价的基本功能?

第十一章　小学数学教师专业发展

教学目标

1. 了解教师专业知识
2. 了解数学教师的专业能力
3. 了解促进教师专业发展的途径

第一节　小学数学教师专业知识

英国南安普顿大学终身教授范良火认为,教师的专业知识即教学知识,教师需要的教学知识主要为三类:教学的课程知识、教学的内容知识、教学的方法知识。

一、教学课程知识

教学的课程知识包括教材的知识、技术的知识和其他教学资源的知识。

（一）教材的知识

教材是供教学用的资料,如课本、讲义等。教材的定义有广义和狭义之分。广义的教材指课堂上和课堂外教师和学生使用的所有教学材料,比如数学课本、练习册、活动册、故事书等。教师自己编写或设计的材料也可称之为教学材料。计算机网络上使用的学习材料也是教学材料。总之,广义的教材不一定是装订成册或正式出版的书本。凡是有利于学习者增长知识或发展技能的材料都可称之为教材。狭义的教材即教科书。教科书是一个课程的核心教学材料。教科书除学生用书外,几乎无一例外地配有教师用书,很多还配有练习册、活动册、配套读物、音像带等。"教给学生一杯水,教师要有长流水",对教材知识的掌握,首先要求教师拥有扎实的数学专业知识。

（二）技术的知识

技术的知识包括两个方面,依照全美数学教师协会(NCTM)的"标准"中,"技术"被定义为是教师在他们的课堂教学中所需的教学资源之一,最普通也最重要的是计算器和计算机。这就要求教师不仅具备关于技术本身的知识,还要具备在教学中如何运用技术的知识。

因为对于教师而言,这两部分是紧密联系很难分开的,一个教师不可能只知道将技术运用到课堂之中,但是对教学技术本身一无所知。

(三)其他教学资源的知识

在《教师教学知识发展研究》(华东师范大学出版社,2013年版)一书中,教师关于其他教学资源的知识主要指他们如何在数学教学中汇总使用"教辅实物材料"。

小学数学教师专业化发展的过程,是一个持续学习、深刻理解数学学科知识的过程,是一个数学教学能力不断提高的过程,是一个数学教育观念不断形成和发展的过程。

数学文化是现行小学数学教材的一个重要组成部分,常以课文、习题、注释、附录等形式出现,涉及数学家、数学名著、数学成就、数学方法等方面的内容。数学文化在数学教学中有很重要的作用。结合课堂教学和课外数学活动,教师应经常向学生介绍一些数学家的故事、著名数学问题的历史典故、数学概念的起源、我国古代数学家的辉煌成就和现代数学家的优秀成果等。这样,能大大增强教师教学的感染力,激发学生学习数学的兴趣和旺盛的求知欲望。介绍数学史知识也有利于启发小学生的数学思维,开发学生智力,拓宽学生的数学知识视野,培养小学生全方位的认知能力,让小学生了解数学的多元文化意义,对小学生人格成长产生重要的启发作用。

二、教学内容知识

根据舒尔曼的观点,教学内容知识是指"对于一个人的学科领域中最一般的要教授的内容"。小学数学教师专业劳动是一种复杂的、创造性的劳动。教师要成功地完成小学数学教学任务,首先要精通所教学科的知识,对所教学科的全部内容有深入透彻的理解。教师只有完整、系统地掌握数学专业知识,才能在小学数学教学中高屋建瓴地处理教材内容,使数学知识在教学中不只是以符号形式存在,以推理、结论方式出现,而是能展示数学知识本身发展的无限性和生命力,能把知识"活化"。

数学专业知识是小学数学教师知识结构的核心,是进行数学教学的根本。没有足够的、扎实的数学专业知识的教师,要高质量完成数学教学任务是不可能的。小学数学教师向学生传授小学数学的基础知识、基本技能技巧、基本的数学思想和方法,把数学知识转化为小学生个体的认知结构。小学数学教材中的知识看似简单,但蕴含着丰富数学文化内涵和数学思想方法。小学数学教师不仅要掌握数学知识与其他知识之间的关系,还应从较高的观点认识数学知识的发生、发展过程,了解形成这些知识的数学思想方法。小学数学教师掌握数学思想方法,可以以居高临下的态势去洞察小学数学教材的结构,理解小学数学教学改革的方向,揭示小学数学的渊源与实质。

在学习高等数学的基础上,小学数学教师必须对初等数学进行深入的学习和研究,要掌握初等数学的理论体系与知识结构,通晓学生掌握知识的重点、难点和关键点,熟悉基本的数学思想和方法，了解各种解题策略与解题途径，还要了解竞赛数学知识体系。

三、教学方法知识

教学的方法知识指的是教学技能，即教师运用已有的教学理论知识，通过练习而形成的稳固、复杂的教学行为系统。它既包括在教学理论基础上，按照一定方式进行反复练习或由于模仿而形成的初级教学技能，也包括在教学理论基础上因多次练习而形成的、达到自动化水平的高级教学技能，即教学技巧。教学技能是教师必备的教育教学技巧，它对取得良好的教学效果，实现教学的创新，具有积极的作用。教师必须了解教育的对象，掌握学生的年龄特征，掌握学生获得知识技能的心理过程、能力形成与发展规律。教育学与心理学知识是一个教师成功教学的重要保障，包括一般教育学的知识、小学数学教学论的知识、小学生身心发展的知识、数学学习心理的知识以及学生成绩评价的知识等。一般来说，教师了解、认同了某种理论，往往并不能自动地对教学活动产生影响。通常需要一个逐步加深理解、逐步内化，并克服某些习惯与定势的实践、反思过程。小学数学教师要对小学阶段各年级教材的编排体系有比较清晰的了解，要对任教年级课本涉及的知识点的生长点及延伸点有清楚的认识，把每堂课教学的知识置于整体知识的体系中，注重知识的结构和体系，而不能教哪个年级就只管哪个年级，人为地割断知识体系，狭隘地理解课本知识。教师应具有"读懂儿童"的意识。真正的"读懂"，是细腻地、科学地去剖析、研究儿童到底是怎么学习数学的，他们理解的数学是什么样的。创设吸引人的情境，能在互动生成的教学中采取合适的策略，提出引发学生思考的数学问题；除了需要阅读教育心理学理论书籍外，更多的要靠教师在日常教学中的观察、与儿童的沟通以及必要的分析和研究，并善于将所学习的理论应用于小学数学教学实践中。

作为小学数学教师，不能只懂得数学学科知识和教育科学知识，同时，还要具有与数学学科相关的一般文化科学知识。因为各门学科知识不是孤立的，而是彼此关联的，小学数学教师要努力做到既有数学专业特长，又能广泛涉猎如物理、化学、生物等相邻学科的知识，还要懂一些人文、社会科学方面的知识，能够学点艺术会更好。这样可以扩大视野，增长见识，给小学数学教育教学活动提供丰富的例证，增强教学魅力，提高教学效果。

第二节　小学数学教师专业能力

小学数学教师的专业能力结构应该包括基础能力、数学能力、数学教学能力以及教学科研能力。基础能力是指完成一般教学工作所需的能力。数学能力和数学教学能力是小学数学教师在完成数学教学活动中体现其专业特点的特殊能力。

一、小学数学教师的教学能力

在第一节中所讲述的教学知识当属于基础能力和数学能力的范畴,在小学数学教学活动中,决定教师在其中的地位、作用的核心因素就是教师的数学教学能力。

小学数学教师的教学能力主要包括:把握数学课程改革发展动态的能力、数学教学设计能力、数学教学实施能力和数学教学反思能力。小学数学教师要理解《全日制义务教育数学课程标准》的基本理念、具体内容的核心和数学本质。教师不仅能够科学确定数学教学目标,分析教学内容和学习者特点,确定合适的教学方法,会使用先进的教学手段,还要具备课堂教学的各项基本技能以及教学监控能力。数学教师要善于从教育理论中汲取知识来指导自身的小学数学教学实践,同时也需要把小学数学教学实践中的教学经验体会归纳总结,并在一定教育思想指导下将其升华为指导后继小学数学教育活动的理论。

二、小学数学教师教学科研能力

(一)培养小学数学教师教学科研能力的必要性

1. "教师成为研究者"要求教师具备科研能力

千百年来的教育理念遵循的是:教师是"传道、授业、解惑"者,教师是传授知识的经师,然而把教师定位在知识的传授者这一身份上并不能全面体现新时代对教师的全部要求。教师工作是一项需要不断实践、不断研究才能做好的工作,教师除了熟练掌握所教学科知识,掌握教学技能外,还要在实践过程中研究教学、改进工作、完善自我。"教师成为研究者"已成为现时小学教育的一个基本要求。一位教育研究成果丰厚的教师的体会是:"教研是教师幸福之源。"主要缘由:一是教研提供的教育规律性认识,能减少教师因缺乏有效的教育手段而产生的烦恼,增添教师的工作胜任感和成就感;二是教研促使教师不断在新的领域里活动,领略新鲜事物,得到多方面发展,从而获得满足感;三是教研有助于教师职业德行的提升,以至成为更有人格魅力的为学生所爱戴的人。要向"研究型"教师成长,成为"学者"和"专家",教育研究就应成为教师工作的一部分,推动教师的发展和成长。

2. 教育对象的特殊性要求小学数学教师具有研究学生心理特征的科研能力

小学的教育对象是6~13岁的儿童,他们智力发展不成熟或正在向成熟发展,自我意识发展水平较低,情绪和自控能力较差,尚未形成比较稳定的个性特征,很容易受外界环境特别是教师评价的影响。这就要求小学数学教师不但要具备较高水平的教育教学技能和技巧,同时还应具备爱心和公正之心,对小学生可能出现的各种问题及时给以正确解决。有的教师在学生面前喜欢横眉冷对,使所教学生战战兢兢。他们说:"我这张冷脸是故意装的,就是想让学生怕我,好管班。"但是,如果教师不学会研究小学生心理的本领,靠这种方式树立权威,管理班级,对学生对教师自己都是一种伤害。只有研究小学生的心理特点,了解小学生的心理需要,满足小学生的心理渴求,才能使学生亲其师信其道。

3. 基础教育课程改革需要教师具备科学研究能力

全国正在推进新一轮基础教育课程改革,已从课程目标、课程结构、课程内容、课程实施、课程评价和课程管理等方面,改变现行的课程。新课程为教师和学生提供了更多的自主发展、主动发展的机会,也从多方面对教师提出了新的要求。从课程开发、实施的角度看,教师需要由原来单纯的被动执行者,转变为一定程度上的决策者和研究者;从师生关系看,教师需要从单纯的知识传授者,转变为学生学习的组织者、指导者、促进者、参与者。新的课程改革为教师自主性的发挥留下了余地,也对教师成为课程开发、实施的研究者提出了要求,可以说新课程实施成功与否的首要条件就是教师能否转变教学观念和教学行为,而这一转变必须在教师自身研究探索中才能真正实现。但面对新的课程实践环境和要求教师开展研究的现实,有些老师却面露难色。一些教师觉得教育研究太深奥,不是不想做,确实不会做,教育研究应由专家去做,我们执行就行了;一些教师觉得教育研究不能解决现实中的教学问题,没有用,不想做。这两种现象都是对教育研究认识不当,对教育研究方法掌握不够,对教育研究能力不足所造成的。如果教师具备教育科学研究的能力,就能勇于投身到新课程改革的实践研究中去,主动践行教育研究过程,在实践研究中形成越来越强的教育研究能力。

4. 教师职业专业化需要提高教师的科研能力

小学数学教师职业专业化业已成为教师教育发展的目标。教师职业专业化建立在教师个体专业能力基础之上,提高小学数学教师职业专业化水平就意味着要使他们具有广博的普通文化知识、精深的任教学科的专业知识、丰富的教育学科的专门知识、较强的教育教学的基本技能和技术、不断反思和研究自己的教育教学行为的能力和创造性地解决问题的能力。而这种教师职业专业化的成长就在于通过教师个体科研能力的提高而获得,把眼光放远,给教师"点石成金"的手指头才是对中国的基础教育负责。教师的能力可以分为从教基本能力和促其可持续发展的能力即科研能力。小学数学教师科研能力的优劣是小学数学教师职业专业化发展速度快慢的晴雨表,小学数学教师职业专业化发展的"薄弱点"是教师科研能力不足。若不突破此瓶颈,小学数学教师职业专业化的"含金量"将遭到质疑。只有提高自我发展、自我成长的后劲,才能实现专业化发展乃至最终形成自己的教育教学特色。

(二)小学数学教师的教育研究及其特点

小学数学教师的教育研究是指立足于教育教学实践基础之上,创造性地解决教育教学实际问题的探索性活动。小学数学教师的教育研究也遵从于教育研究的基本规范,但小学数学教师的教育研究不完全等同于专业研究人员的教育研究。小学数学教师的教育研究有以下特点:

(1)指向自身的教育实践。

小学数学教师的教育研究以课堂为现场,以教学为重点,以学生为关注中心,研究的问题来自教学实践,研究的过程伴随着教学过程,研究的成果包含着教学的效果。小学数学教师的教育研究立足于教育教学实践的基础之上并最终指向教育实践。

(2) 指向解决教育实际问题。

专业研究人员的教育研究是要发现与揭示教育规律,构建和完善教育理论体系,促进教育科学发展,为教育科学理论的建设做出贡献;而小学数学教师进行的教育研究,当然也期望发现规律、获得教育科学研究的成果,但它不以此作为教育研究的唯一目的,不以此作为教育研究的唯一追求。小学数学教师的教育研究更关注解决教育教学中的实际问题;更关注通过实际问题的解决,改进工作,促进教育的进步,获得教育质量的提高。只有当研究课题直接针对现实教育教学问题的解决时,教师才更有兴趣来参与。即使小学数学教师研究成果在理论上和操作上都没有什么突破,教师仍然会因为发现了问题,参与了研究,获得了体验,创造性地解决了实际问题,而积极参与教育研究。

(3) 指向教师自身发展。

小学数学教师的教育研究是指向引领小学数学教师完善自我,提升自身专业化水平的研究。教师通过研究自我的专业实践活动,提高自身在复杂的教育情境中机智、有效地解决复杂问题的专业能力,不断提高自己的专业生活质量,不断完善自我。

(4) 人文性。

小学数学教师的教育研究应在关注科学性的基础上,更关注人文性。对小学生这个群体,许多教育问题不是单一地通过科学和技术就能解决的,而是要通过人文关怀和艺术手段,充分体现人文精神的力量。小学数学教师对教育教学的研究应该较多地采用情境式、体验式、人文性的方式。为此,教师教育应帮助教师理解教育行为的完整意义,应通过"唤醒"教师的情感意识,使之获得教育智慧和教育机智的增长,获得对新的教育方法的发现和求证,获得对教师生活和教育意义的深刻理解和体验。

(三) 小学数学教师科研素养养成的途径

1. 构建学校教师"学习研究共同体"

教师科研能力形成有赖于学校重视,为教师搭建教学研究的平台,开展教师培训。构建学校教师"学习研究共同体"即为有效的措施之一。"学习研究共同体"即由研究的主体——教师与研究的指导者(省、市、区教研员)共同构成的团体,共同体成员彼此之间要经常在学习过程中进行沟通、交流及分享各种研究经验,讨论共同的研究内容,共同完成一定的研究任务,获得一定的研究成果。共同体成员之间相互影响,相互促进。通过开展面向全体教师的培训活动,以新的课程目标为导向,以促进学生发展为宗旨,以教学过程中共同面对的各种问题为对象,唤醒教师的问题意识,帮助教师在教育实践中意识到真实的问题,意识到问题背后的契机,能够提出问题,主动改革、实践,解决实际问题。通过建立教师研究共同体,挖掘培训的多方面功能,使培训成为教师们相互学习、共同发展、逐步提高教师科研素养的有效途径之一。

2. 强化课堂教学反思意识,采用教育行动研究方法

随着新课程改革的不断深化,教师在教学工作中理解了教育研究的重要性,提高了对教育研究的认识。但如何把教育研究理念与教学行为挂钩,将理念转变为教学行为,却是一个难题。要解决这个问题,就要掌握教育行动研究的方法,深入教学实践,深入课堂,认真进行反思,促进教育研究行为。具体做法是:通过课堂实例引领—反思具体问题—予以讨论诠释—教学研究—达成新的认识—发生新的课堂行为。比如一节课,你上我也上,使用不同的教学手段,不同的授课方式。几位教师上同一节课,却有自己独到的课堂理解。一个问题,一个课堂环节,大家在一起交流、剖析、反思、探究,有所感悟,有所提高。这一过程是把教师带到真实的教学情景中,对课堂实例进行分析,审视教师课堂角色的定位,解读课堂,分析研究,找出存在问题,进行反思,找出教师行为与新课改教学理念相悖之处,提出改进办法和策略。这种教育行动研究的方法是一种新兴的贴近教学实际的方法,是教师愿意接受的方法,是教师不视研究为畏途的方法,也是提高小学数学教师科学研究素养的有效途径。

3. 规范研究与案例研究、个案研究相结合,人人参与科研

教育科研可以使一所学校振兴起来,教育科研的生力军会在实践中得到锻炼与提高。教育研究能力培养目标要有层次性,不强求一步到位。教育研究能力培养不是一朝一夕就能实现的,不能指望一口吃个胖子。学校本身也不应急功近利,应本着循序渐进的原则,分层次地培养教师的科研能力。把规范研究与案例研究、个案研究相结合,人人参与科研。最低层次应让教师真正学会借鉴他人的研究成果并能合理评价。其次要求教师通过"备、说、讲、评、研、写、用、赛"的教学活动,不断扬弃自己,反思中有悟,在悟中提升。通过互相听课、评课,更深层地去理解教学思想,更系统地把握新课程思想,能自己独立地完成案例研究、个案研究和一般性教育研究论文的写作。再高层次要求教师通过一系列科研能力的训练,能敏感地抓住有价值的选题,确立课题,客观分析问题,规范研究,得出正确结论,或提出合理解决问题的措施,并能把规范研究的内容撰写成有较高水准的调查报告、实验报告或研究论文。总之,分层次培养,逐步提高,是培养教师科研素养的一种可行手段。

第三节　小学数学教师专业情意的发展

布卢姆的教育目标分类学中,将教育目标分为认知领域的、动作技能领域的和情感领域的。根据布卢姆的理论,将教师的专业情意分为专业理想、专业情操、专业性向和专业自我四方面。

一、专业理想

教师的专业理想为教师提供奋斗目标,是教师成为一个成熟的教育教学专业工作者的向往和追求,是一位教师致力于献身教育事业的原动力。教师的专业理想也称为师德,其核心是对学生的关爱,体现为敬业意识、责任意识和乐业意识等方面。

二、专业情操

教师的专业情操是教师对教育教学工作带有理智性的价值评价的情感体验,它是构成教师价值观的基础,是构成优秀教师个性的重要因素,也是教师专业情意发展成熟的标志。从内容上看,教师的专业情操包括:①理智的情操,是由对教育功能和作用的深刻认识而产生的光荣感和使命感;②道德的情操,是由对教师职业道德规范的认同而产生的责任感和义务感。教师的勤业与精业是教师对其职业价值的积极追求和具有崇高职业道德精神的重要表现。勤业表现为忠于职守,认真负责,执行规范,坚持不懈,积极进取,它是实现教师职业功能的基本保证。精业表现为本职工作的业务纯熟、精益求精、不断改进,它是实现职业劳动最高效益的价值追求。

三、专业性向

教师的专业性向是教师的人格特征,使教师能够成功从事教学工作,或者说是一种适合从事教学工作的个性倾向。如果想成为一名优秀的教师,应该具有以下专业性向:

① 见多识广;
② 乐于奉献;
③ 具有敏锐的洞察能力和分析能力,见微知著,富有预见性;
④ 具有创新精神,富有灵活性和独立性;
⑤ 具有坦率真诚,幽默诙谐的性格,能正确处理人际关系。

四、专业自我

教师的专业自我是教师个体对自我从事教学工作的感受、接纳和肯定的心理倾向。教师的专业自我情意对教师的教学行为和教学效果具有显著的影响。教师应具有独立的人格,以积极的方式看待自己,能够准确地、现实地领悟到自己所处的环境,对自己具有深切的认同感、自我满足感、自我信赖感和自我价值感,有效地作为独特的个性"自我"来进行教育教学,提高教育效果。

第四节 促进小学数学教师专业发展的途径

一、增强专业发展意识

教师的学科知识是教学活动的实体部分,虽然教师的成功教学只依赖于部分的学科知识,但它是教师传授知识的一个必要条件,离开了学科知识,教师的教学只能是无源之水、无本之木。小学数学教师要有提高自己素质的迫切愿望和要求,在数学教学实践中积极主动地寻求自我发展、自我完善、自我提高的机会。小学数学教师自我发展的意识是数学教师真正实现专业发展的基础和前提,是数学教师自我专业发展的内在原始动力。小学数学教师只有具备了这样的意识,才会积极进取,努力创新,不断更新观念,吸纳先进的教育理念,更新数学教学专业知识,提高专业能力,才会在教学实践中把握各种促进自身专业发展的机会,才能增强教师对自己专业发展的使命感,从而确保教师专业发展的自我更新取向。

二、提高数学教育理论修养

小学数学教师的专业发展,需要教师掌握数学教育理论。小学数学教师要结合小学数学课程改革,坚持系统地学习数学教育理论,及时更新数学教育思想和数学教育理念。数学教师只有善于学习,才能得到发展。这就要求教师具有终身学习的观念,逐渐提高数学教育理论水平。

新一轮的数学课程改革对小学数学教师提出了更高的要求,新课改后出版的各种小学数学教材的一个共同特点就是为教师的创造性工作留下了较大空间,即要求教师根据具体的教学对象、内容和环境等创造性地使用教材,包括在必要时适当地突破教材。教师只有宏观把握、微观分析、深入研读、解读各年级教材,教师才能深刻理解、领会每个阶段的重点、难点所在,才能在教学中根据数学知识体系科学、合理地完成教学设计,使学生达到掌握数学基础知识的目的。

三、丰富数学教育实践经验

教师的专业发展是一个持续发展的过程,它需要长久终身的学习。要有教学行为观摩、深刻反省的全过程。在日常教学过程中,小学数学教师主要是通过自身的教学实践和教学反思、和同伴的日常交流、观摩优秀教师的数学教学实践、参与有组织的专业活动获得实践性知识的。教师自身的教学实践和教学反思是小学数学教师最可能直接丰富实践性知识的主要途径。小学数学教师实践性知识是在教师不断参与、不断践行、不断交流、不断反思基础上获取和发展的。根据小学数学教师工作的特点,更需积极组织教研活动,丰富教师实践性知识，促进教师专业发展。开展教研活动时，要注重教师的积极参与，提供教师和专家、优秀教师互动交流的机会，促进教师有行为跟进的全过程反思。

四、参与数学教育研究

数学教师不仅要成为数学教育教学的参与者和实践者，还要成为数学教育教学的研究者，这样能极大地提高数学教师的素质，能使数学教师的教育智慧得到充分的发挥，使数学教师的工作获得生命力。参与数学教育研究是时代对小学数学教师提出的新要求，是小学数学教师实现专业发展的一个重要途径。小学数学教师参与教学研究要有代表前进方向的专业引领，要有专家和有经验教师的指导。通过参与数学教育研究，使研究作为一种新的专业生活方式渗透到日常专业行为的方方面面，教师与专家共同合作完成自身的专业发展任务，这将是教师成长的最佳途径。

五、在教学反思中成长

教师成长＝经验＋反思。小学数学教师的专业知识结构在反思性教学中可以逐步形成。由于数学对象的抽象性、数学活动的探索性、数学推理的严谨性和数学语言的特殊性，决定了正处于思维发展阶段的小学生不可能一次性地直接把握数学活动的本质，必须要经过多次地反复思考、深入研究、自我调整，即坚持开展反思性数学教学，小学生才可能逐渐洞察数学活动的本质特征。学生自觉对问题的本质进行重新剖析，反思自己发现解题念头的经历，抽取解决问题的关键，总结解题过程的经验与教训，反思解题过程的成败得失及其原因。教师必须引导学生善于在解题后进行反思，评价自己的解题方法，努力寻找解决问题的最佳方案。

基于反思的理解和反思性教学本质的认识，小学数学反思性教学的内涵就逐渐变得清晰，它包含四个方面：(1)教师反思教学行为：反思自己的教学目标设置、教学材料的呈现方式、教学方法的优化以及教学结果的检测，从而实现教师教学理念到教学行为的转化，提高教学的实效性；(2)教会学生完善反思学习行为：通过"感知—反思—探索—认知"构建属于自己的认知结构，获得必要的默会性知识，树立不断创新、不断探索的终身学习意识；(3)和同事、专家交流行为：通过和同事的交流对话、互动与合作，完成专业切磋、协调和合作，共同分享经验，互相学习，彼此支持，共同成长，自觉接受理论的指导，努力提高教学理论素养，增强反思教学能力；(4)教师再反思教学行为：通过自身反思，学生反思，和同事、专家交流，完成经验总结，与教育理论链接，实现教学设计突破。小学数学反思性教学是一种以人为本的教学理念，是一种以反思和探求为基本方式的教学操作性模式，也是小学数学教学从应试教育转变为素质教育的有效途径。

第五节 小 结

一、本章焦点问题

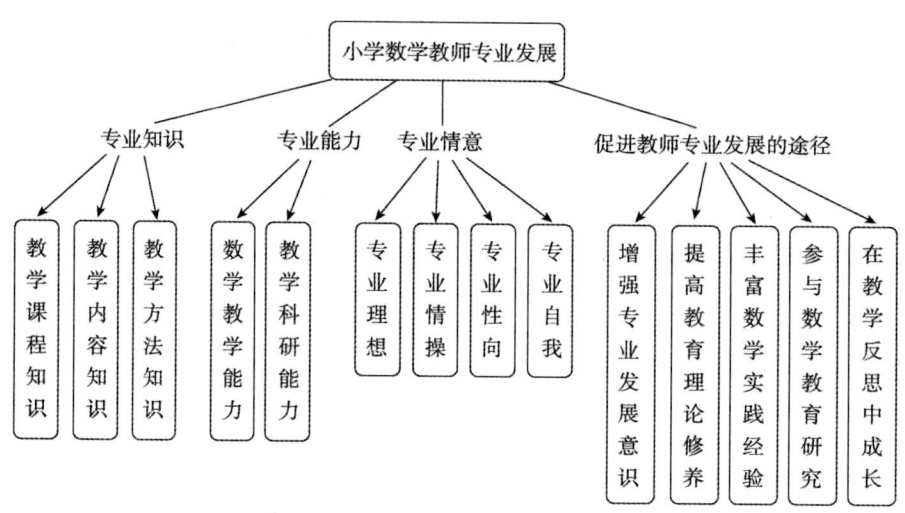

二、阅读导航

1. 全美数学教师协会著.美国学校数学教育的原则和标准[M].蔡金法,等译.北京:人民教育出版社,2004.

美国数学教师协会(NCTM)颁发的《学校数学教育的原则和标准(2000)》,坚持了如下的5个目标,即我们应使学生:(1)学会认识数学的价值;(2)对自己的数学能力具有信心;(3)具有用数学解决问题的能力;(4)学会用数学语言交流;(5)学会用数学方式推理。

2. 范良火.教师教学知识发展研究[M].上海:华东师范大学出版社,2013.

本书所论述的研究主要属于数学教育、教师教育和教师职业发展范畴,也涉及一般教育学、认识论、学校管理和教育政策等领域。研究的主要问题是:教师是如何发展他们的教学知识的?以此研究为基础,本书提出了有关教师教学知识发展的政策和实践方面的建议。

三、电子资源平台

教师资格证:http://www.baidu.com

特点:系统介绍教师的执教资格、教师资格证书的编号规律、证书分类、资格条例、职业规范、申报要求、报名条件、报考程序、考试改革、考试、职业前景等内容。

四、思考与练习

1. 简述小学教师的专业知识。
2. 简述小学数学教师的专业能力。
3. 做一个教师专业发展规划报告。

参考文献

A．普通图书

曹日昌．普通心理学[M]．北京：人民教育出版社，1979．

王策三．教学论稿[M]．北京：人民教育出版社，1985．

胡寄南．人的意识和意识活动的产物[M]．上海：学林出版社，1985．

钱学森主编．关于思维科学[M]．上海人民出版社，1986．

朱智贤，林崇德．思维发展心理学[M]．北京：北京师范大学出版社，1986．

李淮基，等．现代思维方式与领导活动[M]．北京：求实出版社，1987．

齐振海主编．认识论新论[M]．上海人民出版社，1988．

李秉德．教学论[M]．北京：人民教育出版社，1991．

《数学教育学导论》编写组．数学教育学导论[M]．北京：高等教育出版社，1992．

林崇德．中学生能力发展与培养[M]．北京：北京教育出版社，1992．

高文秀．教学评价试验与研究[M]．北京：北京师范大学出版社，1992．

施良方．课程理论：课程的基础、原理与问题[M]．北京：教育科学出版社，1996．

罗增儒．数学解题学引论[M]．西安：陕西师范大学出版社，1997．

郑君文，张恩华．数学学习论[M]．南宁：广西教育出版社，1998．

周谦．教育评价与统计[M]．北京：科学出版社，1998．

马忠林．数学思维论[M]．广西教育出版社，1999．

中华人民共和国教育部．全日制义务教育数学课程标准（实验稿），2001．

课程教材研究所．20世纪中国中小学课程标准教学大纲汇编：数学卷[M]．北京：人民出版社，2001．

皮连生．智育心理学[M]．人民教育出版社，2001．

比尔・约翰逊著．学生表现评定手册[M]．李雁冰，译．上海：华东师范大学出版社，2001．

喻平．数学问题解决认知模式及教学理论研究[D]．南京师范大学，2002．

何克抗，郑永柏，谢幼如．教学系统设计[M]．北京师范大学出版社，2002．

全美数学教师协会著．美国学校数学教育的原则和标准[M]．蔡金法，等译．北京：人民教育出版社，2004．

[美]波利亚. 数学的发现——对解题的理解、研究和讲授[M]. 刘景麟,等译,北京:科学出版社,2006.

陈琦,刘儒德. 当代教育心理学[M]. 北京:北京师范大学出版社,2007.

鲍建生,周超. 教学学习的心理基础与过程[M]. 上海:上海教育出版社,2009.

王本陆. 课程与教学论[M]. 高等教育出版社,2009.

[美]洛林·安德森. 布卢姆教育目标分类学修订版[M]. 外语教学与研究出版社,2009.

[澳]比格斯(Biggs, J. B),科利斯(Collis, K. F.). 学习质量评价:SOLO分类理论(可观察的学习成果结构)[M]. 高凌飚,张洪岩主译. 人民教育出版社,2010.

中华人民共和国教育部. 义务教育数学课程标准(2011年版),2011.

喻平,等. 中国数学教育心理研究30年[M],北京:科学出版社,2011.

范良火. 教师教学知识发展研究[M]. 华东师范大学出版社,2013

黄永. 中小学数学教学与实践[M]. 西南交通大学出版社,2013.

曾小平,谢立新,孙宝香. 小学数学教师学科专业素养与课堂教学实践[M]. 首都师范大学出版社,2013.

张翼文. 小学数学典型教学内容的解读与实践[M]. 上海教育出版社,2013.

王东岳. 新课标下小学生运算能力的培养研究[D]. 华中师范大学,2013.

王永春. 小学数学与数学思想方法[M]. 华东师范大学出版社,2014.

人民教育出版社小学数学课程教材研究开发中心. 义务教育教科书——数学[M]. 人民教育出版社,2012—2014.

人民教育出版社小学数学课程教材研究开发中心. 义务教育教科书教师教学用书——数学[M]. 人民教育出版社,2012—2014.

B. 期刊文献

李莉. 关于数学思维特点[J]. 数学教育学报,1995(1).

管鹏,张庆林. 小学生解答复杂应用题的困难原因分析[J]. 现代中小学教育,1997(1).

喻平. 数学能力的成分与结构[J]. 课程·教材·教法,1997(11).

田慧生. 关于活动教学几个理论问题的认识[J]. 教育研究,1998(4).

卢江. 面向21世纪的小学数学课程改革与发展[J]. 课程·教材·教法,1998(10).

罗增儒. 解题分析——谈错例剖析[J]. 中学数学教学参考,1999(12).

王本陆. 关于教学工作中师生关系改革的思考[J]. 课程·教材·教法,2000(5).

廖运章. 数学应用问题解决心理机制的调查与认知分析[J]. ,数学教育学报,2001(1).

孙瑞清. 关于发展学生数学能力的几个问题[J],数学通报,2002(4).

金成梁. 我国小学数学课程目标的演变[J]. 江苏教育,2002(6).

王牧华,靳玉乐. 课程目标研究的生态主义解读[J]. 河北师范大学学报(教育科学版),2003(3).

徐辉. 关于新课程改革中教学问题的观察与思考——兼论小学数学算法优化与多样化的关系[J]. 课程·教材·教法,2003(10).

叶蓓蓓. 对数感的再认识与思考[J]. 数学教育学报,2004(2).

孔凡哲,马云鹏. 论数学课程实施中的数学课程资源[J]. 数学教育学报,2004(2).

南纪稳. 结构性课堂教学评价与开放性课堂教学教学评价探析[J]. 教育科学研究,2005(2).

陈英和,等. 小学2~4年级儿童数学应用题表征策略差异的研究[J]. 心理发展与教育,2004(4).

刘京莉. 以SOLO分类为基础的学生学习质量评价初[J]. 教育学报,2005(4).

周美玲. 论数学学习中数学知识的生成性[J]. 数学教育学报,2005(4).

李善良. 论概念联系与概念网络在数学概念学习中的作用[J]. 课程·教材·教法,2005(7).

胡中锋等. 论新课程评价中质的评价与量的评价整合[J]. 课程·教材·教法,2006(2).

刘启迪. 课程教学评价的理论与实践探索[J]. 课程·教材·教法,2006(6).

宋乃庆,巩子坤. "统计与概率"的教学:反思与建议[J]. 人民教育,2006(21).

曹一鸣,王竹婷. 数学"核心思想"代数思维教学研究[J]. 数学教育学报,2007(1).

李晓梅. 如何进行有效的小学数学教学设计[J]. 课程·教材·教法,2007(2).

郑毓信. 数学思想、数学活动与小学数学教学[J]. 课程·教材·教法.2008,(5).

田长生. 数学思维的品质及其培养[J]. 广东技术师范学院学报,2008(9).

张晓英,张润芝,杨开城. 论教学设计理论发展的新领域——问题设计[J]. 中国电化教育,2008(11).

吕世虎,吴春燕,陈婷. 20世纪以来中国中学数学课程内容综合化的历程及其启示[J]. 数学教育学报,2009(6).

李星云. 改革开放30年小学数学教材建设的回顾与思考[J]. 课程·教材·教法,2010(1).

王永春. 中美小学数学课程"图形的认识"的比较研究[J]. 课程·教材·教法,2011(1).

金晶. "数与代数"教学中如何培养学生的推理能力[J]. 数学教学研究,2011(10).

孙朝仁. 数学综合与实践活动课程的设计与开发研究——基于动手"做数学"[J]. 教育研究与评论(中学教育教学),2011(10).

吴宝莹,陈敏. 数学教学设计的取向与定位[J]. 数学教育学报,2012(3).

李卓. 小学数学教材螺旋上升编排方式探析——以统计与概率为例[J]. 内蒙古师范大学学报(教育科学版),2012(4).

王孙君. 探析"图形与几何"的教学策略[J]. 中小学教育,2014(3).

王晓东. 试论信息技术与数学教学的整合[J]. 中国教育学刊,2014(6).

北京大学出版社
教育出版中心 精品图书

21世纪特殊教育创新教材·理论与基础系列

书名	作者	价格
特殊教育的哲学基础	方俊明 主编	29元
特殊教育的医学基础	张 婷 主编	32元
融合教育导论	雷江华 主编	28元
特殊教育学	雷江华 方俊明 主编	33元
特殊儿童心理学	方俊明 雷江华 主编	31元
特殊教育史	朱宗顺 主编	36元
特殊教育研究方法（第二版）	杜晓新 宋永宁 等 主编	39元
特殊教育发展模式	任颂羔 主编	33元
特殊儿童心理与教育	张巧明 杨广学 主编	36元

21世纪特殊教育创新教材·发展与教育系列

书名	作者	价格
视觉障碍儿童的发展与教育	邓 猛 编著	33元
听觉障碍儿童的发展与教育	贺荟中 编著	29元
智力障碍儿童的发展与教育	刘春玲 马红英 编著	32元
学习困难儿童的发展与教育	赵 微 编著	32元
自闭症谱系障碍儿童的发展与教育	周念丽 编著	32元
情绪与行为障碍儿童的发展与教育	李闻戈 编著	32元
超常儿童的发展与教育	苏雪云 张 旭 编著	31元

21世纪特殊教育创新教材·康复与训练系列

书名	作者	价格
特殊儿童应用行为分析	李 芳 李 丹 编著	29元
特殊儿童的游戏治疗	周念丽 编著	30元
特殊儿童的美术治疗	孙 霞 编著	38元
特殊儿童的音乐治疗	胡世红 编著	32元
特殊儿童的心理治疗	杨广学 编著	32元
特殊教育的辅具与康复	蒋建荣 编著	29元
特殊儿童的感觉统合训练	王和平 编著	45元
孤独症儿童课程与教学设计	王 梅 著	37元

自闭谱系障碍儿童早期干预丛书

书名	作者	价格
如何发展自闭谱系障碍儿童的沟通能力	朱晓晨 苏雪云	29.00元
如何理解自闭谱系障碍和早期干预	苏雪云	32.00元
如何发展自闭谱系障碍儿童的社会交往能力	吕 梦 杨广学	33.00元
如何发展自闭谱系障碍儿童的自我照料能力	倪萍萍 周 波	32.00元
如何在游戏中干预自闭谱系障碍儿童	朱 瑞 周念丽	32.00元
如何发展自闭谱系障碍儿童的感知和运动能力	韩文娟 徐芳 王和平	32.00元
如何发展自闭谱系障碍儿童的认知能力	潘前前 杨福义	39.00元
自闭症谱系障碍儿童的发展与教育	周念丽	32.00元
如何通过音乐干预自闭谱系障碍儿童	张正琴	36.00元
如何通过画画干预自闭谱系障碍儿童	张正琴	36.00元
如何运用ACC促进自闭谱系障碍儿童的发展	苏雪云	36.00元
孤独症儿童的关键性技能训练法	李 丹	45.00元
自闭症儿童家长辅导手册	雷江华	35.00元
孤独症儿童课程与教学设计	王 梅	37.00元
融合教育理论反思与本土化探索	邓 猛	58.00元
自闭症谱系障碍儿童家庭支持系统	孙玉梅	36.00元

特殊学校教育·康复·职业训练丛书（黄建行 雷江华 主编）

书名	价格
信息技术在特殊教育中的应用	55.00元
智障学生职业教育模式	36.00元
特殊教育学校学生康复与训练	59.00元
特殊教育学校校本课程开发	45.00元
特殊教育学校特奥运动项目建设	49.00元

21世纪学前教育规划教材

书名	作者	价格
学前教育管理学	王 雯	45元
幼儿园歌曲钢琴伴奏教程	果旭伟	39元
幼儿园舞蹈教学活动设计与指导	董 丽	36元
实用乐理与视唱	代 苗	35元
学前儿童美术教育	冯婉贞	45元
学前儿童科学教育	洪秀敏	36元
学前儿童游戏	范明丽	36元

书名	作者	价格
学前教育研究方法	郑福明	39元
外国学前教育史	郭法奇	36元
学前教育政策与法规	魏真	36元
学前心理学	涂艳国、蔡艳	36元
学前现代教育技术	吴忠良	36元
学前教育理论与实践教程	王维 王维娅 孙岩	39.00元
学前儿童数学教育	赵振国	39.00元

大学之道丛书

书名	作者	价格
哈佛：谁说了算	[美]理查德·布瑞德利 著	48元
麻省理工学院如何追求卓越	[美]查尔斯·维斯特 著	35元
大学与市场的悖论	[美]罗杰·盖格 著	48元
现代大学及其图新	[美]谢尔顿·罗斯布莱特 著	60元
美国文理学院的兴衰——凯尼恩学院纪实	[美]P.F.克鲁格 著	42元
教育的终结：大学何以放弃了对人生意义的追求	[美]安东尼·T.克龙曼 著	35元
大学的逻辑（第三版）	张维迎 著	38元
我的科大十年（续集）	孔宪铎 著	35元
高等教育理念	[英]罗纳德·巴尼特 著	45元
美国现代大学的崛起	[美]劳伦斯·维赛 著	66元
美国大学时代的学术自由	[美]沃特·梅兹格 著	39元
美国高等教育通史	[美]亚瑟·科恩 著	59元
美国高等教育史	[美]约翰·塞林 著	69元
哈佛通识教育红皮书	哈佛委员会撰	38元
高等教育何以为"高"——牛津导师制教学反思	[英]大卫·帕尔菲曼 著	39元
印度理工学院的精英们	[印度]桑迪潘·德布 著	39元
知识社会中的大学	[英]杰勒德·德兰迪 著	32元
高等教育的未来：浮言、现实与市场风险	[美]弗兰克·纽曼等 著	39元
后现代大学来临？	[英]安东尼·史密斯等 主编	32元
美国大学之魂	[美]乔治·M.马斯登 著	58元
大学理念重审：与纽曼对话	[美]雅罗斯拉夫·帕利坎 著	35元
学术部落及其领地——知识探索与学科文化	[英]托尼·比彻 保罗·特罗勒尔 著	33元
德国古典大学观及其对中国大学的影响	陈洪捷 著	22元
大学校长遴选：理念与实务	黄俊杰 主编	28元
转变中的大学：传统、议题与前景	郭为藩 著	23元
学术资本主义：政治、政策和创业型大学	[美]希拉·斯劳特 拉里·莱斯利 著	36元
什么是世界一流大学	丁学良 著	23元
21世纪的大学	[美]詹姆斯·杜德斯达 著	38元
公司文化中的大学	[美]埃里克·古尔德 著	23元
美国公立大学的未来	[美]詹姆斯·杜德斯达 弗瑞斯·沃马克 著	30元
高等教育公司：营利性大学的崛起	[美]理查德·鲁克 著	24元
东西象牙塔	孔宪铎 著	32元

学术规范与研究方法系列

书名	作者	价格
社会科学研究方法100问	[美]萨子金德 著	38元
如何利用互联网做研究	[爱尔兰]杜恰泰 著	38元
如何为学术刊物撰稿：写作技能与规范（英文影印版）	[英]罗薇娜·莫 编著	26元
如何撰写和发表科技论文（英文影印版）	[美]罗伯特·戴 等著	39元
如何撰写与发表社会科学论文：国际刊物指南	蔡今忠 著	35元
如何查找文献	[英]萨莉拉·姆齐 著	35元
给研究生的学术建议	[英]戈登·鲁格 等著	26元
科技论文写作快速入门	[瑞典]比约·古斯塔维 著	19元
社会科学研究的基本规则（第四版）	[英]朱迪斯·贝尔 著	32元
做好社会研究的10个关键	[英]马丁·丹斯考姆 著	20元
如何写好科研项目申请书		

	[美] 安德鲁·弗里德兰德 等著	28元
教育研究方法：实用指南	[美] 乔伊斯·高尔 等著	98元
高等教育研究：进展与方法	[英] 马尔科姆·泰特 著	25元
如何成为论文写作高手	华莱士 著	32元
参加国际学术会议必须要做的那些事	华莱士 著	32元
如何成为卓越的博士生	布卢姆 著	32元

21世纪高校职业发展读本

如何成为卓越的大学教师	肯·贝恩 著	32元
给大学新教员的建议	罗伯特·博伊斯 著	35元
如何提高学生学习质量	[英] 迈克尔·普洛瑟 等著	35元
学术界的生存智慧	[美] 约翰·达利 等主编	35元
给研究生导师的建议（第2版）	[英] 萨拉·德拉蒙特 等著	30元

21世纪教师教育系列教材·物理教育系列

中学物理微格教学教程（第二版）	张军朋 詹伟琴 王恬 编著	32元
中学物理科学探究学习评价与案例	张军朋 许桂清 编著	32元

21世纪教育科学系列教材·学科学习心理学系列

数学学习心理学	孔凡哲 曾峥 编著	29元
语文学习心理学	李广 主编	29元
化学学习心理学	王后雄 主编	29元

21世纪教育科学系列教材

现代教育技术——信息技术走进新课堂	冯玲玉 主编	39元
教育学学程——模块化理念的教师行动与体验	闫祯 主编	45元
教师教育技术——从理论到实践	王以宁 主编	36元
教师教育概论	李进 主编	75元
基础教育哲学	陈建华 著	35元
当代教育行政原理	龚怡祖 编著	37元
教育心理学	李晓东 主编	34元
教育计量学	岳昌君 著	26元

教育经济学	刘志民 著	39元
现代教学论基础	徐继存 赵昌木 主编	35元
现代教育评价教程	吴钢 著	32元
心理与教育测量	顾海根 主编	28元
高等教育的社会经济学	金子元久 著	32元
信息技术在学科教学中的应用	陈勇 等编著	33元
网络调查研究方法概论（第二版）	赵国栋	45元

教师资格认定及师范类毕业生上岗考试辅导教材

教育学	余文森 王晞 主编	26元
教育心理学概论	连榕 罗丽芳 主编	42元

21世纪教师教育系列教材·学科教学论系列

新理念化学教学论（第二版）	王后雄 主编	45元
新理念科学教学论（第二版）	崔鸿 张海珠 主编	36元
新理念生物教学论	崔鸿 郑晓慧 主编	36元
新理念地理教学论（第二版）	李家清 主编	45元
新理念历史教学论（第二版）	杜芳 主编	33元
新理念思想政治（品德）教学论（第二版）	胡田庚 主编	36元
新理念信息技术教学论（第二版）	吴军其 主编	32元
新理念数学教学论	冯虹 主编	36元

21教师教育系列教材.学科教学技能训练系列

新理念生物教学技能训练（第二版）	崔鸿	33元
新理念思想政治（品德）教学技能训练（第二版）	胡田庚 赵海山	29元
新理念地理教学技能训练	李家清	32元
新理念化学教学技能训练	王后雄	28元
新理念数学教学技能训练	王光明	36元

王后雄教师教育系列教材

教育考试的理论与方法	王后雄 主编	35元
化学教育测量与评价	王后雄 主编	45元

西方心理学名著译丛

拓扑心理学原理	[德] 库尔德·勒温	32元
系统心理学：绪论	[美] 爱德华·铁钦纳	30元
社会心理学导论	[美] 威廉·麦独孤	36元
思维与语言	[俄] 列夫·维果茨基	30元
人类的学习	[美] 爱德华·桑代克	30元
基础与应用心理学	[德] 雨果·闵斯特伯格	36元
格式塔心理学原理	[美] 库尔特·考夫卡	75元
动物和人的目的性行为	[美] 爱德华·托尔曼	44元
西方心理学史大纲	唐钺	42元

心理学视野中的文学丛书

围城内外——西方经典爱情小说的进化心理学透视	熊哲宏	32元
我爱故我在——西方文学大师的爱情与爱情心理学	熊哲宏	32元

21世纪教学活动设计案例精选丛书（禹明 主编）

初中语文教学活动设计案例精选	23元
初中数学教学活动设计案例精选	30元
初中科学教学活动设计案例精选	27元
初中历史与社会教学活动设计案例精选	30元
初中英语教学活动设计案例精选	26元
初中思想品德教学活动设计案例精选	20元
中小学音乐教学活动设计案例精选	27元
中小学体育（体育与健康）教学活动设计案例精选	25元
中小学美术教学活动设计案例精选	34元
中小学综合实践活动教学活动设计案例精选	27元
小学语文教学活动设计案例精选	29元
小学数学教学活动设计案例精选	33元
小学科学教学活动设计案例精选	32元
小学英语教学活动设计案例精选	25元
小学品德与生活（社会）教学活动设计案例精选	24元
幼儿教育教学活动设计案例精选	39元

全国高校网络与新媒体专业规划教材

文化产业概论	尹章池	38元
网络文化教程	李文明	39元
网络与新媒体评论	杨娟	38元
数字媒体导论	尹章池	39元
网络新媒体实务	张合斌	39元
网页设计与制作	惠悲荷	39元
突发新闻报道	李军	39元
视听新媒体节目制作	周建青	45元

21世纪教育技术学精品教材（张景中 主编）

教育技术学导论（第二版）	李芒 金林 编著	33元
远程教育原理与技术	王继新 张屹 编著	41元
教学系统设计理论与实践	杨九民 梁林梅 编著	29元
信息技术教学论	雷体南 叶良明 主编	29元
网络教育资源设计与开发	刘清堂 主编	30元
学与教的理论与方式	刘雍潜	32元
信息技术与课程整合（第二版）	赵呈领 杨琳 刘清堂	39元
教育技术研究方法	张屹 黄磊	38元
教育技术项目实践	潘克明	32元

21世纪信息传播实验系列教材（徐福荫 黄慕雄 主编）

多媒体软件设计与开发	32元
电视照明·电视音乐音响	26元
播音主持	26元
广告策划与创意	26元

21世纪教师教育系列教材·专业养成系列（赵国栋主编）

微课与慕课设计初级教程	40元
微课与慕课设计高级教程	48元
微课、翻转课堂与慕课实操教程	188元
网络调查研究方法概论（第二版）	49元